师范生技能实训系列教材

主编 袁倩

PUTONGHUA XUNLIAN
JIAOCHENG

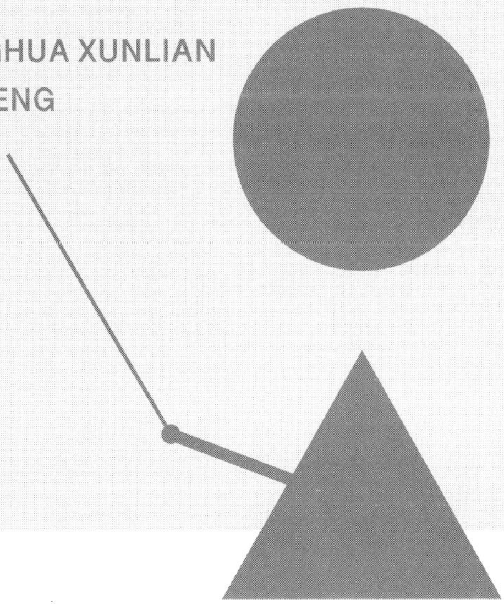

# 普通话训练教程

中国教育出版传媒集团
高等教育出版社·北京

## 内容提要

本书是师范生技能实训系列教材。

本书通过介绍普通话的概念，科学发声的方法和要领，普通话的声母、韵母和声调，普通话的音变，普通话水平测试词语、短文以及说话题目的单项训练，对语音基础知识、发声方法、测试分析等内容进行了应用性、策略性、操作性的梳理和解读，帮助学习者提高自身普通话水平。

本书适合作为师范院校师范生学习普通话的教材，也可作为普通话水平测试的辅导用书。

**图书在版编目(CIP)数据**

普通话训练教程 / 袁倩主编. -- 北京 ：高等教育出版社，2024. 8(2025.5 重印). -- ISBN 978-7-04-062591-2

Ⅰ. H102

中国国家版本馆 CIP 数据核字第 20247DW088 号

**策划编辑** 宇文晓健 **责任编辑** 叶也琦 **封面设计** 张文豪 **责任印制** 高忠富

| | | | |
|---|---|---|---|
| **出版发行** | 高等教育出版社 | **网　址** | http://www.hep.edu.cn |
| **社　址** | 北京市西城区德外大街 4 号 | | http://www.hep.com.cn |
| **邮政编码** | 100120 | **网上订购** | http://www.hepmall.com.cn |
| **印　刷** | 杭州广育多莉印刷有限公司 | | http://www.hepmall.com |
| **开　本** | 787mm×1092mm 1/16 | | http://www.hepmall.cn |
| **印　张** | 18 | | |
| **字　数** | 405 千字 | **版　次** | 2024 年 8 月第 1 版 |
| **购书热线** | 010-58581118 | **印　次** | 2025 年 5 月第 2 次印刷 |
| **咨询电话** | 400-810-0598 | **定　价** | 42.00 元 |



**物 料 号** 62591-00

# 前　言

普通话作为我国国家通用语言，广泛应用于日常交流。推广普通话是我国语言文字政策的重要部分，对促进国家政治和谐、经济进步、文化昌盛具有极其重要的意义。党的二十大报告提出，要“加大国家通用语言文字推广力度”，《国务院办公厅关于全面加强新时代语言文字工作的意见》指出要加强语言文字规范化、标准化、信息化建设，为新时代语言文字工作提供了关键指引。随着我国社会的快速发展，掌握好普通话，有助于个人的全面发展，有助于增强民族凝聚力，促进社会和谐。

《普通话训练教程》顺应国家高质量发展的需要，针对高校应用型人才的培养目标，根据普通话教学和测试的要求，从理论和实践两个方面入手进行编写。本书在贯彻落实“繁荣发展文化事业和文化产业，提高全社会文明程度”的党的二十大精神背景下，通过介绍普通话和方言的相关情况、科学发声的方法和要领、普通话的声韵调和音变等知识，使学生建立起现代汉语语音的理论基础。本书在声韵调部分特别增设了方言易错点解析，帮助学生解决在普通话学习过程中遇到的常见问题，以达到较好学习效果。

本书依据《普通话水平测试实施纲要》(2021 年版)的规定，对普通话水平测试中的词语、短文和说话题目进行了针对性、应用性和策略性分析，帮助学生全面掌握测试的各个环节，理解不同等级的要求和测试的具体流程。此外，本书还提供了丰富的实例和练习，帮助应试人熟悉测试题型，提高应试技巧，并通过模拟测试题帮助应试人检验学习成果，查漏补缺。本书积极响应“深化教育改革，加强教材建设”的号召，不仅有助于提高师范生专业技能，也适合广大社会群体参考学习，为推广普通话、提高全民语言素质贡献力量。

参加本书编写的成员，有国家级、省级普通话测试员，以及从事普通话和现代汉语教学的教师，他们均有着丰富的评测和教学经验。本书分章节编写人员如下：第一章由袁倩、刘舒燕执笔，第二章由罗飏、刘舒燕执笔，第三、五章由项乙朋、袁倩执笔，第四章由项乙朋、吴璐璐执笔，第六章由许静执笔，第七章由袁倩、宋歌执笔，第八章由袁倩执笔，第九章由袁倩、蒲青青、湛皖萍执笔，附录由吴璐璐执笔。张静提供编写指导，孙沛提供技术支持。在本书编写过程中，编者还参考了一些教材和学术著作，对相关的作者表示衷心的感谢。

鉴于编者能力所限，本书可能存在不足之处，真诚欢迎读者和同行提出宝贵意见和建议，以便重印再版时进行修改。

编　者

2024 年 6 月

# 目 录

# 第一章 绪论

语言是人类社会的交际工具，是人类认知世界的工具，还是文化的载体。普通话既是现代汉民族的共同语，也是国家法定的全国通用语。《中华人民共和国宪法》第十九条规定："国家推广全国通用的普通话。"推广普通话是我国的基本语言文字政策。从社会团结层面来说，普通话可以减少方言之间的隔阂，让不同方言区人们的交际更为轻松，这对国家的统一和安定团结大有裨益。从时代发展层面来说，科学技术的日新月异和文化教育的不断普及对普通话的推广提出了新的要求。从国际层面来说，在世界经济全球化趋势的影响下，各国的交往和交流日益密切，推广普通话，可以增进中国与世界的交流，促进国际合作。

## 第一节 普通话概述

### 一、汉民族共同语

普通话的产生经历了一个复杂且漫长的过程。其形成历史可以追溯到汉民族共同语的变化，这是普通话形成的基础。

民族共同语是一个民族全体成员通用的语言，是在一种方言的基础上形成的。一种方言能否成为基础方言，取决于客观的政治、经济和文化等方面的条件。早在春秋战国时期，便出现了以成周（故址在今河南洛阳）一带方言为基础的共同语，被称为"雅言"。秦汉时期，汉民族共同语进一步稳定，形成了"通语"。民族共同语在诸侯聘使往来、宣辞达命中有重要的交际作用。同时，随着口语的发展与创新，共同语的书面语逐渐与口语脱节，这种与口语脱节的书面语被称为"文言"或"文言文"。

魏晋南北朝时期，部分汉族南迁，加速了方言的分化，并扩大了北方话的使用范围。隋唐注重"正音"，编写韵书，推动了民族共同语进一步发展。六朝以后到唐宋时期，出现了与北方民众口语密切联系的书面语——古白话。运用古白话的创作促进了北方话的推广，如唐、五代的"变文"以"俗讲"的形式在寺院中宣讲故事，南宋的话本，元代的元曲，明清时期的白话小说。这些在北方话基础上创作的白话作品在流传的过程中，促使北方方言占据了更为重要的地位。

元代以来，北京在政治、经济和文化方面都有着重要的地位。各地的民众到北京求官赶考、经商买卖。明代以后，汉民族共同语被称为“官话”，成为各级政府和地方之间共同使用的交际工具。其他民族也到北京学习官话。

1728 年，清政府颁布法令，在部分南方地区设立“正音书院”，教授官话，并规定“不谙官话者，不准送试”。1911 年，清王朝的最高教育机构召开了中央教育会议，提出审音标准以京音为主，从此，“国语”这一名称开始取代“官话”。1926 年，“全国国语运动大会”召开之后，国语注音开始全部改用北京音。

中华人民共和国成立后，国家的统一，民族的团结，政治、经济和文化的发展对民族共同语的规范化有了更高的要求。为了使汉民族共同语的规范更加明确，1955 年 10 月，在中国科学院召开了现代汉语规范问题学术会议，会议确定了将汉民族共同语称为普通话，并主张向全国大力推广。1956 年 2 月，国务院发布的《关于推广普通话的指示》对普通话的内涵进行了完善，正式确定了普通话的含义，具有明确内涵的“普通话”一词开始被广泛应用。

## 二、普通话

普通话是我国国家通用语言，现代汉民族的共同语，“以北京语音为标准音，以北方话为基础方言，以典范的现代白话文著作为语法规范”。这个定义从语音、词汇和语法方面确立了普通话的标准，使其成为一种规范、统一且易于学习的语言。

### （一）以北京语音为标准音

“以北京语音为标准音”，是指普通话采用北京话语音系统作为标准发音基础，但这一采用并非全盘照搬，而是经过了一定的筛选和规范过程。具体而言，北京话中的土音、土语成分，以及一些不必要的轻声、儿化音现象，并没有被纳入普通话的标准发音体系中。自 1956 年起，国家对北京话的字音进行了多次审订，这一过程去除了北京话中的方言特征，确立了普通话的标准读音。这样的规范化工作，确保了普通话的发音在全国范围内的统一性和可理解性，有利于普通话的广泛传播和普及。

### （二）以北方话为基础方言

“以北方话为基础方言”，是指普通话词汇以北方方言区的常用词汇为标准。北方话是使用人口最多，覆盖面积最广的方言，范围包括 20 多个省、自治区、直辖市，占据了汉语使用区域人口的 70%以上。尽管北方话内部存在诸多差异，但其词汇却展现出显著的一致性，这为普通话的词汇规范提供了基础。

普通话在形成过程中，筛选了北方话中广泛使用且具备一定书面语基础的词汇，摒弃了那些过于地方化、粗俗或不适用于正式交流的词语，从而确保了普通话的广泛适用性。为进一步规范普通话词汇，国家语言文字工作委员会组织编写了《现代汉语规范词典》，为普通话词汇的使用提供了更为权威、详尽的参考，从而提升语言精确性与交流便利性。

### （三）以典范的现代白话文著作为语法规范

“以典范的现代白话文著作为语法规范”，是指普通话在构建其书面语体系时，以现代经典文学作品中的白话文以及国家正式的文件、报刊社论等为模板。“典范”意味着仅选取那些文学价值高、语言规范的作品作为参考，“现代白话文”是指有别于五四运动之前的古白话文，“著作”则强调了普通话书面语虽基于口语，但经过艺术化处理，具有一定的文学性和规范性。

# 第二节 汉语方言

## 一、方言概述

汉语方言是指通行于某一地域、局部地区使用的汉民族语言，其形成主要受社会分化、移民活动以及地理隔阂的影响。我国方言种类众多，可划分为七大方言区，分别为北方方言、吴方言、湘方言、赣方言、客家方言、闽方言、粤方言。各种方言对普通话的规范性产生多元化影响。在北方方言中，通常存在声韵母或声调方面的差别，而南方方言则在词汇和语法方面展现出较为显著的差异。

### （一）北方方言

北方方言，作为现代汉民族共同语的基础方言，其影响力和地位在我国语言体系中举足轻重。以北京话为代表的北方方言，具有分布区域广泛、使用人数众多的特点，是我国汉族的主要语言分支之一。

根据方言地理的划分，北方方言可分为四个次方言区：华北—东北方言、西北方言、西南方言和江淮方言。这四个次方言区覆盖了中国北方、西北、西南以及江淮地区，形成了庞大的语言使用群体。据统计，使用北方方言的人口约占汉族总人数的73%①，这一比例充分展示了北方方言在我国汉族中的普及程度。

北方方言的形成和发展，与我国历史上的政治、经济、文化中心迁移密切相关。尤其是北京话，作为北方方言的代表，更是承载了丰富的历史文化内涵。从元明清三朝的古都，到当代中国的首都，北京在我国历史进程中扮演着重要角色，其语言文化影响力也得以传承和发扬。

### （二）吴方言

作为我国七大方言之一，吴方言主要分布在江苏、浙江、上海等地区，在语言学界和地方文化中具有重要地位。吴方言的内部存在一些分歧现象，但总体上可将苏州话和上海

---

① 本教材中的方言人口占比参考黄伯荣、廖旭东主编的《现代汉语》（增订6版）。

话作为其代表。

苏州话作为吴方言的典型代表，历史悠久，语音优美，被誉为“吴侬软语”，保留了古代吴语的许多特点，如声调柔和、韵尾丰富等。其发音方式独特，具有浓厚的地方特色。苏州话的形成主要受古代吴国文化和江南地区移民活动的影响。在古代，苏州是江南地区的经济、文化中心，因此苏州话在吴方言中具有很高的地位。

上海话，作为吴方言中影响力较大的方言，是现代上海市区的主要方言。上海话在语音、词汇和语法等方面与苏州话有一些差异，但其源头和苏州话一样，可以追溯到古代吴国文化，其形成和发展，受到了周边吴方言和移民活动的影响。上海作为我国的经济、金融、贸易中心，其方言的影响力也逐渐扩大。如今，上海话已成为吴方言中使用人数最多的方言。

吴方言的形成和发展与其所处的地理、历史、经济、文化环境密切相关。江南地区自古以来便是我国的经济、文化重镇，吴方言在历史长河中不断吸收、融合周边地区的语言特点，形成了独特的方言体系。据统计，吴方言的使用人口约占汉族总人数的 7.2%，这一比例体现了吴方言在我国方言中的重要地位。

### （三）湘方言

湘方言主要分布在湖南省，以长沙话为代表，分为新湘语和老湘语两个方言片，使用人口占汉族总人数 3.2%。湘方言与普通话在声母、韵母和声调方面都有一定的差异。其形成与湖南地区的地理环境、历史移民等因素密切相关。湘方言在戏曲等方面也有较大影响力，如湖南花鼓戏、巴陵戏等。

### （四）赣方言

赣方言主要分布在江西省，以南昌话为代表，使用人口占汉族总人数的 3.3%。其形成与古代赣文化和周边地区移民活动有关。在声母方面，赣方言无浊塞音、塞擦音声母，没有舌尖中鼻音[n]，但有舌面鼻音[ȵ]，将一部分普通话中的不送气音念作送气音。韵母方面虽然保留了鼻音和塞音韵尾，但都不完整。声调系统因地区而异，大多为 6 个。

### （五）客家方言

客家方言，亦称客语，主要分布在广东省、广西壮族自治区和湖南省的交会处，以及福建、江西、四川、台湾等地区，以广东梅县话为代表。其使用人口占汉族总人数的 3.6%。声母方面，和 u 相拼的时候，声母 h 往往会发成 f，没有舌面前音 j、q、x。韵母方面，不同程度保留了 3 个鼻音韵尾和 3 个塞音韵尾，声调一般有 6 个。客家人在历史上多次大规模迁徙，使得客家方言得以传播至各地。

### （六）闽方言

闽方言，主要分布在福建省、台湾省、广东省、海南省，以及浙江、江西的部分地区，以福州话和厦门话为代表。闽方言使用人口占汉族总人数的 5.7%。厦门、潮州地区方言有浊塞音、浊塞擦音声母，没有声母 f，将北方方言中部分念 z、c 声母的字念作 d、t，不仅有

3 个鼻音韵尾，还有 4 个塞音韵尾，声调一般有 7～8 个。

#### (七) 粤方言

粤方言也叫“白话”，以广州话为代表，主要分布在广东、广西、香港、澳门等地，使用人口约占汉族总人数的 4%。粤方言没有 z、zh 组声母，有 3 个鼻音韵尾、3 个塞音韵尾，声调最多的有 9～10 个。多年来，随着广东地区的经济发展和人口迁移，粤方言影响范围不断扩大。

### 二、四川方言

北方方言中的西南方言，主要分布在四川、云南、贵州等省，以及湖北大部分地区、广西西北部、湖南西北部等地。从地理位置来看，四川属于中国的西南部，但将四川方言划分到北方方言区主要是因其受到了人口迁移的影响。四川曾多次出现人口涌入的情况。早在商周时期，四川已与中原地区有了联系。《华阳国志·巴志》记载：“周武王伐纣，实得巴蜀之师。”秦统一后，中原的军民向四川迁徙，在此时期，古蜀语和上古华夏语相互影响。到了唐朝，在战乱的影响下，大量北方居民为躲避战乱入蜀，包括一些文人，如杜甫等。文学作品的产生与推广，使巴蜀语言发展也受到极大的影响。元末明初的数十年战乱，导致湖广籍乡民和安徽、陕西籍部分军民留居四川。由于湖北籍人较多、影响大，为清代前期移民入川，以湖北话为基础形成四川官话打下了基础。清初“湖广填四川”的人口大迁移，基本确立了四川方言的形态。

四川方言与普通话的不同，主要表现在语音、词汇和语法上。

#### (一) 语音

从声母的数量和性质来看，普通话有 21 个辅音声母。四川方言大致有 19 个辅音声母。相较于普通话，四川方言中的部分音节缺少了 l、zh、ch、sh 和 r 5 个声母，多了 3 个浊音声母。四川方言中的 n 声母对应普通话中的 n 和 l，在发音时，由于不能严格区分，往往发不出纯粹的鼻音或边音。四川方言中大多没有舌尖后音声母 zh、ch、sh，有的地区有卷舌声母，但出现环境单一，只出现在[ə]音前，如都江堰、彭州。还有部分地区将多数舌尖前音声母读作舌尖后音声母，如自贡、仁寿。此外，四川方言还将“r”读为不翘舌的浊擦音[z]，如“人民、然后”中的“人、然”；把部分音节前零声母变读为舌面前鼻音，如“严格、宜宾”中的“严、宜”；或是将舌面后鼻音[ŋ]与部分开口呼韵母拼合成音节，如“奥、埃、昂”等。四川方言与普通话的声母对比如表 1-1 所示。

从韵母的数量来看，普通话有 39 个韵母。四川方言大致有 37 个韵母，其中，有 33 个韵母同普通话的韵母一一对应，此外多了[e]、[ue]、[yo]、[iai]4 个韵母，缺少了-i[ʅ]、e、uo、ing、eng、ueng 6 个韵母。另外，四川方言中还存在一个韵母对应普通话中的两个或三个韵母的现象，如 uei 除对应普通话里的 uei 外，还用在“泪、内”等普通话中韵母为 ei 的音节中，ün 用在“军、泳、顷”等普通话中韵母为 ün、iong、ing 的音节中。韵母数量较多，这里仅简单列出四川方言中多余和缺少的 10 个韵母与普通话的对应情况(表 1-2)：

表 1-1 四川方言与普通话的声母对比

| | 唇音 | 舌尖音 | 舌面音 |
|---|---|---|---|
| 普通话 | b、p、m、f | z、c、s、d、t、n、l、zh、ch、sh、r | j、q、x、g、k、h |
| 四川方言 | 无明显差别 | ① 部分缺少 l、zh、ch、sh 和 r；<br>② 多了不翘舌的浊擦音[z]。 | ① 多了舌面前鼻音；<br>② 舌面后鼻音[ŋ]可出现在部分开口呼韵母前。 |

表 1-2 四川方言与普通话的韵母对比

| 四川方言 | 普通话 | 例字 | 普通话 | 四川方言 | 例字 |
|---|---|---|---|---|---|
| [e] | e[ɤ] | 得 | -i[ʅ] | -i[ʅ] | 翅 |
| | ɑi[ai] | 白 | e[ɤ] | [o] | 哥 |
| | o[o] | 墨 | uo[uo] | [o] | 落 |
| [ue] | uo[uo] | 或 | ing[iŋ] | [in] | 名 |
| [yo] | üe[yɛ] | 略 | eng[əŋ] | [ən] | 成 |
| | ü[y] | 育 | ueng[uəŋ] | [uŋ] | 翁 |
| | u[u] | 速 | | | |
| [iai] | ie[iɛ] | 鞋 | | | |

从听感上来说，四川方言与普通话最明显的区别就是声调的不同。有时，声母和韵母发音含混或不标准，还大体能分辨词义，但若声调错位，方音暴露无遗。四川的大多数地方与普通话一样，都有 4 个声调，且调类一致，都是阴平、阳平、上声、去声，但部分调值有细微差异，见表 1-3。调类相同，是许多四川人学习普通话声调的有利条件。在学习普通话的声调时，注意改变声调的调值即可。

表 1-3 四川方言与普通话的声调对比

| 调类 | 调值 | | 例字 |
|---|---|---|---|
| | 普通话 | 四川方言 | |
| 阴平 | 55 | 44 | 家 |
| 阳平 | 35 | 21(接近普通话的半上) | 谐 |
| 上声 | 214 | 53(接近普通话的去声) | 冷 |
| 去声 | 51 | 213(接近普通话的上声) | 爱 |

### (二) 词汇

四川方言与普通话在词汇上的不同，主要体现在词缀有变化、叠用的双音节词汇多。

词缀的变化首先体现在后缀“子”的使用范围上，如：树—树子，心—心子，鞋—鞋子，虾—虾子，葱—葱子，今年—今年子(前者为普通话，后者为四川方言)。部分名词后有词缀“儿”，如包包—兜兜儿，爸爸—老汉儿。在四川方言里，普通话里的名词后缀“头”还可以替代方位名词，如：碗里—碗头。相较于普通话，四川方言里还多了许多放在性质形容词后的叠音后缀，如“兮兮”“浊浊”“扎扎”“扯扯”“叽叽”“纠纠”“崭崭”等。

单音节语素重叠为双音节词的现象在四川方言中大量存在，如：钵—钵钵，花—花花，棚—棚棚，毛—毛毛，等等。还有将各类合成词里的部分语素进行重叠使用的情况，如：伤疤—疤疤，角落—角角/咔咔，缝隙—缝缝，抽屉—抽抽，本子—本本，尖儿—尖尖，皮儿—皮皮，毯子—毯毯。

### (三) 语法

语法是语言发展中最稳定的部分。与语音和词汇相比，四川方言和普通话在语法上的差异是最小的。从词类的角度看，四川方言中语气词比较丰富，如“哈”“吼”“哆”“嗦”等，还多了表示时间的助词，如“倒(起)”“起(在)”等。从句法的角度看，比较明显的差异在于句子的补语方面，比如，“脱”用作结果补语，“惨”“很”用作程度补语，“得起(来)不”用作可能补语，“起”用作结果补语等。

# 第三节 大力推广普通话

## 一、推广普通话的意义

### (一) 增强国家文化软实力和民族认同感

普通话作为国家通用语言，不仅是交流的工具，更是国家文化软实力的重要表现形式。推广普通话，不仅仅是为了让国民能够更加流畅地沟通，更重要的是为了通过语言的统一，来加强和传播中华文化，提升国家在国际上的文化影响力。

普通话的普及，有利于提升人民群众对中华文化的认同感。中华优秀传统文化是中华民族的根和魂，是连接过去和未来的纽带。通过学习和使用普通话，人民群众可以更加深入地了解和传承中华优秀传统文化，从而增强对中华优秀传统文化的热爱和认同，促进民族团结和社会和谐。

语言是思维的外壳，是知识的载体。掌握普通话，意味着国民的沟通能力、学习能力和信息处理能力都将得到提升，这对提升国民的素质具有重要的意义。同时，推广普通话也有助于提升中国的国际形象。随着中国在国际事务中扮演越来越重要的角色，普通话成为外国人了解中国、与中国进行交流的重要工具。

### （二）促进教育公平和社会整体发展

普通话的推广在改善教育不均衡的情况时起着至关重要的作用。在我国，由于地域、经济和文化等差异，不同地区的人们在教育资源获取上存在不均衡的情况。通过普及普通话，任何地区的人们都能掌握同一套语言工具，这不仅有助于提高教育质量，而且对缩小教育差距，促进教育公平具有重要意义。同时也能让教育资源更加高效地传递，无论是师资力量、教材还是网络教育资源，都能更加公平地分配到各个地区。

共同语的普及与社会经济发展紧密相关。在现代社会，语言沟通能力是人们融入社会、实现自我价值的重要能力。掌握普通话意味着可以在更广泛的领域内进行有效沟通，增强就业竞争力和发展机会。这不仅有助于个人职业发展，而且对促进社会资源的优化配置和经济的快速发展具有重要意义，它能够促进人们之间的交流与合作，增强社会凝聚力，提高劳动力市场的灵活性，促进人才流动，提高生产效率。

### （三）推动信息化进程和多元文化传播

在信息化时代，掌握并熟练运用普通话变得尤为重要。随着人工智能、大数据、云计算等技术的广泛应用，信息处理和沟通能力成为越来越重要的技能。通过智能语音助手、自动翻译工具等先进技术，我们可以更加便捷地获取信息、处理问题和进行沟通交流。熟练掌握普通话，可以更好地适应信息化时代的发展，提升个人的信息处理和沟通能力，为个人和社会的发展贡献力量。

普通话是文化传播的重要媒介，它的普及可以更有效地传播现代文化成果，促进文化的创新和发展。通用语能消除不同地域、不同民族之间的语言障碍，使得各种文化得以更加广泛地交流和传播，也利于保护和传承各种地方文化和民族语言。各地和各民族可以创新性地将本地方、本民族的语言和文化与普通话相结合，使传统文化得以传承，并焕发出新的活力。无论是汉族，还是少数民族，通过学习和使用普通话，都能够更好地了解和接触到其他文化。

### （四）促进国际交流与合作

随着中国经济的快速发展和国际地位的日益提高，中国在全球事务中的影响力不断扩大。这使得普通话逐渐成为国际交流的重要工具，对国际的文化交流互鉴和友好合作起到了积极的促进作用，越来越多的外国人开始学习和使用普通话。对外国友人来说，学习和使用普通话是他们更好地了解和融入中国社会的关键。通过语言学习，他们能够更加方便地接触到中国的各种优秀传统文化和现代文化，如诗词、戏曲、书法等，从而加深对中国的认识，也能更好地了解中国的现代发展成果，如科技创新、城市规划、经济政策等。

## 二、推广普通话的方针和政策

中国是一个多民族、多语言的国家，语言的多样性在我国历史长河中发挥了重要作用。然而，语言的多样性也给社会带来了沟通障碍，影响了社会的发展和进步。为了促进民族团结、社会和谐，提高国民素质，我国政府高度重视普通话推广工作，制定了一系列方针政策。

### （一）确立普通话的地位

1955 年，全国文字改革会议和现代汉语规范问题学术会议确定了普通话作为国家通用语言的地位。这一决策对于统一全国语言、提升国民素质和国家形象具有重要意义。会议的决定为推广普通话提供了法律和政策保障，推动了普通话在全国范围内的普及。

### （二）制定推广普通话的政策措施

1956 年，普通话推广工作开始起步，国务院明确了普通话的定义，并确立了“大力提倡、重点推行、逐步普及”的工作方针，凸显了推广普通话的重要性，并强调了在全国范围内广泛宣传和普及普通话的紧迫性。

1992 年，随着社会的发展和语言政策的演进，推广普通话工作方针被更新为“大力推行、积极普及、逐步提高”。这一调整反映了国家对普通话推广工作的新要求，即在扩大普及范围的同时，更加注重提升普通话的使用质量，确保人们在实际交流中的应用能力。

1994 年，国家语委等部门颁布的《关于开展普通话水平测试工作的决定》，明确了普通话在教育、媒体、公务活动和民族交流中的规范地位，要求特定职业人员如教师、播音员等必须具备一定水平的普通话能力，逐步实行持普通话等级证书上岗制度。文件还规定了普通话水平测试的主要对象、等级要求、证书发放等，并宣布成立国家普通话水平测试委员会，负责领导全国普通话水平测试工作。

进入 21 世纪，特别是 2021 年，推广普通话工作方针再次进化，变为“聚焦重点、全面普及、巩固提高”。这一最新方针强调了推广普通话的重点领域和关键群体，要求在全国范围内全面普及普通话，并注重巩固和提升已取得的成果。这一转变体现了国家对推广普通话工作深层次的理解和战略布局，以及对提升普通话推广质量的坚定决心。

从上述方针的演变可以看出，国家通用语言文字推广的策略已逐步从注重数量向注重质量转变。这种从量化到质化的转变，不仅体现了国家对推广普通话工作的深化和提升，也揭示了国家提升国民语言素质和促进社会沟通效率的明确目标。

### （三）实施普通话推广工程

自 1998 年起，每年 9 月的第三周被确定为全国推广普通话宣传周，持续开展普通话推广活动。通过演讲比赛、知识竞赛等宣传教育活动，激发公众学习普通话的兴趣，提高全社会对普通话的认同和普通话使用水平。针对农村地区，政府通过教育、文化活动和媒体宣传等多种途径，提高农村居民的普通话水平，致力于缩小城乡语言差距，促进农村地区的语言现代化。少数民族地区通常采用双语教学，在尊重和保护少数民族的语言文化传统的同时，又提高了普通话的普及率，促进了民族地区的语言和谐与经济社会发展。

近年来，为了进一步推进普通话的普及，中华人民共和国教育部语言文字应用管理司策划并实施了"经典润乡土""典耀中华"等一系列具有显著成效的语言文字推广活动，积极开发数字化阅读资源，促使大众通过经典诵读、书写和演讲等多种形式欣赏经典文学作品，传承和弘扬中华优秀传统文化，增强国民文化自信和语言文字应用能力，促进语言文字工作深化发展。

国家积极推广普通话，在确保语言的统一和交流的便利的同时，也坚定维护各民族语言的平等地位，保障多元文化的和谐共处。这种平衡的语言政策，旨在促进民族团结和文化多样性，共同构建和谐的语言环境。普通话的推广不仅有助于提高国家通用语言文字的应用能力，还能增强民族凝聚力和文化自信。面向未来，我国将持续致力于普通话的普及与提升，以进一步增强其在促进国家经济社会发展、增进民族团结以及巩固国家语言文化基础中的核心作用。通过深化语言文字工作，普通话将成为连接多元文化、推动社会进步的重要桥梁。

**课外链接**

**《国务院办公厅关于全面加强新时代语言文字工作的意见》**
**（国办发〔2020〕30号）节选**

（三）主要目标。到2025年，普通话在全国普及率达到85%，语言文字规范化、标准化、信息化水平进一步提高，语言文字科技水平和创新能力明显提升，中华优秀语言文化得到更好传承弘扬，与人民群众需求相适应的语言服务体系更加完善。

……

（五）坚持学校作为国家通用语言文字教育基础阵地。加强学校语言文字工作，全面落实国家通用语言文字作为教育教学基本用语用字的法定要求。坚持把语言文字规范化要求纳入学校、教师、学生管理和教育教学、评估评价等各个环节，开展学校语言文字工作达标建设。建立完善学生语言文字应用能力监测和评价标准。大力提高教师国家通用语言文字核心素养和教学能力。加强教材建设，确保国家通用语言文字规范标准的贯彻落实。建设书香校园，提高学生国家通用语言文字听说读写能力和语文素养。除国家另有规定外，学位论文应当使用国家通用语言文字撰写。

……

（十四）传承弘扬以语言文字为载体的中华优秀文化。实施中华经典诵读工程，加强中华优秀语言文化的研究阐释、教育传承、资源建设及创新传播。推动社会各界和各级各类学校开展中华经典诵写讲活动，加强中小学经典诗文教育、规范汉字书写教育。实施经典润乡土计划，助力乡村振兴战略。推动以甲骨文为代表的中华优秀传统文化传承发展，发挥古文字在中华文明传承发展中的作用。推进中华思想文化术语传播。加强地名文化遗产保护。培养更多学贯中西、融通中外的语言文化学者。加强中国当代学术和文化的外译工作，提高用外语传播中华文化的能力。

## 思考与实训

1. 谈谈你的方言中哪些地方和普通话不一样。

2. 普通话是如何从古代汉语演变而来的？请简述汉民族共同语演变的历史过程。

3. 在推广普通话的过程中，可能会遇到哪些挑战？你认为应该如何解决这些问题，以确保在各地区的语言多样性得到尊重的同时，也能有效推广普通话？

4. 新时代语言文字工作强调了语言文字的规范化、标准化、信息化建设。请举例说明如何在普通话推广工作中具体体现这些方面，并讨论其对现代社会的影响。

5. 在多元文化和多语言的社会背景下，如何平衡方言或民族语言和普通话的教育？请设计一个活动方案，既能有效推广普通话，又能保护和尊重方言或民族语言的使用。

# 第二章 语音常识

## 第一节 语音和《汉语拼音方案》

### 一、什么是语音

人与人之间进行交际、传递信息主要依赖于语言，而语音是语言的物质外壳，是语言意义的载体，负载着语言信息。语音是人类通过发音器官发出来的具有一定意义并用于社会交际的声音。因此，其他的声音不能被称为语音，如自然界中的风雨声，动物的鸣叫声，包括人类发音器官发出的缺乏词句意义的咳嗽、打鼾、哭笑声等。

语音同其他声音有相同也有不同之处。某个物体的振动，会引起周围空气粒子或其他媒介的振动而形成音波，音波作用于人耳，振动鼓膜，刺激听觉神经，这样人就能听到各种声音。语音和其他声音一样，是通过发音体的振动产生的，也具有音高、音强、音长、音色四种物理属性要素。其中，音色在语音中是表达语义最重要的手段，其他要素在不同语言中的作用不尽相同。在汉语中，音高所起的作用仅次于音色，声调的高低起伏能形成不同的音节，表达不同的意义，而声调主要是由音高决定的。

语音是人类通过发音器官发出来的，具备生理属性，但语音区别于其他声音的本质属性是社会属性。语言是一种社会现象，语音也是一种社会现象。语音的表意功能是使用该语言的社会全体成员所赋予并共同遵守的。语音形式与意义的结合是约定俗成的，二者之间没有必然的联系。在不同的民族与地域中，也形成了不同的语音系统。

### 二、《汉语拼音方案》

为了准确记录汉语语音，中国文字改革委员会在 1956 年制定了《汉语拼音方案（草案）》，这个草案经过社会各界的广泛讨论与审议修订，于 1958 年 2 月 11 日第一届全国人民代表大会第五次会议批准，并作为正式方案公布推行，成为拼写汉语的国内标准。自推行以来，《汉语拼音方案》在推广普通话方面起到了重要的作用，并得到了联合国的认可。1977 年，联合国第三届地名标准化会议通过决议，决定“采用汉语拼音作为中国地名罗马字母拼法的国际标准”。1982 年 8 月 1 日，国际标准化组织（ISO）经过投票决定：汉语拼音是拼写汉语的国际标准，开始采用《汉语拼音方案》。《中华人民共和国国家通用语言文字法》第 18 条规定：“国家通用语言文字以《汉语拼音方案》作为拼写和注音工具。《汉语拼音方案》是中国人名、地名和中文文献罗马字母拼写法的统一规范，并用于汉字不便或不能使用的领域。”

《汉语拼音方案》由三表两符构成，分别是字母表、声母表、韵母表、声调符号和隔音符号五个部分，采用国际通用的 26 个拉丁字母，按照音素化的拼音原则来拼写普通话。每部分规定了书写体式、排序、名称和使用规范等[①]。由于《汉语拼音方案》是在各种记音方法的基础上发展而成的，部分内容还保留了注音符号和汉字注音。

# 汉语拼音方案

（1957 年 11 月 1 日国务院全体会议第 60 次会议通过）
（1958 年 2 月 11 日第一届全国人民代表大会第五次会议批准）

## 一、字 母 表

| | | | | | | | |
|---|---|---|---|---|---|---|---|
| 字母： | A ɑ | B b | C c | D d | E e | F f | G ɡ |
| 名称： | ㄚ | ㄅㄝ | ㄘㄝ | ㄉㄝ | ㄜ | ㄝㄈ | ㄍㄝ |
| | H h | I i | J j | K k | L l | M m | N n |
| | ㄏㄚ | ㄧ | ㄐㄧㄝ | ㄎㄝ | ㄝㄌ | ㄝㄇ | ㄋㄝ |
| | O o | P p | Q q | R r | S s | T t | |
| | ㄛ | ㄆㄝ | ㄑㄧㄡ | ㄚㄦ | ㄝㄙ | ㄊㄝ | |
| | U u | V v | W w | X x | Y y | Z z | |
| | ㄨ | ㄪㄝ | ㄨㄚ | ㄒㄧ | ㄧㄚ | ㄗㄝ | |

V 只用来拼写外来语、少数民族语言和方言。
字母的手写体依照拉丁字母的一般书写习惯。

## 二、声 母 表

| | | | | | | | |
|---|---|---|---|---|---|---|---|
| b | p | m | f | d | t | n | l |
| ㄅ玻 | ㄆ坡 | ㄇ摸 | ㄈ佛 | ㄉ得 | ㄊ特 | ㄋ讷 | ㄌ勒 |
| ɡ | k | h | | j | q | x | |
| ㄍ哥 | ㄎ科 | ㄏ喝 | | ㄐ基 | ㄑ欺 | ㄒ希 | |

① 1958 年的《汉语拼音方案》，公布时用的是印刷体，如“a、g”等。现已改为“ɑ、ɡ”。

| zh | ch | sh | r | z | c | s |
|---|---|---|---|---|---|---|
| ㄓ知 | ㄔ蚩 | ㄕ诗 | ㄖ日 | ㄗ资 | ㄘ雌 | ㄙ思 |

在给汉字注音的时候，为了使拼式简短，zh ch sh 可以省作 ẑ ĉ ŝ。

## 三、韵母表

| | i<br>ㄧ　衣 | u<br>ㄨ　乌 | ü<br>ㄩ　迂 |
|---|---|---|---|
| a<br>ㄚ　啊 | ia<br>ㄧㄚ　呀 | ua<br>ㄨㄚ　蛙 | |
| o<br>ㄛ　喔 | | uo<br>ㄨㄛ　窝 | |
| e<br>ㄜ　鹅 | ie<br>ㄧㄝ　耶 | | üe<br>ㄩㄝ　约 |
| ai<br>ㄞ　哀 | | uai<br>ㄨㄞ　歪 | |
| ei<br>ㄟ　欸 | | uei<br>ㄨㄟ　威 | |
| ao<br>ㄠ　熬 | iao<br>ㄧㄠ　腰 | | |
| ou<br>ㄡ　欧 | iou<br>ㄧㄡ　忧 | | |
| an<br>ㄢ　安 | ian<br>ㄧㄢ　烟 | uan<br>ㄨㄢ　弯 | üan<br>ㄩㄢ　冤 |
| en<br>ㄣ　恩 | in<br>ㄧㄣ　因 | uen<br>ㄨㄣ　温 | ün<br>ㄩㄣ　晕 |
| ang<br>ㄤ　昂 | iang<br>ㄧㄤ　央 | uang<br>ㄨㄤ　汪 | |
| eng<br>ㄥ　亨的韵母 | ing<br>ㄧㄥ　英 | ueng<br>ㄨㄥ　翁 | |
| ong<br>（ㄨㄥ）　轰的韵母 | iong<br>ㄩㄥ　雍 | | |

（1）“知、蚩、诗、日、资、雌、思”等七个音节的韵母用 i，即：知、蚩、诗、日、资、雌、思等字拼作 zhi，chi，shi，ri，zi，ci，si。

（2）韵母ㄦ写成 er，用作韵尾的时候写成 r。例如：“儿童”拼作 ertong，“花儿”拼作 huar。

（3）韵母ㄝ单用的时候写成 ê。

（4）i 行的韵母，前面没有声母的时候，写成 yi（衣），ya（呀），ye（耶），yao（腰），you（忧），yan（烟），yin（因），yang（央），ying（英），yong（雍）。

u 行的韵母，前面没有声母的时候，写成 wu（乌），wa（蛙），wo（窝），wai（歪），wei（威），wan（弯），wen（温），wang（汪），weng（翁）。

ü 行的韵母，前面没有声母的时候，写成 yu（迂），yue（约），yuan（冤），yun（晕）；ü 上两点省略。

ü 行的韵母跟声母 j，q，x 拼的时候，写成 ju（居），qu（区），xu（虚），ü 上两点也省略；但是跟声母 n，l 拼的时候，仍然写成 nü（女），lü（吕）。

（5）iou，uei，uen 前面加声母的时候，写成 iu，ui，un，例如 niu（牛），gui（归），lun（论）。

（6）在给汉字注音的时候，为了使拼式简短，ng 可以省作 ŋ。

## 四、声调符号

| 阴平 | 阳平 | 上声 | 去声 |
|---|---|---|---|
| ˉ | ˊ | ˇ | ˋ |

声调符号标在音节的主要母音上。轻声不标。例如：

| 妈 mā | 麻 má | 马 mǎ | 骂 mà | 吗 ma |
|---|---|---|---|---|
| （阴平） | （阳平） | （上声） | （去声） | （轻声） |

## 五、隔音符号

a，o，e 开头的音节连接在其他音节后面的时候，如果音节的界限发生混淆，用隔音符号（’）隔开，例如：pi’ao（皮袄）。

# 第二节 发音器官

在普通话发音中，良好的呼吸习惯是标准发音的前提，正确运用发音器官是实现标准发音的必备条件。这与声道的作用密切相关，它作为一个符合物理学原理的发音系统，是人类发声的基础。声道由肺、气管、喉、软腭、鼻腔、唇、舌、下颌等器官构成，可以分为三大类：呼吸器官、发声系统和吐字系统。这些器官协同工作，使声音得以产生。

### 一、呼吸器官

人体发声区域可分为动力区、声源区与调音区三部分。其中，动力区指呼吸器官，即呼吸提供发音的原动力，当人体在呼吸时，肺、气管和支气管执行着类似于风箱和送风管的职能，从而振动发音体，产生声音。下面对肺、气管和支气管这三个人体器官进行介绍。

### （一）动力系统：肺

肺作为人体的呼吸器官，分布于胸腔内，分为左、右两部分，其中右肺有三叶，左肺有两叶。人体的语音依靠发音体的振动而产生，振动的动力来源于肺。呼吸是由两个连续不断的动作构成的，空气先通过口、鼻、咽喉、气管等通道进入肺泡，肋间肌舒张及收缩，引起胸廓发生横向变化，气体得以在肺内进行交换。而呼出二氧化碳时膈肌舒张，引起胸廓发生纵向变化，这样形成的一股气流，就是声带振动的动力。

### （二）输送管道：气管、支气管

气管和支气管构成了呼吸系统的中心输送网络，它们的主要功能是将空气传输到肺部，同时也将二氧化碳从肺部排出体外。气管是一个管状结构，位于颈部，下接支气管，进而分为左右两个主支气管，分别通向左右肺。在人体发声的过程中，与肺部相关联的气管和支气管就承担着为肺部输送气息的作用，是气体流通的通道。声带位于喉部，当空气从肺部被挤压出来经过声带时，声带振动产生声音。

## 二、发声系统

喉头声带声门及喉肌横切面图

发声系统主要由喉头和声带构成，它需要与呼吸器官配合工作，通过调节气息，来引发音高、音色和音强的变化。值得注意的是，发声系统本身不能独立发挥作用，其功能的实现依赖于与呼吸器官的协调配合。

### （一）喉头

喉头是一个复杂的结构，主要包括环状软骨、勺状软骨、甲状软骨，以及与其相连的肌肉和韧带。环状软骨位于喉头的最底部，上接甲状软骨和勺状软骨，下连气管。甲状软骨形状像V形的盾牌，构成喉头的前壁，勺状软骨的前端连接着两片声带，底部附着于环状软骨的后上部，它们在声门的开合过程中起着关键作用。会厌软骨形似一片树叶，覆盖在喉头上方。在吞咽时，舌骨下压推动会厌软骨，以阻挡食物进入喉头或气管。而在呼吸或说话时，会厌软骨则打开，以保证气流通畅。

喉头承担着声带的附着与固定的功能，它是振动器官的关键成员，是构成声源的重要组成部分。喉头的位置和状态是否正确，对其他发声器官的正常运动具有直接影响，进而影响语音的音质、音色和音量。

### （二）声带

声带是两片似唇形的韧带褶皱，位于喉头中央部分。声带的制声原理涉及两个端点的固定与活动。声带一端附着于甲状软骨，保持静止，而另一端则连接到两块勺状软骨上。在非发声状态下，声带呈倒V形张开，形成的空隙被称为声门。发声时，勺状软骨靠拢，使声带闭合，声门关闭。这一动作阻断了肺部呼出的气流，造成气压的积聚，气压随后推开声带，引发声带的振动，最终产生声音。

声带作为发音体，是产生基本音的场所。一副健康的嗓子具备两种基本机能：一是发出真声，此时声带整体振动；二是发出假声，声带的振动局限于局部或边缘。假声带位于声带上方，当声带振动时，假声带起到保护声带的作用。

## 三、吐字系统

吐字系统由咬字器官和共鸣器官构成，其精确配合对于清晰、准确地传达信息至关重要。这种配合不仅关系到每个音素的准确发出，还影响到整体语音的流畅性和表达力。

### （一）咬字器官

咬字器官主要包括唇、舌、齿、牙、腭五个部位，唇和舌在形成字音时发挥更为关键的作用。通过这些部位的协同运动，腔体发生变形以产生元音，形成阻碍以产生辅音，元辅音有机结合构成音节。

1. 唇

“唇”包括上唇和下唇，是发声的主要出口。汉语的许多音节发音以唇部活动为核心，比如声母b、p、m，成阻部位为双唇，发音主要依赖于唇部动作。中国古代的音韵学中，“四呼”这一概念就是通过韵母起始部分唇形的圆展变化来定义的。

2. 舌

“舌”包括舌尖、舌叶、舌面和舌根，舌体的上下前后运动及其着力点的变化，会改变口腔的共鸣状态，对字音的形成至关重要。例如，在发高元音i时，如果舌根隆起太高，可能会阻塞口腔通道，导致声音走向鼻腔；而发低元音ɑ时，如果舌位过低，则可能导致喉部紧张，导致发音从央元音变成了后元音。在发音过程中，舌头对发音的影响最明显，加强对其灵活性的锻炼是非常有必要的。

3. 齿

“齿”包括上齿和下齿，是舌尖前音发音的关键部位。通过上下齿的位置，可以判断口腔状态是否正确。在非发音状态下，上门齿应当包住下门齿，但发z、c、s时，如果舌头不够主动，就有可能导致下颌主动上移，下门齿与上门齿对齐，甚至略前于上门齿，从而影响发音的准确性。

4. 牙

“牙”指位于口腔两侧的槽牙，其开合动作直接影响共鸣腔的开度。牙关打开，声音可以从咽腔顺畅地进入口腔通道，声音通常更为响亮。相反，如果牙关紧闭，口腔内的空间就会受限，舌体的活动受到阻碍，导致声音被挤压，变得扁平且沉闷。

5. 腭

“腭”包括硬腭和软腭两个部分，硬腭占据前三分之二，软腭位于后三分之一。腭部如同一个隔板，将鼻腔和口腔上下分隔开来。活动的软腭犹如一个可控的阀门，决定声音是进入口腔还是鼻腔。硬腭的前部是声音聚焦的关键区域，而软腭是发后鼻韵母时与舌根接触最紧密的部位。例如，舌尖后音 zh、ch、sh、r 是舌尖与硬腭前部形成阻碍，而舌根音 g、k、h 则是舌根与软腭前部构成阻碍，在发这些声母时，腭部都发挥了重要作用。

### （二）共鸣器官

共鸣器官主要包括喉腔、咽腔、口腔、鼻腔、胸腔等。共鸣器官在发音中的价值在于它与其他发声器官一起形成协调状态，以提高声音的圆润度与清晰度。

根据共鸣腔在发音中的不同作用来看，胸腔能产生低音共鸣，在朗诵表演中能让声音浑厚有力、结实优美。而口腔和鼻腔是语音发音过程中主要依靠的共鸣腔。如果这两个共鸣腔使用不恰当，往往会造成发音错误。比如普通话中的 n 声母，在发音中需要使用鼻腔共鸣，如果发音时未引起鼻腔振动，则会出现 n、l 发音混淆的情况。

1. 喉腔、咽腔、口腔共鸣

喉腔是声带发音时经过的第一个共鸣腔，会对声音的质量造成影响。咽腔是人类特有的，与其下的喉头之间有一块调节气管与食道的会厌软骨。咽腔往上便有了口腔和鼻腔两条通道，口腔中的唇、舌由于不同的活动方式，常主动向上齿、下齿等不能活动的部位接触或靠近，从而改变发音部位，以发出不同的声音，所以口腔属于可变共鸣腔。要找到“口腔共鸣”的感觉，需要将口腔自然打开，使气流在口腔的前上部分引起振动，随即声音在硬腭前部集中反射，同时也有鼻腔被打开、畅通的感觉，此时就能感受到“口腔共鸣”。口腔既是共鸣器官又影响咬字吐词，对练习普通话的人来说，口腔的控制尤其重要。

2. 鼻腔共鸣

鼻腔共鸣通过小舌实现。小舌抬起时，鼻腔通道打开，口腔通道关闭，气息进入鼻腔内部，声音在鼻腔中产生共鸣。在普通话中，声母及韵母里都有部分发音需要使用鼻腔共鸣。比如声母中的 m、n，韵母中的前鼻韵 an、en、in 和后鼻韵 ang、eng、ing 等。感受鼻腔共鸣，可以通过展开鼻翼，使鼻腔处于无限通畅的状态来实现，也可以用鼻子吸气，体会鼻咽处有凉风的感觉。

鼻腔共鸣时，将食指轻轻放在鼻翼处，发出“n”的本音，手指会感觉到轻微振动。也可以采用轻声哼唱的方式，口鼻微张，舒展吸气，将吟唱呼出的气流尽量上靠鼻腔，音量中等或稍小，体会气流从鼻腔出来的感觉。

3. 胸腔共鸣

胸腔共鸣是人类发声系统中的一个重要组成部分，对歌唱、演讲等需要良好声音传导的场合具有重要意义。当声带振动时，会产生一定频率的声波，这些声波在传播过程中会遇到胸腔内的气柱。由于声波的频率与胸腔内气柱的固有频率相近，所以会产生共振现象，使得声音得到放大。通过胸腔共鸣，可以较好地控制声音的高低、强弱和音色，使声音更加饱满、有力，并提高声音的质量、表现力和感染力。

# 第三节　科学发声

科学发声是普通话学习和训练中非常重要的环节，有利于准确发音和获得较好的普通话口语表达状态。科学发声涉及调整呼吸、控制共鸣、训练口腔三部分内容，部分应试人会因为呼吸不科学和共鸣腔使用错误，发音含混不清，从而在读单音节和多音节字词测试中丢分，因此掌握科学的发声技巧在普通话的学习与水平测试中非常关键。

## 一、调整呼吸

正确的呼吸方式是标准发音的前提条件，吸气、呼气练习可以使气息充足有力，从而让发音更响亮、均匀。

### （一）呼吸方式

呼吸给人的发声活动提供动力，只有掌握正确的呼吸方式，才能科学发声，使声音通畅响亮。一般来说，呼吸方式主要有三种：胸式呼吸、腹式呼吸与胸腹联合式呼吸。胸式呼吸吸入气息浅且少。腹式呼吸吸入气息较深，但进气量不够大。胸腹联合式呼吸能统一胸腔、横膈膜及腹部肌肉控制呼吸的能力，扩大胸腔的周围径和上下径，吸入气息容量大。应试人可以通过训练，正确运用这种呼吸方式。

1. 胸式呼吸

胸式呼吸又称肋式呼吸法、横式呼吸法，是直接用肺进行呼吸的方式。胸廓扩张或收缩，带动肺部扩大或缩小，肺在胸廓的作用下左右横向扩张，便形成了吸气和呼气的呼吸方式。

采用胸式呼吸时，胸腔外扩，腹腔凹陷。空气主要进入肺部，气息位置靠上，两肋、横膈及腹部的肌肉活动较少，进得快出去得也快，吸入的气息浅且少。在无法控制气息的情况下，胸部会更加紧张，致使颈部肌肉、下颚、舌根、喉头紧张，声带失去弹性，声音缺乏变化。

2. 腹式呼吸

腹式呼吸是以横膈肌活动带动肺扩张或收缩，形成吸气和呼气动作的呼吸方式。胸式呼吸和腹式呼吸主要是扩张部位的不同，胸式呼吸时两肋向四周膨胀，横膈膜位置改变小；腹式呼吸时两肋几乎不动，横膈膜向下运动。在这一过程中，内脏会向下运动，肚子出现轻微鼓起。婴儿呼吸肌发育不全，胸廓活动范围小，呼吸时肺向膈肌方向扩展，往往呈腹式呼吸状态。有些人习惯在日常生活中使用此种方式。但若长期使用此种方式进行发音，容易出现声音不易支配或语音产生挤压感等问题。

3. 胸腹联合式呼吸

胸腹联合式呼吸是横膈升降与胸廓扩张收缩相结合的呼吸方式。这种呼吸方式是声乐和语音发音中最理想的呼吸方式，但也是最难掌握的一种呼吸方式。胸腹联合式呼吸可以满足正式场合中口语表达气息量大、进气快和发音时间长的需要，是掌握普通话过程中应重点学习的科学呼吸方式与技巧。胸腹联合式呼吸不是将胸式呼吸和腹式呼吸简单相加。在呼吸过程中，需要吸气后扩张胸腔，再继续吸入气息，降下横膈膜，在两肋打开的同时体会气息的下行感。同时腹部肌肉要保持紧张度，随时处于准备呼气的状态。

下一部分的“呼吸练习”主要讲解“胸腹联合式呼吸”方式的练习方法。

### （二）呼吸练习

“胸腹联合式呼吸”需要将胸式呼吸和腹式呼吸两种呼吸方式融为一体，在呼吸时结合二者的特点进行。“胸腹联合式呼吸”的动作要领，主要分为吸气和吐气两步。吸气时，在胸式呼吸的基础上进行补气，尽可能加大吸气量；吐气时，保持吐气的均匀，增加发音时间。此外，练习“胸腹联合式呼吸”还要注意锻炼横膈肌。

1. 吸气

深吸气能够使气息下沉到腹部，由于腹部容量较大，因此能够储备更多的气息。相比浅吸气，深吸气更为放松。浅吸气时我们往往会不自觉地提气，这会导致脖子、肩膀等部位紧张。而深吸气则是平稳自然地将气息引入小腹，发出的语音更加有质感，这对提升声音的表现力非常关键。

若要进行深吸气，需在使用平常的胸式呼吸方式吸气后，再延长吸气而不是憋气的过程。深吸气并非刻意往上提气，而是双肩放松下沉，胸口不紧绷不紧张，正常吸入气息后再轻柔缓慢地继续补气，让横膈膜下降，胸腔与腹腔同时扩张。

（1）练习方法。

第一，闻花香。想象自己在一片草原里，草原上长满了鲜花，空气里弥漫着青草和野花的香味，这时候慢慢吸气，要感觉身体很放松愉悦，使气息慢慢沉入身体。吸气的时候肩膀不上抬，胸口不紧绷，与仅胸腔隆起不一样，随着身体的放松，腹部会自然扩张，缓缓隆起。浅吸气的时候腹部是凹进去的，深吸气的时候腹部是凸起来的。这样的区别是因为深吸气把气吸进了身体，而不是用肌肉的力量把气憋住。闻花香的方式可以让训练者在轻松愉悦的想象中将气息自然沉到腹部，其中重要的是找到正确吸气的感觉，要自然、柔和、深入又恰到好处。若将手放在丹田处，小腹轻轻凸起，而且触感比较硬，那么这种吸气方式就是正确的。

第二，抬重物。抬重物前，往往要深吸一口气，然后屏住气息抬起重物。这种深吸气与发声的深吸气十分接近，只不过为抬重物的深吸气在吸气的深度上显然超过口语表达所需要的深吸气。但其中的吸气原理与方式是相同的，细细比较、琢磨，也能找到正确深吸气的感觉和部位。

第三，半打哈欠。想象在疲倦的时候，想打哈欠，张开了嘴，但是因为周围环境不能发出声音，又不得不憋回去，当我们张嘴的一瞬间就有一口气息沉到了腹部，这时候也是深吸气。

第四，平躺法。平躺在地上，放一本书在肚子上，在吸气的时候让这本书慢慢地抬起来，在呼气的时候慢慢下降，想要增加难度可以放一本厚一点的书，每天定时练习。

(2) 注意事项。

第一，吸气时柔和平稳。舒适而通畅地均匀吸气，使整个肺部自然地向四周扩张开来，切忌强制扩张胸廓和下压膈肌。强制扩张胸廓和下压膈肌会使呼吸和发声器官产生紧张感和压迫感，从而造成发声紧绷。

第二，两肋打开，膈肌下降。呼吸时首先打开胸腔两侧下肋，保证肺部的扩张空间，让气息能自觉吸入。一定要杜绝憋气，避免触感上鼓腰而形成假吸气的行为。在打开下肋的过程中，可以通过触觉来感受腰部的打开幅度，慢慢体会气息的下行感。

第三，吸气要适度。在进行吸气练习时，要将气息吸入肺的底部，避免因吸气量偏少而造成发声单薄无力、飘忽不定的现象；吸气也不可过深，避免因吸气量过多造成发声器官紧张、声音失去弹性的现象。

上述常见的训练吸气的方法都需要每天反复训练以达到吸气深入、自然的状态，并尽快获得两肋打开的实际感觉，同时还要注意将吸入的气息控制住，再慢慢呼出。

2. 吐气

吐气方式对声音的影响也很大，正确练习吐气，人人都可以拥有“巨肺”。吐气练习需要与前面的吸气相结合，吸气只是为发声做准备，呼气才是发声的基础和关键。吐气时要缓慢控制气息，可以想象是在吹桌上的灰或是汤面上的油，需要缓慢而匀速地进行，才能完成相应的动作。

(1) 练习方法。

第一，“s”音吐气练习。发音时门齿轻合，嘴唇咧开，舌尖抵下齿背，小腹深吸气之后，让气息从齿间摩擦而出，发出“s”的轻微声音，再把注意力放在腰腹之间，体会气息的饱满状态。找到呼吸的对抗力，控制气息细长、均匀、缓慢地呼出，每一次女生能够发音 20 秒以上，男生发音 30 秒以上为佳。长期保持训练就可以较好地控制声音的长短，达到更好的发声效果。发“ɑ”音的训练方法也类似，吸气后保持音高自然一致，音质纯净清晰，发“ɑ”音的持续时间以 25～30 秒为基准。

第二，数枣练习。深吸一口气，读完下面的绕口令。在“数枣”过程中，需要把控气息，顺畅地将气息随着声音呼出，还需要保持吐字清晰、发音富有节奏感，让“数枣”过程一气呵成。

出东门，过大桥，大桥底下一树枣。拿着杆子去打枣，青的多，红的少。一个枣，两个枣，三个枣，四个枣，五个枣，六个枣，七个枣，八个枣，九个枣，十个枣，九个枣，八个枣，七个枣，六个枣，五个枣，四个枣，三个枣，两个枣，一个枣。这是一个绕口令，一口气说完才算好。

数枣练习不在于数得快，而是要气息均衡、声音适中。

(2) 注意事项。

第一，呼气应平稳、持续。发声的呼气方式区别于日常呼吸中的呼气方式，它受制于说话的内容和情感。发声时要保持平稳持续的呼吸，才能够使声音清晰、丰满、响亮，达到表情达意的目的。

第二，呼气时保持吸气时的状态。呼气时，胸腔的肌肉群逐渐将张开的肋骨拉下，降下的横膈膜在腹部的挤压下慢慢抬起。此时应保持住吸气时的状态，不要将气息全部呼尽，以免气息的冲击造成发声出现杂音，同时也使得呼吸过程具有可控性和节奏感，为下一次发声做好准备。

第三，呼气的力量适度。呼气时保持适当的力度，并控制气息的分寸感。避免力量过大压住气息造成气无法顺畅呼出；同时避免力量过小无法维持气息，造成气息很快呼尽。呼气时应保持均匀、弹性，根据声音的强弱、长短、高低和断连等灵活机动地控制呼气。

3. 横膈肌练习

横膈肌是位于胸腔与腹腔之间的肌肉纤维结构，是人体重要的呼吸肌。我们在大笑不停的时候，往往会有肚子酸痛的感觉，这是横膈肌在大笑过程中剧烈运动所导致的。吸气时，横膈肌向下扩张，腹部隆起，呼气时，横膈肌相对上升，腹部收缩，这也使得呼吸变深、变长。因此锻炼横膈肌，利用其运动的力量可以更好地掌握胸腹联合式呼吸。对横膈肌的训练，可以通过模仿“狗喘气”的方法进行。

训练时，肩膀呈自然态，放松下沉，将手放在腹部周围，或叉腰，快速并有弹性地将气息从口腔呼出，这时能感觉到腹部伴随着呼气向里收缩弹动。在吐气结束后横膈肌又会迅速放松，回到原位。在整个呼气过程中，腹部和气息的关系就像海绵与水一样，腹部会根据气息的运动自如地向内、向上弹动。

在进行口腔呼气练习时，为了减少气流与喉部摩擦带来的不适感，还可以在练习过程中做到口腔微张或改为闭口，使用鼻子呼气来带动横膈肌运动，快速地一张一缩。练习时需要注意，一定是气息运动带动横膈肌的运动，让气息和横膈肌的运动连接起来，而不是单纯靠肌肉运用带动腹部的收缩。刚开始练习时可降低频率，但弹动感必须具备，熟练以后可以提高频率，加快速度，若练习后发现横膈肌处有酸痛感，则说明训练方式正确。

此外，还将呼气变成发声，如发“嘿”音。利用气息的运动带动横膈肌的弹动，保持均匀的速度。一开始可以练习单个字的发音，发出的声音需要宽厚低沉而又圆润洪亮，在整个发音过程中，喉咙保持放松，不能让声音卡在喉咙处，要保证声音的质量。

### （三）练习要点

1. 找到“气息支点”与“声带支点”

气息支点是发声时各部分肌肉用力的目标和方向，口语表达中的“气息支点”需要通过气入丹田和气出丹田来感觉。气入丹田是指将气息控制在肚脐眼上方约 3 厘米的部位，气出丹田是指在气入丹田后，再利用胸腔肋间肌、腹肌和横膈肌联合控制气息有节制地缓缓流出。

此外还包括“声带支点”，即声带闭合与呼出气流的密切配合。它具体是指发声时要根据声音的高低强弱，调整好呼气的压力和声带的张力，包括声带的长度和厚度等，最终使富有节奏的呼气与声带的振动配合默契。

吸气与呼气用得对，找到“支点”感，那么发声时就能够感受到每个字音都有气息支持着，发出的声音响亮悦耳，具备了伸缩多变的特性，发声所使用的器官也不会有紧张感。呼吸控制的力量与声带的松紧程度及张力的大小变化相对应。当然，这种找到支点的方法，需要在长期的发声实践中细心体会、琢磨，才能逐步领悟和把握。

2. 吸气与呼气状态的控制

按“胸腹联合式呼吸”的吸气方式，吸气七到八成就足够，两肋要保持扩张，再稳定匀速地大声发声。随着声音和气息有控制地放出，两肋也开始一点一点地放松，发出的音节一定要一个字一个字分开，不能使气息一下子大量冲出。正确的呼气控制能够使气息平稳且持久地使用到发声上面。发声期间不能偷换气，需要锻炼对呼气保持控制状态。

呼气时需要保持腹肌的收缩感以牵制膈肌和两肋，从头到尾要有控制，使膈肌和两肋在这种控制的感觉之下不能迅速回弹，逐渐恢复自然状态，随着气流的缓慢呼出，小腹也逐渐放松。在发声状态中，腹肌控制的强弱应随着思想感情的变化而变化。应试人可以训练自己快吸慢呼，慢吸慢呼，用延长发“ɑ”音的方式锻炼呼气的持久力，尽量做到一口气发声持续 25～35 秒。

应试人想要学会正确的发声方法，就应学会控制自己的呼吸状态；只要坚持练习就能在发声综合训练中提高呼吸控制能力，养成良好呼吸习惯，最终达到满意的发声状态。

## 二、控制共鸣

共鸣是指物体受到振动发出的声音传播到其他物体上，引起其他物体共振的现象。发音中最重要的因素之一就是共鸣，它赋予声音不同的音质，并加强其响亮度。共鸣腔就像是人体发声的扩音器和调音台上的均衡器，可以提高声音的音高，同时也会带来音质的变化。把同样的音高的声音放在不同腔体内会形成不同的声音质感。

人的声带本身发出的“基音”是微弱的，需要通过人体的共鸣腔来逐级增响、扩大。人体的发音共鸣主要依靠不同的共鸣腔体共同作用而实现。胸腔、口腔和鼻腔是人体主要的三大共鸣腔体，也是最基本的共鸣器官。其中口腔属于可变共鸣腔，是最重要的共鸣腔，由口腔的开合、嘴唇的圆扁、舌位的高低前后等决定语音和音色的变化；鼻腔是高音共鸣的主要共鸣腔；胸腔是低音共鸣的主要共鸣腔。

控制共鸣第一步需要掌握共鸣的基本状态，即气息下沉，喉咙放松，这样有利于加强声波的反射，不论声音大小都有饱满的状态。产生共鸣的原理是气息带动声波到达某个空间，因此气息需要有质量，发音时应结合深呼吸，让发音器官松弛下来，口腔有了空间，声音就有了通道。共鸣的训练看不见也摸不着，需要应试人多感悟方法、坚持实践，当发出满意的共鸣音之后，需要记住这个状态，让它潜移默化地影响平时的说话发音。

### （一）口腔共鸣训练

口腔是最重要的共鸣腔，它可以被自觉调节控制，口腔中软腭、咽柱、舌头位置的变动，可以直接改变口腔的体积与形状，从而产生不同的音色。口腔也被称为“人工共鸣腔”，因为当人体处于不发声的静止状态时，这个腔体是不存在的。只有当人体发声时，把嘴张开才有了这个空间。

口腔共鸣的训练可通过音节发音来进行，如发“ai”音，气流沿着口腔上方的硬腭往前滑，从上齿背的方向流出，若发音标准，声音则洪亮而有穿透力。也可通过较喜庆的词语找到口腔共鸣的感觉，如“福星高照、锦上添花、欢天喜地、喜气洋洋、喜笑颜开”等。

#### （二）鼻腔共鸣训练

鼻腔共鸣时，软腭和小舌下降，通往口腔的气流通路被阻塞，气流沿上向鼻腔传递，从而引起声波的回荡。

训练鼻腔共鸣可以通过“b—m”对比发音练习来进行，感受口腔共鸣和鼻腔共鸣的差异。练习时，凝视远方，面部放松，用气推声，在发音的时候捏住鼻子或者捂住嘴巴。发“b”时，软腭提升，气流冲破双唇的阻碍，从口腔中爆发成声，即使捏住鼻子，仍然能够顺利发音；但是捂住嘴巴，气流则不能从口腔迸裂而出，无法发音。发“m”时，软腭下垂，若捏住鼻子，就会堵塞鼻腔，发音困难；但若捂住嘴巴，气流就能从鼻腔通过，形成鼻音，顺利发出“m”音。利用二者对比训练，感受软腭、小舌在口腔中的活动状况，以及气流呼出的两条通道。

#### （三）胸腔共鸣训练

在进行练习的过程中，尽量使用胸腹联合式呼吸，确保有足够的气流通向声带。应选择一些开口度较大、最容易产生共鸣的元音进行发音训练，如“a、e、o、i、u”等，发音时保持身体挺直，肩颈部放松，确保气流顺畅地通过喉咙，到达胸腔，同时注意发音要从高到低，从实到虚，体会这些声音在胸腔的振动感。训练时可尝试用不同的音高和音量发音，通过音高的变化辅助寻找胸腔共鸣的最佳位置，并利用音量的变化锻炼对共鸣的控制能力。

在掌握基本的胸腔共鸣发音后，可以尝试一些更复杂的练习，如唱歌、朗读文章等，思考在实际的语言表达中应如何灵活地运用胸腔共鸣。也可利用手机等设备录下自己的发音练习并进行回听，分析声音的质量和共鸣效果，根据需要调整发音方法和技巧，以达到更好的共鸣效果。

### 三、训练口腔

#### （一）吐字归音

“吐字归音”在普通话口语表达中是一项基本功。该术语来源于传统戏剧理论，是中国传统艺人所积累和创造的发音吐字方法，该方法要求发音时做到字正腔圆，李纲在《语言发声原理·语言发声练习》中提到，它既包含了发音的基本要领，也包含了中国传统艺术对发音的基本审美要求，是中国播音学科语音训练的基本功。

发音时，发音动程一般分成出字（出声）、立字（行音）、归音（收音归纳）三个阶段，“吐字归音”根据汉语语音的特点，也细分为这三个阶段，通过对三个阶段的精心控制，汉字音节发音最终能达到清晰有力、字正腔圆的效果。根据“吐字归音”这一理论，一个字的发音可分成字头、字腹、字尾三个部分，字头是声母和韵头的发音，同时也是发音动程的第一阶段——出字；字腹是韵腹的发音，即发音动程的第二阶段——立音；字尾是韵尾的发音，是发音动程的第三阶段——归音。三个部分呈现出枣核形，如果要发出一个音节“中”，其音节结构如图 2-1 所示。

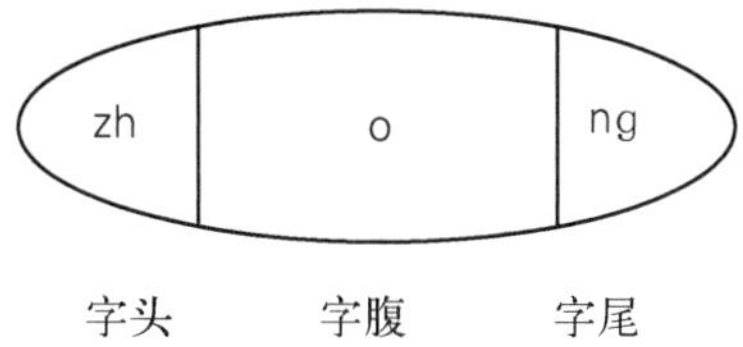


**图 2-1　音节发音示例**

1. 出字

出字，是对字头的处理，字头包括声母和韵头两个部分，是一个音节发音的开始，它影响着整个音节的发音质量。出字的关键在于不同的发音部位有不同的着力点，要做到部位准确，弹发有力。在实际发音中，出字主要落实在声母的发音过程中，如双唇音、唇齿音、舌尖前音、舌尖中音、舌尖后音、舌面音。发音时，在声母的成阻和持阻阶段要保持肌肉的紧张度，咬紧字头，用气息将发音从受阻部分喷放出口，加强吐字的力度，这样可以带动整个音节的发音，使其响亮、清晰。韵头，也叫介音，一般由 i、u、ü 充当，介音决定了发音的口型，要控制好唇形，使字音迅速过渡到字腹。

在普通话练习中，需要改变字头发音无力的常见缺陷，为说好普通话创造良好的前提条件。例如在“大(dà)”字的声母“d”的发音过程中，应先在准确位置成阻，即舌尖放在上齿背，蓄积足够气力，然后迅速除去舌尖与上齿背的阻力，打开口腔，完成出字的过程。

2. 立字

立字，是对字腹的处理，字腹即充当韵腹的元音音素。元音发音时，声带振动，气流不受阻，声音洪亮。韵腹发音阶段，持续时间较长，口腔开口度最大，发音器官的肌肉也处于最紧张的阶段。立字的过程中，口腔要适度饱满，声音明亮圆润，要将韵腹发得清晰响亮。只要把音程最长、乐音最丰满的韵腹发得饱满、响亮，整个字也就立起来了。

仍以“大(dà)”字为例，出字过后立刻打开口腔至发“ɑ”的状态，气息饱满并取得较丰富的泛音共鸣。与头尾比较，韵腹的发音过程最长，应有“竖起”和“立体”展开的感觉。

3. 归音

归音，是对字尾的处理，也是整个发音过程的收尾部分。在普通话的发音实践中，很多人都会出现动程不足和“吃字”的现象，这是因为归音处理不足。普通话音节之间界限清晰，如果在归音阶段没有注重对字尾的处理，就会造成这些现象。归音要干净利索，趋向鲜明，做到轻而准，不可拖泥带水，否则，音节界限就不清楚，字音也就不清晰。因此，我们必须注重收全字尾，不可草草结束，注重每个发音器官的最后运动位置，根据不同的字尾，收到不同的部位。归音的过程是力渐松、气渐弱、口渐闭、声渐止的过程，与出字、立字比较，掌握起来难度更大。

在普通话发音的过程中，鼻腔作为一个共鸣腔，不算是突出的部分。但是在吐字归音、纯净音色方面，鼻腔却起着不可忽视的作用。从汉语语音本身来讲，就有前后鼻音音素。从地方方言看，部分方言区应试人除了有发音部位错误导致前后鼻音不分的问题，还存在鼻韵归属不准确、元音鼻化等毛病。

汉语中的韵尾由 i、u、n、ng 充当，归音时需要注意不同字音在口型和舌位等方面的变化。如：“菜(cài)”“目(mù)”“心(xīn)”三字的发音，在归音时分别有展唇动作、圆唇动作、舌尖接触上齿龈到“n”的位置。

### (二) 开后声腔

开后声腔的第一步是提笑肌。微笑的时候面部突出的肌肉就是笑肌，练习时可以对着镜子微笑，上唇微展，上齿微露，嘴角上提，呈好看的弧度，鼻翼两边微微张开，眼睛带有笑意。通过提笑肌，可以把口腔的内外打开，让发音更加标准，更加优美。

第二步是开牙关。牙关是人的上颌和下颌之间的关节，张大嘴时，将双手放在耳朵下面，可以摸到凹陷处，这里就是“牙关”。通过训练可以使牙关打开，增加口腔的空间。练习时，可以通过咬苹果的动作打开牙关，双手摸到耳后的凹陷处，每天练习 20 次左右。

第三步是挺软腭。软腭是口腔上壁的后部，由结缔组织和肌肉构成，也需要通过练习才能很好地运用。打哈欠的时候，软腭会往上挺，记住这个感觉，在普通话发音中尽量挺起软腭。

最后一步是松下巴。摸着下关的位置，左右摆动下巴，边摆动边发声，若声音没有抖动，便说明下巴放松了。

**课外链接**

口部操分为唇部操和舌部操，通过锻炼发音部位的肌肉，可增强唇舌力量，提高发音准确性，改善发音效果。下面介绍几种常见的口部操训练方法。

**一、唇部操**

(一) 加强唇部力度：喷唇

连续发 b，感觉唇部力度集中在口唇 1/3 处。

(二) 加强唇部灵活度：绕唇

唇部聚拢，向前噘起，顺时针转圈后，再逆时针转圈，各 30 秒。

(三) 改善发音清晰度：咧唇

紧闭双唇，极力向前噘起，随后用力将嘴角向两侧延伸，模仿咧嘴笑的姿态，尽可能地拉伸嘴唇肌肉。

(四) 训练气息的持久度：颤唇

保持唇部放松并轻轻闭合。深吸一口气后，通过口腔缓慢均匀地呼气，使气流经过双唇时引起振动，持续至气体完全排出。在此过程中，确保声带不参与振动，所听到的声音应仅由气流与唇部的相互作用产生。

**二、舌部操**

(一) 加强舌部力度

1. 顶舌

舌尖用力，交替顶口腔内壁，左右各 15 次。

2. 舌打响

也称为“舌尖弹动”或“舌尖打响”。保持口腔自然放松，舌尖轻轻抵在上颚前部。用力将舌尖迅速向下弹出，打击在下齿内侧或下颚的牙龈上，发出“哒”的声音。舌尖弹出后，立即回到起始位置，准备下一次弹动。重复以上动作，连续发出“哒哒哒”的声音。此练习可增强舌尖肌肉的力量和灵活性，提高舌尖发音的准确性和清晰度。

（二）加强舌部灵活度

1. 转舌

将舌头伸到嘴唇后面、牙齿前面，顺时针转圈、逆时针转圈各10次。

2. 翻舌

张开嘴巴，让舌头在口腔内左右翻身。为了保证练习的效果，每次左右翻动舌头的时候，尽量让舌头接触到口腔的左右两侧，左右各10次。

3. 卷舌

舌头尽力伸出口腔，直至无法再伸展。然后朝上将舌头卷入口腔，舌尖抵住上颚，随后恢复伸直状态，再朝下卷入口腔，共做10次。

## 思考与实训

1. 发音器官包括哪些部分？它们在普通话发音中各自起到什么作用？

2. 请阐述胸式呼吸和腹式呼吸在发声中的应用及其优缺点。

3. 请详细解释口腔、鼻腔等共鸣腔在发音过程中的作用。

4. 科学发声方法对普通话发音有什么样的重要性？请列举一些科学发声方法的要点。

5. 在发音过程中，经常会出现以下一些不正确的发音方式，我们可以有针对性地利用诗歌朗诵的方式进行纠正。

（1）喉音重。

声音闷在喉咙里，听起来生硬、沉重、没有弹性。要改变这种情况，可以通过加强唇舌的力量，锻炼舌头和舌面，让舌根和下腭尽量放松，喉部呈现松弛状态。

**夜雨寄北**

［唐］李商隐

君问归期未有期，巴山夜雨涨秋池。
何当共剪西窗烛，却话巴山夜雨时。

**从军行七首(其四)**

［唐］王昌龄

青海长云暗雪山，孤城遥望玉门关。
黄沙百战穿金甲，不破楼兰终不还。

### 凉州词二首(其二)

［唐］王之涣

单于北望拂云堆，杀马登坛祭几回。
汉家天子今神武，不肯和亲归去来。

(2) 尖细紧绷。

声音干涩、单薄、发扁，像从口腔挤出一般。要改变这种情况，一方面要采用胸腹联合式呼吸法，让气息达到一定的深度；另一方面要增大口腔的开口度，多练习一些包含开口呼韵母[①]的字，让下颌放松，同时抬起软腭，打开后声腔，让声音圆润柔和。

### 泊　秦　淮

［唐］杜　牧

烟笼寒水月笼沙，夜泊秦淮近酒家。
商女不知亡国恨，隔江犹唱后庭花。

### 江城子·乙卯正月二十日夜记梦

［宋］苏　轼

十年生死两茫茫，不思量，自难忘。千里孤坟，无处话凄凉。纵使相逢应不识，尘满面，鬓如霜。　　夜来幽梦忽还乡，小轩窗，正梳妆。相顾无言，惟有泪千行。料得年年肠断处，明月夜，短松冈。

### 早春呈水部张十八员外(其一)

［唐］韩　愈

天街小雨润如酥，草色遥看近却无。
最是一年春好处，绝胜烟柳满皇都。

① 开口呼韵母见本书第四章第一节“四呼分类”。

# 第三章　普通话声母训练

按传统的声韵调分析，普通话的音节由声母、韵母和声调三部分组成。系统地了解普通话的声母、韵母及声调的基础知识，掌握声母、韵母的发音方法和技巧，并理解声调的调类和调值，有助于应试人更好地进行普通话发音。

## 第一节　声母及其分类

### 一、什么是声母

除零声母外，普通话的声母由音节开头的辅音充当。比如，“普通话（pǔtōnghuà）”三个音节开头的辅音依次是“p”“t”“h”，它们就分别是“普”“通”“话”的声母。

### 二、声母的分类

#### （一）辅音声母

普通话中的辅音一共有 b、p、m、f、d、t、n、l、g、k、h、j、q、x、zh、ch、sh、r、z、c、s、ng 22 个，除 ng 外，其他辅音都能出现在音节开头做声母，因此普通话中的辅音声母一共有 21 个。

辅音声母发音时，气流从肺中呼出，经过声门、咽腔、口腔或鼻腔时，受到各个器官不同程度的阻碍，由于受到阻碍的部位不同，以及克服阻碍时控制气流的方式不同，就产生了不同的声音。换句话说，21 个辅音声母之所以是不同的声音，就是因为气流受到阻碍的部位不同，以及克服阻碍时控制气流的方式不同。

1. 按辅音声母的发音部位分类

辅音声母的发音部位是指发音时气流受到阻碍的部位。比如“私事（sīshì）”，发“私（sī）”时，舌尖抵住上齿背，发“事（shì）”时，舌尖翘起抵住或接触硬腭的前端，二者发音时气流受到阻碍的部位不同。

普通话辅音声母的发音部位共有七个，在发音时，口腔中的两个部分接近或接触，使得气流无法畅通无阻，这两个部分接近或接触的部位就是气流受到阻碍的部位。

(1) 双唇音(b、p、m)。

由下唇和上唇接触，双唇闭合，阻碍气流而形成。

(2) 唇齿音(f)。

由下唇往上齿靠拢，形成窄缝，阻碍气流而形成。

(3) 舌尖前音(z、c、s)。

由舌尖伸平，抵住或接近下齿背，阻碍气流而形成。

(4) 舌尖中音(d、t、n、l)。

由舌尖微抬，抵住上齿龈，阻碍气流而形成。

(5) 舌尖后音(zh、ch、sh、r)。

由舌尖翘起，抵住或接近硬腭前端，阻碍气流而形成。

(6) 舌面前音(j、q、x)。

由舌面前部拱起，抵住或接近硬腭前端，阻碍气流而形成。

(7) 舌面后音(g、k、h)。

由舌面后部或舌根部位拱起，抵住或接近软腭，阻碍气流而形成。

2. 按辅音声母的发音方法分类

辅音声母的发音方法是指发音器官在发音时控制气流的方式和状况。比如“机器(jīqì)”，在发“机(jī)”和“器(qì)”时，都是舌面前段接触或接近硬腭的前端，但是在控制气流时，发“器(qì)”送出来的气流明显要强于发“机(jī)”送出来的气流，这是因为克服阻碍时控制气流的方式不同。

辅音声母的发音方法可以从阻碍的方式、发音时气流引起声带振动的状况、气流强弱的状况三个方面来观察。

(1) 阻碍的方式。

辅音声母发音的阻碍方式是指控制气流通过阻碍部位时所采取的方式。在这一活动过程中，各种辅音声母的发音都需要经过“成阻—持阻—除阻”三个阶段。

普通话中辅音声母按阻碍的方式可分为五类。

① 塞音(b、p、d、t、g、k)。

塞音组声母在成阻阶段，形成阻碍的部位完全紧闭，使气流无法通过；在持阻阶段，气流停蓄在阻碍部位；到除阻阶段，阻碍突然放开，使气流爆发而出。因此，塞音也称为“闭塞音”或“爆破音”。

② 擦音(f、h、x、sh、r、s)。

擦音组声母在成阻阶段，形成阻碍的部位并未完全闭塞，留有一条狭窄的气流通路；在持阻阶段，气流从窄缝中挤出，与形成阻碍的部位摩擦而成音；到除阻阶段，摩擦声音结束，发音完毕。

③ 塞擦音(j、q、zh、ch、z、c)。

塞擦音组声母在成阻阶段，形成阻碍的部位先完全紧闭，形成闭塞阻碍；在持阻阶段，阻碍的部位放松一些，气流通路由先前的闭塞状态转为窄缝状态，气流从窄缝中挤出，产生摩擦而成音。塞擦音组声母发音开始时和塞音一样，收尾时和擦音一样，所以叫

“塞擦音”。

④ 鼻音(m、n)。

鼻音组声母在成阻阶段和持阻阶段,形成阻碍的部位完全闭塞,封锁口腔出气的通路,气流在口腔里没有通路;在除阻阶段,软腭下垂,打开气流通往鼻腔的通路,气流从鼻腔出去,形成鼻音。

⑤ 边音(l)。

边音声母在成阻阶段和持阻阶段,舌尖与上齿龈接触,阻塞口腔中间的气流通路,但舌头两旁仍留有空隙;在除阻阶段,气流从舌头的两边流出。

(2) 声带振动状况。

普通话声母发音有“清”“浊”之分,“清”“浊”是就发音时声带振动的情况而言的。

清音发音时声带不振动,21 个辅音声母中有 17 个清音,分别是 b、p、f、d、t、g、k、h、j、q、x、zh、ch、sh、z、c、s。

浊音发音时声带振动,21 个辅音声母中有 4 个浊音,分别是 m、n、l、r。

(3) 气流强弱状况。

发塞音组和塞擦音组声母时,在除阻之后会紧跟着送出一股气流来,其中气流强的称为送气音,气流弱的称为不送气音。“送气”和“不送气”是一组对立特征,仅适用于塞音组和塞擦音组声母。

普通话辅音声母中不送气音有 6 个,分别是 b、d、g、j、zh、z;对应的送气音也有 6 个,分别是 p、t、k、q、ch、c。

### (二) 零声母

普通话还有一些以元音开头的音节,如“恩(ēn)”“爱(ài)”,这两个音节开头都没有辅音,直接用元音开头,像这样的音节就被称为“零声母音节”,“零声母音节”的声母被称为“零声母”。

# 第二节　辅音声母的发音

## 一、辅音声母的发音要求

普通话辅音声母发音的核心特征在于,气流在发音器官中需经历成阻、持阻、除阻三个阶段。各个声母的产生,源于发音部位、阻碍方式、声带振动状况以及气流强弱状况的差异。在声母发音时需关注紧张度、精准度、适当性等方面。声母位于音节开头的起点,发音要求清晰有力。为实现这一目标,发音器官需保持适度紧张。若过于松弛,将导致音色模糊,产生错误音或缺陷音。普通话辅音声母的发音由两个或多个部位共同完成。例如,唇齿音 f 的阻碍部位由上唇和下齿组成,舌尖前音 z 的阻碍部位由舌尖前与下齿背构成。发音时，需根据要求调动相应发音部位形成阻碍。若发音部位不准确或不到位，将产生错误音或缺陷音。如翘舌音 zh、ch、sh、r，舌尖应与硬腭前端构成阻碍。若舌尖靠后卷起，抵住软腭，则会发出含混不清的缺陷音。普通话声母发音的另一关键是控制气流的方式。发舌面前音时，若气流通过舌面前部与硬腭前端时的强弱不同，将发出 j、q 两个不同的声母；鼻腔共鸣与口腔共鸣的区别，导致 n 和 l 两个不同声母的产生；声带振动与不振动的差异，会出现清音、浊音两组不同的声母。

## 二、辅音声母的发音练习

国际音标简表

### (一) 唇音

1. b[p]：双唇、不送气、清、塞音

发音时，双唇闭拢，软腭抬高，关闭鼻腔通道；声带不振动；气流冲破双唇阻碍，爆发成声。

(1) 发音练习：

粑 bā　　稗 bài　　俾 bǐ　　蝙 biān
簿 bù　　焙 bèi　　瘪 biě　　傍 bàng
部分 bùfen　　报告 bàogào　　薄纸 báozhǐ　　百年 bǎinián
复辟 fùbì　　渊博 yuānbó　　目标 mùbiāo　　投奔 tóubèn
颁布 bānbù　　斑驳 bānbó　　标兵 biāobīng　　包庇 bāobì
卑鄙 bēibǐ　　奔波 bēnbō　　背包 bēibāo　　臂膀 bìbǎng

(2) 绕口令练习：

八百标兵奔北坡，炮兵并排北边跑。炮兵怕把标兵碰，标兵怕碰炮兵炮。(《八百标兵奔北坡》)

2. p[$p^h$]：双唇、送气、清、塞音

发音时发音部位与 b 相同，发音方法稍有不同，b 是不送气音，p 是送气音，p 在气流冲破双唇阻碍爆发成声时气流要强。

(1) 发音练习：

耙 pá　　毗 pí　　胚 pēi　　芃 péng
瞥 piē　　剖 pōu　　瞟 piǎo　　滂 pāng
炮制 páozhì　　磅礴 pángbó　　拼命 pīnmìng　　贫困 pínkùn
摔破 shuāipò　　正派 zhèngpài　　期盼 qīpàn　　扶贫 fúpín
批判 pīpàn　　枇杷 pípa　　偏旁 piānpáng　　澎湃 péngpài
偏僻 piānpì　　拼盘 pīnpán　　评判 píngpàn　　铺平 pūpíng

(2) 绕口令练习：

一平盆面烙一平盆饼，盆碰饼，饼碰盆，烙出一平盆平面饼。(《盆与饼》)

3. m[m]：双唇、浊、鼻音

发音时，双唇闭拢，软腭下降，打开鼻腔通道；声带振动；气流直接从鼻腔中通过。

（1）发音练习：

| | | | |
|---|---|---|---|
| 摸 mō | 梅 méi | 买 mǎi | 扪 mén |
| 灭 miè | 瞒 mán | 谬 miù | 虻 méng |
| 马虎 mǎhu | 缅怀 miǎnhuái | 民法 mínfǎ | 名誉 míngyù |
| 泡沫 pàomò | 人民 rénmín | 光芒 guāngmáng | 文明 wénmíng |
| 茂密 màomì | 冒昧 màomèi | 盲目 mángmù | 蒙面 méngmiàn |
| 弥漫 mímàn | 迷茫 mímáng | 命脉 mìngmài | 磨灭 mómiè |

（2）绕口令练习：

白庙外蹲一只白猫，白庙里有一顶白帽。白庙外的白猫看见了白帽，叼着白庙里的白帽跑出了白庙。（《白庙和白猫》）

4. f[f]：唇齿、清、擦音

发音时，下唇往上齿靠拢，形成窄缝，软腭抬高，关闭鼻腔通道；声带不振动；气流从下唇和上齿之间的窄缝中摩擦通过。

（1）发音练习：

| | | | |
|---|---|---|---|
| 发 fā | 痱 fèi | 否 fǒu | 风 fēng |
| 福 fú | 氛 fēn | 反 fǎn | 房 fáng |
| 发展 fāzhǎn | 富强 fùqiáng | 复兴 fùxīng | 奉献 fèngxiàn |
| 模范 mófàn | 衣服 yīfu | 勤奋 qínfèn | 解放 jiěfàng |
| 发放 fāfàng | 繁复 fánfù | 风帆 fēngfān | 丰富 fēngfù |
| 肺腑 fèifǔ | 非凡 fēifán | 奋发 fènfā | 佛法 fófǎ |

（2）绕口令练习：

一条裤子七道缝，横缝竖缝和斜缝，缝完横缝缝竖缝，缝了竖缝缝斜缝。（《缝裤缝》）

### （二）舌尖音

1. z[ts]：舌尖前、不送气、清、塞擦音

发音时，舌尖伸平，抵住下齿背，软腭抬高，关闭鼻腔通道；声带不振动；较弱的气流把舌尖与下齿背的阻碍部位冲开一条窄缝，气流从窄缝中摩擦通过。

（1）发音练习：

| | | | |
|---|---|---|---|
| 舴 zé | 簪 zān | 凿 záo | 邹 zōu |
| 攥 zuàn | 贼 zéi | 怎 zěn | 憎 zēng |
| 自强 zìqiáng | 遵守 zūnshǒu | 组织 zǔzhī | 遭受 zāoshòu |
| 承载 chéngzài | 原则 yuánzé | 塑造 sùzào | 错综 cuòzōng |
| 藏族 zàngzú | 杂志 zázhì | 栽赃 zāizāng | 再造 zàizào |

| | | | |
|---|---|---|---|
| 自责 zìzé | 自尊 zìzūn | 宗族 zōngzú | 做作 zuòzuo |

（2）绕口令练习：

灶上摆着凿子和枣子，花猫用前爪扒枣子，前爪没有扒着枣子，反叫凿子凿了前爪子。（《花猫爪子扒枣子》）

2. c[$ts^h$]：舌尖前、送气、清、塞擦音

发音时发音部位与 z 相同，发音方法稍有不同，z 是不送气音，c 是送气音，在 c 的发音过程中气流要强些。

（1）发音练习：

| | | | |
|---|---|---|---|
| 擦 cā | 祠 cí | 凑 còu | 残 cán |
| 恻 cè | 岑 cén | 存 cún | 苍 cāng |
| 参与 cānyù | 裁决 cáijué | 篡改 cuàngǎi | 粗犷 cūguǎng |
| 情操 qíngcāo | 决策 juécè | 座舱 zuòcāng | 素材 sùcái |
| 猜测 cāicè | 参差 cēncī | 残存 cáncún | 仓促 cāngcù |
| 粗糙 cūcāo | 催促 cuīcù | 从此 cóngcǐ | 措辞 cuòcí |

（2）绕口令练习：

老曹餐前买雌鸡，老崔餐后买瓷器，买来才知是次品，老曹退雌鸡，老崔退瓷器。（《老曹和老崔》）

3. s[s]：舌尖前、清、擦音

发音时，舌尖伸平，靠近下齿背，留出窄缝，软腭抬高，关闭鼻腔通道；声带不振动；气流从舌尖与下齿背之间的窄缝中摩擦通过。

（1）发音练习：

| | | | |
|---|---|---|---|
| 塑 sù | 髓 suǐ | 缫 sāo | 榫 sǔn |
| 赛 sài | 锁 suǒ | 僧 sēng | 耸 sǒng |
| 松弛 sōngchí | 耸立 sǒnglì | 索引 suǒyǐn | 随从 suícóng |
| 抖擞 dǒusǒu | 亏损 kuīsǔn | 佛寺 fósì | 场所 chǎngsuǒ |
| 缫丝 sāosī | 色素 sèsù | 思索 sīsuǒ | 撕碎 sīsuì |
| 松散 sōngsǎn | 搜索 sōusuǒ | 诉讼 sùsòng | 酸涩 suānsè |

（2）绕口令练习：

三山撑四水，四水绕三山，三山四水春常在，四水三山四时春。（《三山撑四水》）

4. d[t]：舌尖中、不送气、清、塞音

发音时，舌尖微抬，抵住上齿龈，软腭抬高，关闭鼻腔通道；声带不振动；气流冲破舌尖与上齿龈之间的阻碍，爆发成声。

（1）发音练习：

| | | | |
|---|---|---|---|
| 耷 dā | 怠 dài | 导 dǎo | 宕 dàng |

| | | | |
|---|---|---|---|
| 椟 dú | 遁 dùn | 舵 duò | 蝶 dié |
| 道义 dàoyì | 渎职 dúzhí | 低碳 dītàn | 党章 dǎngzhāng |
| 领导 lǐngdǎo | 坚定 jiāndìng | 首都 shǒudū | 劳动 láodòng |
| 搭档 dādàng | 担当 dāndāng | 单独 dāndú | 道德 dàodé |
| 低调 dīdiào | 电灯 diàndēng | 跌倒 diēdǎo | 动荡 dòngdàng |

(2) 绕口令练习：

你会炖我的炖冻豆腐，再来炖我的炖冻豆腐，不会炖我的炖冻豆腐，别炖坏了我的炖冻豆腐。(《炖我的炖冻豆腐》)

5. t[$t^h$]：舌尖中、送气、清、塞音

发音时发音部位与 d 相同，发音方法稍有不同，d 是不送气音，t 是送气音，t 在气流冲破舌尖与上齿龈之间的阻碍爆发成声时气流要强。

(1) 发音练习：

| | | | |
|---|---|---|---|
| 遢 tā | 泰 tài | 头 tóu | 铁 tiě |
| 腿 tuǐ | 条 tiáo | 听 tīng | 誊 téng |
| 推进 tuījìn | 团结 tuánjié | 条例 tiáolì | 探索 tànsuǒ |
| 协调 xiétiáo | 前途 qiántú | 全体 quántǐ | 前提 qiántí |
| 抬头 táitóu | 坍塌 tāntā | 淘汰 táotài | 探讨 tàntǎo |
| 倜傥 tìtǎng | 挑剔 tiāoti | 推脱 tuītuō | 吞吐 tūntǔ |

(2) 绕口令练习：

白石塔，白石搭，白石搭白塔，白塔白石搭，搭好白石塔，白塔白又大。(《白石塔》)

6. n[n]：舌尖中、浊、鼻音

发音时，舌尖微抬，抵住上齿龈，软腭下降，打开鼻腔通道；声带振动；气流直接从鼻腔中通过。

(1) 发音练习：

| | | | |
|---|---|---|---|
| 讷 nè | 奈 nài | 虐 nüè | 嫩 nèn |
| 拗 niù | 聂 niè | 蝻 nǎn | 攮 nǎng |
| 努力 nǔlì | 扭转 niǔzhuǎn | 能量 néngliàng | 逆境 nìjìng |
| 气馁 qìněi | 国内 guónèi | 信念 xìnniàn | 承诺 chéngnuò |
| 拿捏 nániē | 能耐 néngnài | 呢喃 nínán | 泥淖 nínào |
| 黏腻 niánnì | 泥泞 nínìng | 扭捏 niǔniē | 农奴 nóngnú |

(2) 绕口令练习：

男旅客穿着蓝上衣，女旅客穿着呢大衣，男旅客搀着拎篮子的老大娘，女旅客扶着拿笼子的小男孩。(《男旅客和女旅客》)

7. l[l]：舌尖中、浊、边音

发音时，舌尖微抬，抵住上齿龈，软腭抬高，关闭鼻腔通道；声带振动；气流从舌头的两边通过。

(1) 发音练习：

| | | | |
|---|---|---|---|
| 拉 lā | 儡 lěi | 漏 lòu | 婪 lán |
| 涝 lào | 轮 lún | 列 liè | 两 liǎng |
| 历史 lìshǐ | 利益 lìyì | 牢记 láojì | 廉政 liánzhèng |
| 先烈 xiānliè | 积累 jīlěi | 分裂 fēnliè | 官僚 guānliáo |
| 勒令 lèlìng | 连累 liánlei | 力量 lìliàng | 浏览 liúlǎn |
| 留恋 liúliàn | 凌乱 língluàn | 伦理 lúnlǐ | 轮流 lúnliú |

(2) 绕口令练习：

门外有四匹伊犁马，你爱拉哪俩就拉哪俩。牌楼两边有四辆四轮马拉车，你爱拉哪两辆就拉哪两辆。(《马拉车》)

8. zh[tʂ]：舌尖后、不送气、清、塞擦音

发音时，舌尖翘起，抵住硬腭前端，软腭抬高，关闭鼻腔通道；声带不振动；较弱的气流把舌尖与硬腭前端的阻碍部位冲开一条窄缝，气流从窄缝中摩擦通过。

(1) 发音练习：

| | | | |
|---|---|---|---|
| 轧 zhá | 秩 zhì | 债 zhài | 箴 zhēn |
| 缀 zhuì | 照 zhào | 伫 zhù | 撰 zhuàn |
| 中华 zhōnghuá | 章程 zhāngchéng | 政绩 zhèngjì | 症结 zhēngjié |
| 武装 wǔzhuāng | 方针 fāngzhēn | 笨拙 bènzhuō | 累赘 léizhui |
| 扎针 zhāzhēn | 战争 zhànzhēng | 褶皱 zhězhòu | 着重 zhuózhòng |
| 斟酌 zhēnzhuó | 正直 zhèngzhí | 挣扎 zhēngzhá | 执照 zhízhào |

(2) 绕口令练习：

知道就是知道，不知道就是不知道，不要知道说不知道，也不要不知道说知道。(《知道不知道》)

9. ch[tʂʰ]：舌尖后、送气、清、塞擦音

发音时发音部位与 zh 相同，发音方法稍有不同，zh 是不送气音，ch 是送气音，在 ch 的发音过程中气流要强些。

(1) 发音练习：

| | | | |
|---|---|---|---|
| 嗤 chī | 豺 chái | 谗 chán | 黜 chù |
| 揣 chuāi | 椽 chuán | 惩 chéng | 疮 chuāng |
| 初心 chūxīn | 处方 chǔfāng | 揣度 chuǎiduó | 崇高 chónggāo |
| 反刍 fǎnchú | 忠诚 zhōngchéng | 沙尘 shāchén | 贯彻 guànchè |
| 茶匙 cháchí | 超产 chāochǎn | 驰骋 chíchěng | 惆怅 chóuchàng |
| 踌躇 chóuchú | 惩处 chéngchǔ | 传承 chuánchéng | 戳穿 chuōchuān |

(2) 绕口令练习：

朱家一株竹，竹笋初长出。朱叔处处锄，锄出笋来煮。锄完不再出，朱叔没笋煮。竹

株又干枯，朱叔痛苦哭。（《朱叔锄竹笋》）

10. sh[ʂ]：舌尖后、清、擦音

发音时，舌尖翘起，靠近硬腭前端，留出窄缝，软腭抬高，关闭鼻腔通道；声带不振动；气流从舌尖与硬腭前端的窄缝中摩擦通过。

（1）发音练习：

| | | | |
|---|---|---|---|
| 裟 shā | 膻 shān | 潲 shào | 黍 shǔ |
| 涮 shuàn | 朔 shuò | 舜 shùn | 赏 shǎng |
| 审处 shěnchǔ | 守护 shǒuhù | 社保 shèbǎo | 深层 shēncéng |
| 部署 bùshǔ | 建设 jiànshè | 战胜 zhànshèng | 创伤 chuāngshāng |
| 山水 shānshuǐ | 善事 shànshì | 设施 shèshī | 神圣 shénshèng |
| 生疏 shēngshū | 事实 shìshí | 舒适 shūshì | 顺势 shùnshì |

（2）绕口令练习：

史老师讲时事，石老师读报纸，史老师时常讲时事，石老师时常读报纸，时时学时事，时时读报纸，提高思想长知识。（《史老师讲时事》）

11. r[ʐ]：舌尖后、浊、擦音

发音时发音部位与 sh 相同，发音方法稍有不同，sh 是清辅音，r 是浊辅音，在 r 的发音过程中声带要振动。

（1）发音练习：

| | | | |
|---|---|---|---|
| 儒 rú | 惹 rě | 糅 róu | 瓤 ráng |
| 冉 rǎn | 瑞 ruì | 刃 rèn | 扔 rēng |
| 人民 rénmín | 热心 rèxīn | 认真 rènzhēn | 荣誉 róngyù |
| 富饶 fùráo | 滋润 zīrùn | 敏锐 mǐnruì | 包容 bāoróng |
| 仍然 réngrán | 荣辱 róngrǔ | 容忍 róngrěn | 融入 róngrù |
| 柔韧 róurèn | 柔软 róuruǎn | 如若 rúruò | 濡染 rúrǎn |

（2）绕口令练习：

夏日无日日亦热，冬日有日日亦寒，春日日出天渐暖，晒衣晒被晒褥单，秋日天高复云淡，遥看红日迫西山。（《说日》）

### （三）舌面音

1. j[tɕ]：舌面前、不送气、清、塞擦音

发音时，舌面前部拱起，抵住硬腭前端，软腭抬高，关闭鼻腔通道；声带不振动；较弱的气流把舌面前部与硬腭前端的阻碍部位冲开一条窄缝，气流从窄缝中摩擦通过。

（1）发音练习：

| | | | |
|---|---|---|---|
| 稷 jì | 厥 jué | 颊 jiá | 粳 jīng |
| 阄 jiū | 浸 jìn | 缄 jiān | 炯 jiǒng |

| | | | |
|---|---|---|---|
| 尽责 jìnzé | 基层 jīcéng | 纪律 jìlǜ | 精神 jīngshen |
| 自觉 zìjué | 规矩 guīju | 国家 guójiā | 封建 fēngjiàn |
| 积极 jījí | 犄角 jījiǎo | 计较 jìjiào | 间距 jiānjù |
| 肩胛 jiānjiǎ | 将就 jiāngjiu | 境界 jìngjiè | 倔强 juéjiàng |

(2) 绕口令练习：

尖塔尖，尖杆尖，杆尖尖似塔尖尖，塔尖尖似杆尖尖。有人说杆尖比塔尖尖，有人说塔尖比杆尖尖。不知到底是杆尖比塔尖尖，还是塔尖比杆尖尖。(《塔尖尖》)

2. q[$tɕ^h$]：舌面前、送气、清、塞擦音

发音时发音部位与 j 相同，发音方法稍有不同，j 是不送气音，q 是送气音，在 q 的发音过程中气流要强些。

(1) 发音练习：

| | | | |
|---|---|---|---|
| 祛 qū | 杞 qǐ | 翘 qiào | 瘸 qué |
| 券 quàn | 衾 qīn | 庆 qìng | 穷 qióng |
| 群众 qúnzhòng | 权力 quánlì | 强韧 qiángrèn | 前辈 qiánbèi |
| 消遣 xiāoqiǎn | 疫情 yìqíng | 底气 dǐqì | 假期 jiàqī |
| 齐全 qíquán | 崎岖 qíqū | 恰巧 qiàqiǎo | 牵强 qiānqiǎng |
| 窃取 qièqǔ | 侵权 qīnquán | 秋千 qiūqiān | 躯壳 qūqiào |

(2) 绕口令练习：

青草丛，草丛青，青青草里草青虫。青虫钻进青草丛，青草丛青草虫青。(《青草丛》)

3. x[ɕ]：舌面前、清、擦音

发音时，舌面前部拱起，靠近硬腭前端，留出窄缝，软腭抬高，关闭鼻腔通道；声带不振动；气流从舌面前部与硬腭前端之间的窄缝中摩擦通过。

(1) 发音练习：

| | | | |
|---|---|---|---|
| 婿 xù | 囟 xìn | 械 xiè | 涎 xián |
| 癣 xuǎn | 熏 xūn | 秀 xiù | 芎 xiōng |
| 新冠 xīnguān | 噱头 xuétóu | 削弱 xuēruò | 兴奋 xīngfèn |
| 照相 zhàoxiàng | 秩序 zhìxù | 关心 guānxīn | 履行 lǚxíng |
| 遐想 xiáxiǎng | 纤细 xiānxì | 现象 xiànxiàng | 肖像 xiàoxiàng |
| 雄心 xióngxīn | 戏谑 xìxuè | 宣泄 xuānxiè | 血型 xuèxíng |

(2) 绕口令练习：

七巷一个漆匠，西巷一个锡匠，七巷漆匠偷了西巷锡匠的锡，西巷锡匠拿了七巷漆匠的漆，七巷漆匠气西巷锡匠偷了漆，西巷锡匠讥七巷漆匠拿了锡。(《漆匠和锡匠》)

4. g[k]：舌面后、不送气、清、塞音

发音时，舌面后部拱起，抵住软腭，软腭后部上升，关闭鼻腔通道；声带不振动；气流冲破舌面后部与软腭之间的阻碍，爆发成声。

（1）发音练习：

| | | | |
|---|---|---|---|
| 戈 gē | 帼 guó | 亘 gèn | 肝 gān |
| 剐 guǎ | 佝 gōu | 贵 guì | 梗 gěng |
| 果脯 guǒfǔ | 格局 géjú | 干部 gànbù | 根本 gēnběn |
| 牢固 láogù | 改革 gǎigé | 爱岗 àigǎng | 风骨 fēnggǔ |
| 尴尬 gāngà | 干戈 gāngē | 高贵 gāoguì | 杠杆 gànggǎn |
| 更改 gēnggǎi | 肱骨 gōnggǔ | 故宫 gùgōng | 桂冠 guìguān |

（2）绕口令练习：

小光和小刚，抬着水桶上山岗。上山岗，歇歇凉，拿起竹竿玩打仗。乒乒乒，乓乓乓，打来打去砸了缸。小光怪小刚，小刚怪小光，小光小刚都怪竹竿和水缸。（《砸缸》）

5. k[$k^h$]：舌面后、送气、清、塞音

发音时发音部位与 g 相同，发音方法稍有不同，g 是不送气音，k 是送气音，k 在气流冲破舌面后部与软腭之间的阻碍爆发成声时气流要强。

（1）发音练习：

| | | | |
|---|---|---|---|
| 卡 kǎ | 课 kè | 夸 kuā | 扛 káng |
| 阔 kuò | 岿 kuī | 侩 kuài | 诳 kuáng |
| 苦学 kǔxué | 客观 kèguān | 考核 kǎohé | 勘察 kānchá |
| 健康 jiànkāng | 折扣 zhékòu | 罚款 fákuǎn | 绿卡 lùkǎ |
| 开垦 kāikěn | 慷慨 kāngkǎi | 苛刻 kēkè | 克扣 kèkòu |
| 刻苦 kèkǔ | 空旷 kōngkuàng | 亏空 kuīkōng | 困苦 kùnkǔ |

（2）绕口令练习：

哥挎瓜筐过宽沟，赶快过沟看怪狗。光看怪狗瓜筐扣，瓜滚筐空哥怪狗。（《哥挎瓜筐过宽沟》）

6. h[x]：舌面后、清、擦音

发音时，舌面后部拱起，接近软腭，留出窄缝，软腭后部上升，关闭鼻腔通道；声带不振动；气流从舌面后部与软腭之间的窄缝中摩擦通过。

（1）发音练习：

| | | | |
|---|---|---|---|
| 贺 hè | 骸 hái | 魂 hún | 吼 hǒu |
| 麾 huī | 豢 huàn | 航 háng | 肓 huāng |
| 互助 hùzhù | 惠民 huìmín | 会议 huìyì | 宏伟 hóngwěi |
| 内涵 nèihán | 指挥 zhǐhuī | 爱护 àihù | 问候 wènhòu |
| 憨厚 hānhòu | 含混 hánhùn | 豪华 háohuá | 浩瀚 hàohàn |
| 呵护 hēhù | 后悔 hòuhuǐ | 缓和 huǎnhé | 红火 hónghuo |
| 挥霍 huīhuò | 恢宏 huīhóng | 辉煌 huīhuáng | 祸害 huòhài |

(2) 绕口令练习：

华华有两朵黄花，红红有两朵红花。华华要红花，红红要黄花。华华送给红红一朵黄花，红红送给华华一朵红花。(《华华和红红》)

## 第三节 易错声母的辨正

### 一、分辨声母 z、c、s 和声母 zh、ch、sh

普通话中，z、c、s 和 zh、ch、sh 是两套对立的可以区别意义的辅音。四川只有部分地区方言中同时有这两组声母，大部分地区没有翘舌组声母 zh、ch、sh，容易把 zh、ch、sh 读成 z、c、s。除此以外，发音时若口腔舒展程度不足，会导致声母平翘舌音的区分度下降。这种现象给人的感觉更像是抬舌音，即舌尖并未真正翘起，而是舌面整体上抬。因此注意这两组声母的差别，是四川地区学好普通话的关键之一。

#### (一) 辨音要点

1. 掌握声母 z、c、s 和声母 zh、ch、sh 的发音原理

声母 z、c、s 是舌尖前音，发音时舌尖不翘，抵住下齿背形成阻碍。然后逐渐张开，形成一道狭窄的缝隙，气流由此流出。发声母 z、c、s 时要避免把舌尖放在上下齿之间，发成齿间音。

声母 zh、ch、sh、r 是舌尖后音，发音时舌尖要翘起，抵住或接触硬腭前部形成阻碍。发声母 zh、ch、sh 时要避免形成阻碍的部位靠前或偏后，同时还要注意与硬腭前部接触的部位是舌尖而非舌叶，避免舌头与硬腭前部接触面过大，导致所发的音带有舌叶音色彩。

2. 利用普通话声韵配合规律进行类推

(1) ua、uai、uang 三个韵母只和声母 zh、ch、sh 相拼，不与 z、c、s 相拼。如：

抓 zhuā　　欻 chuā　　耍 shuǎ　　跩 zhuǎi
踹 chuài　　摔 shuāi　　装 zhuāng　　床 chuáng
霜 shuāng

(2) 在 s—sh 这组声母中，韵母 ong 只与 s 相拼，不与 sh 相拼。如：

松 sōng　　怂 sǒng　　耸 sǒng　　诵 sòng

3. 记住代表字，利用代表字进行类推[①]

(1) 以“主”为代表的字的声母基本念舌尖后音(翘舌音)，如：

---

① 若不符合声旁类推规律，则用圆括号( )标注。

| | | | |
|---|---|---|---|
| 主 zhǔ | 住 zhù | 驻 zhù | 注 zhù |
| | 柱 zhù | 蛀 zhù | (往 wǎng) |

(2) 以“长”为代表的字的声母基本念舌尖后音(翘舌音)，如：

| | | | |
|---|---|---|---|
| 长 cháng/zhǎng | 伥 chāng | 怅 chàng | 张 zhāng |
| | 涨 zhǎng | 胀 zhàng | 帐 zhàng |

(3) 以“申”为代表的字的声母基本念舌尖后音(翘舌音)，如：

| | | | |
|---|---|---|---|
| 申 shēn | 神 shén | 审 shěn | 呻 shēn |
| | 绅 shēn | 伸 shēn | 婶 shěn |

(4) 以“组”为代表的字的声母基本念舌尖前音(平舌音)，如：

| | | | |
|---|---|---|---|
| 组 zǔ | 阻 zǔ | 祖 zǔ | 租 zū |
| | 俎 zǔ | 粗 cū | (狙 jū) |

(5) 以“萃”为代表的字的声母基本念舌尖前音(平舌音)，如：

| | | | |
|---|---|---|---|
| 萃 cuì | 翠 cuì | 淬 cuì | 粹 cuì |
| | 瘁 cuì | 猝 cù | |

(6) 以“叟”为代表的字的声母基本念舌尖前音(平舌音)，如：

| | | | |
|---|---|---|---|
| 叟 sǒu | 搜 sōu | 馊 sōu | 艘 sōu |
| | 嫂 sǎo | 飕 sōu | (瘦 shòu) |

### (二) 对比发音练习

1. 平翘舌对比练习

(1) z—zh。

| | | | |
|---|---|---|---|
| 栽—摘 | 最—坠 | 尊—谆 | 钻—专 |
| 肃立—树立 | 次子—赤子 | 阻力—主力 | 暂时—战时 |
| 自私—制丝 | 造就—照旧 | 宗旨—终止 | 增光—争光 |

(2) c—ch。

| | | | |
|---|---|---|---|
| 从—虫 | 草—炒 | 刺—翅 | 粗—出 |
| 粗布—初步 | 擦手—插手 | 祠堂—池塘 | 曹阳—朝阳 |
| 擦车—叉车 | 彩铃—拆零 | 测出—撤出 | 村庄—春装 |

(3) s—sh。

| | | | |
|---|---|---|---|
| 损—吮 | 三—山 | 材—柴 | 搜—收 |
| 私人—诗人 | 酥油—输油 | 塞子—筛子 | 死记—史记 |
| 近似—近视 | 四十—事实 | 桑叶—商业 | 俗语—熟语 |

2. 平翘舌双音节对比练习

(1) zh—z。

| | | | |
|---|---|---|---|
| 制作 zhìzuò | 主宰 zhǔzǎi | 追踪 zhuīzōng | 赈灾 zhènzāi |
| 职责 zhízé | 著作 zhùzuò | 渣滓 zhāzǐ | 准则 zhǔnzé |
| 作者 zuòzhě | 杂志 zázhì | 宗旨 zōngzhǐ | 自制 zìzhì |
| 造纸 zàozhǐ | 资质 zīzhì | 最终 zuìzhōng | 组织 zǔzhī |

(2) ch—c。

| | | | |
|---|---|---|---|
| 差错 chācuò | 吃醋 chīcù | 初次 chūcì | 揣测 chuǎicè |
| 纯粹 chúncuì | 冲刺 chōngcì | 尺寸 chǐcùn | 储存 chǔcún |
| 操场 cāochǎng | 财产 cáichǎn | 痤疮 cuóchuāng | 促成 cùchéng |
| 餐厨 cānchú | 仓储 cāngchǔ | 擦车 cāchē | 此处 cǐchù |

(3) sh—s。

| | | | |
|---|---|---|---|
| 时速 shísù | 上诉 shàngsù | 生死 shēngsǐ | 神色 shénsè |
| 食宿 shísù | 上锁 shàngsuǒ | 生涩 shēngsè | 深邃 shēnsuì |
| 宿舍 sùshè | 诉说 sùshuō | 算术 suànshù | 随时 suíshí |
| 赛事 sàishì | 丧失 sàngshī | 厮守 sīshǒu | 洒水 sǎshuǐ |

### (三) 绕口令练习

刚往窗上糊字纸，你就隔着窗户撕字纸，一次撕下横字纸，一次撕下竖字纸，横竖两次撕了四十四张湿字纸。是字纸你就撕字纸，不是字纸，你就不要胡乱撕一地纸。(《撕字纸》)

大柴和小柴，帮蔡爷爷晒柴菜，大柴晒柴，小柴晒菜，晒干了蔡爷爷的柴和菜，大伙都夸大柴和小柴。(《晒柴菜》)

四十四束紫丝线，织四十四只紫狮子，细紫丝线织细紫狮子，织细紫狮子用细紫丝线。(《四十四束紫丝线》)

## 二、分辨边音声母 l 和鼻音声母 n

普通话语音系统中，边音声母 l 和鼻音声母 n 有着明显的区别，但是，四川有的地区没有鼻音 n，或是鼻音微弱，比如直接将“泥巴”发成“篱笆”；有的地区有鼻音 n，但仅限于和 i 开头或 ü 开头的韵母相拼；还有不少地区边音声母 l 和鼻音声母 n 分得不是很清楚，发音介于二者之间，又或是出现边音鼻化现象。因此在声母学习中，要特别注意对边音 l 和鼻音 n 的分辨和练习。

### (一) 辨音要点

1. 掌握边音声母 l 和鼻音声母 n 的发音原理

边音声母 l 和鼻音声母 n 发音部位相同，都是通过舌尖与上齿齿龈接触形成阻塞，不同的是二者发音时气流通过的路径不同，发边音声母 l 时气流是通过舌头的两边从口腔中流出的，发鼻音声母 n 时气流是从鼻腔出去形成鼻音的。

练习边音声母 l 和鼻音声母 n 需要学会通过控制软腭来堵塞或打开气流通往鼻腔的通路，可以借助捏鼻孔的方式来练习。用手捏住鼻子后，如果觉得发音困难，那就是鼻音声母 n；如果觉得发音不困难，那就是边音声母 l。

2. 记住代表字，利用代表字进行类推

(1) 以"兰"为代表的字的声母基本念边音声母 l，如：

| | | | |
|---|---|---|---|
| 兰 lán | 烂 làn | 拦 lán | 栏 lán |

(2) 以"宁"为代表的字的声母基本念鼻音声母 n，如：

| | | | |
|---|---|---|---|
| 宁 níng/nìng | 拧 nǐng | 咛 níng | 柠 níng |
| | 狞 níng | 泞 nìng | |

3. 记少不记多

普通话语音系统中，鼻音声母 n 的字比边音声母 l 的字少，记住 n 声母的常用字，大体可以分清鼻音声母 n 与边音声母 l 的字音了。下列字是鼻音声母 n 的代表字：

| | | | |
|---|---|---|---|
| 那 nà | 乃 nǎi | 奈 nài | 南 nán |
| 脑 nǎo | 内 nèi | 尼 ní | 倪 ní |
| 念 niàn | 捏 niē | 聂 niè | 宁 níng |
| 纽 niǔ | 农 nóng | 奴 nú | 诺 nuò |
| 懦 nuò | 虐 nuè | 女 nǚ | 您 nín |

### (二) 对比发音练习

1. n—l 对比练习

| | | | |
|---|---|---|---|
| 男—蓝 | 脑—老 | 内—类 | 酿—亮 |
| 您—林 | 女—旅 | 泥—离 | 牛—流 |
| 泥巴—篱笆 | 浓重—隆重 | 娘家—梁家 | 难求—篮球 |
| 南宁—兰陵 | 脑子—老子 | 内线—泪腺 | 闹灾—涝灾 |

2. 双音节对比练习

| | | | |
|---|---|---|---|
| 历年 lìnián | 流年 liúnián | 留念 liúniàn | 烂泥 lànní |
| 蓝鸟 lánniǎo | 粮农 liángnóng | 靓女 liàngnǚ | 落难 luònàn |
| 楼内 lóunèi | 连年 liánnián | 理念 lǐniàn | 两难 liǎngnán |
| 能力 nénglì | 浓烈 nóngliè | 年龄 niánlíng | 年轮 niánlún |

| | | | |
|---|---|---|---|
| 奴隶 núlì | 凝练 níngliàn | 纳凉 nàliáng | 农历 nónglì |
| 尼龙 nílóng | 闹铃 nàolíng | 耐力 nàilì | 内敛 nèiliǎn |

**(三) 绕口令练习**

南边来了两队篮球运动员,男运动员穿蓝球衣,女运动员穿绿球衣。不怕累,不怕难,男女运动员努力练投篮。(《男女运动员都来练投篮》)

梁上两对倒吊鸟,泥里两对鸟倒吊。可怜梁上的两对倒吊鸟,惦着泥里的两对鸟倒吊,可怜泥里的两对鸟倒吊,也惦着梁上的两对倒吊鸟。(《梁上两对倒吊鸟》)

牛郎恋刘娘,刘娘念牛郎,牛郎牛年恋刘娘,刘娘年年念牛郎,郎恋娘来娘恋郎,念娘恋娘念郎恋郎。(《牛郎和刘娘》)

## 三、分辨声母 f 和声母 h

普通话语音系统中,唇齿音 f 和舌面后音 h 分得很清楚,但四川有些地区 f、h 不分,需要对声母 f 和声母 h 进行辨音。

**(一) 辨音要点**

1. 掌握声母 f 和声母 h 的发音原理

声母 f 和声母 h 发音方法相同,都是清擦音,只是发音部位不同。声母 f 发音时是下唇靠近上齿,形成窄缝,造成阻碍,摩擦成音;声母 h 发音时是舌面后部靠近软腭,形成窄缝,气流从缝隙间挤出成音。

2. 利用普通话声韵拼合规律辨别记忆

(1) 韵母 a、an、ang 与声母 f 和声母 h 都能相拼,ao、ai 只与声母 h 相拼;

(2) 韵母 ou 与声母 f 和声母 h 都能相拼,o 只与声母 f 相拼,ong 只与声母 h 相拼;

(3) 韵母 ei、en、eng 与声母 f 和声母 h 都能相拼,e 只与声母 h 相拼;

(4) 除韵母 ueng 外,u 开头的韵母都能与声母 h 相拼;u 开头的韵母中只有 u 能与声母 f 相拼;

(5) 声母 f 和声母 h 都不能与 i、ü 开头的韵母相拼。

3. 记住代表字,利用代表字进行类推

(1) 以"方"为代表的字的声母基本念声母 f,如:

| | | | |
|---|---|---|---|
| 方 fāng | 坊 fáng | 放 fàng | 妨 fáng |
| | 访 fǎng | 防 fáng | 仿 fǎng |
| | 房 fáng | 芳 fāng | 纺 fǎng |

(2) 以"胡"为代表的字的声母基本念声母 h,如:

| | | | |
|---|---|---|---|
| 胡 hú | 湖 hú | 葫 hú | 糊 hú |
| | 瑚 hú | 蝴 hú | 煳 hú |

### (二) 对比发音练习

1. f—h 对比练习

| | | | |
|---|---|---|---|
| 副—户 | 飞—灰 | 纺—谎 | 分—昏 |
| 风—哼 | 否—吼 | 肥—回 | 服—湖 |
| 奋—恨 | 方—夯 | 废—会 | 斧—虎 |
| 芳草—荒草 | 逢春—恒春 | 贩马—悍马 | 负面—护面 |
| 发红—花红 | 富通—互通 | 防化—黄化 | 斧子—虎子 |
| 幅度—弧度 | 奋战—混战 | 辅助—唬住 | 起飞—起灰 |
| 防线—航线 | 飞鱼—黑鱼 | 浮面—湖面 | 互利—富利 |
| 老房—老黄 | 西服—西湖 | 理发—理化 | 流犯—流汗 |

2. 双音节对比练习

| | | | |
|---|---|---|---|
| 发挥 fāhuī | 繁华 fánhuá | 饭盒 fànhé | 防洪 fánghóng |
| 防护 fánghù | 分化 fēnhuà | 丰厚 fēnghòu | 浮华 fúhuá |
| 符号 fúhào | 复合 fùhé | 返回 fǎnhuí | 腐化 fǔhuà |
| 寒风 hánfēng | 盒饭 héfàn | 黑发 hēifà | 互访 hùfǎng |
| 护发 hùfà | 划分 huàfēn | 化肥 huàféi | 画风 huàfēng |
| 回复 huífù | 荒废 huāngfèi | 焕发 huànfā | 恢复 huīfù |

### (三) 绕口令练习

风吹灰飞，灰飞花上花堆灰，风吹花灰灰飞去，灰在风里飞又飞。(《风吹灰飞》)

粉红墙上画凤凰，凤凰画在粉红墙。红凤凰、粉凤凰、红粉凤凰、花凤凰。(《粉红墙上画凤凰》)

红混纺比黄混纺长一丈，黄混纺比粉红混纺短一丈，问你到底是红混纺长还是粉红混纺长。(《红混纺比黄混纺长一丈》)

## 四、几种特殊误读

### (一) 分辨声母 j、q、x 和声母 g、k、h

尽管声母 j、q、x 与 g、k、h 混淆的此类错误在四川方言中并非普遍现象，但仍然存在。比如“泸州老窖”在四川话中念作“泸州老 gào”，“敲门”念作“kāo 门”，“鞋子”念作“hái 子”。以下列举一些易错字以供辨识、练习。

1. j—g 误读

| | | | |
|---|---|---|---|
| 搅拌 jiǎobàn | 解开 jiěkāi | 街头 jiētóu | 角落 jiǎoluò |

2. j—q 误读

| | | | |
|---|---|---|---|
| 睫毛 jiémáo | 抢劫 qiǎngjié | 捷报 jiébào | 半截 bànjié |

3. x—h 误读

| | | | |
|---|---|---|---|
| 咸鱼 xiányú | 衔接xiánjiē | 项链xiàngliàn | 恐吓 kǒnghè |

### (二) 分辨不送气声母和送气声母

四川方言容易把不送气的部分声母念作送气音。比如"反哺"念作"反 pǔ","跋涉"念作"pá 涉","灌溉"念作"灌 kài","衷心"念作"cōng 心","选择"念作"选 cé"。当然,也有部分是将送气音念作不送气音。比如"优惠券"念作"优惠 juàn","炽热"念作"zì 热"。以下列举一些易错字以供辨识、练习。

1. 不送气误读为送气

| | | | |
|---|---|---|---|
| 拔河 báhé | 复辟 fùbì | 鄙视 bǐshì | 杜甫 Dù Fǔ |
| 遍地 biàndì | 伙伴 huǒbàn | 绊倒 bàndǎo | 占卜 zhānbǔ |
| 漂泊 piāobó | 指导 zhǐdǎo | 河堤 hédī | 颤抖 chàndǒu |
| 提防 dīfang | 盥洗 guànxǐ | 发箍 fàgū | 大概 dàgài |
| 腈纶 jīnglún | 歼灭 jiānmiè | 浸润 jìnrùn | 畸形 jīxíng |
| 叱咤 chìzhà | 秩序 zhìxù | 肇事 zhàoshì | 烦躁 fánzào |
| 沼泽 zhǎozé | 信笺 xìnjiān | 烘焙 hōngbèi | 家族 jiāzú |

2. 送气误读为不送气

| | | | |
|---|---|---|---|
| 湖泊 húpō | 毗邻 pílín | 活泼 huópō | 鄱阳 Póyáng |
| 馄饨 húntun | 枸杞 gǒuqǐ | 翅膀 chìbǎng | 接触 jiēchù |
| 碎碴 suìchá | 痤疮 cuóchuāng | 尝试 chángshì | 证券 zhèngquàn |

### (三) 分辨尖音和团音

1. 发音问题

汉语传统音韵学认为,声母 z、c、s 与齐齿呼、撮口呼韵母①拼合的音节为尖音,声母 j、q、x 与齐齿呼、撮口呼韵母拼合的音节为团音。

普通话中仅有团音,而无尖音,z、c、s 与 zh、ch、sh 不与 i、ü 或 i、ü 开头的韵母拼合②,j、q、x 也不与 u 或 u 开头的韵母拼合。四川大部分地区没有尖音,但可能受"女国音"现象的影响,在发 j、q、x 声母时,舌面前端降低,舌尖向上翘起,使得舌尖或舌叶与上齿背或上齿龈接触,从而产生具有尖音特征的音。

要避免发出尖音,关键在于控制舌尖的位置和力度。j、q、x 的舌位为舌面前,发音时

① 齐齿呼、撮口呼韵母见本书第四章第一节"四呼分类"。
② 普通话中的 zi、ci、si 中的 i 是舌尖前元音-i[ɿ],zhi、chi、shi、ri 中的 i 是舌尖后元音-i[ʅ],并不是舌面元音 i[i]。

应令舌尖向下，抵住下齿背，使舌面前部与硬腭前端接触或接近，以形成正确的发音部位。若舌尖上翘，则会发出“尖音”。同时注意舌尖力度不可太大，否则会出现刺耳的气流声。

2. 发音训练

| | | | |
|---|---|---|---|
| 季节 jìjié | 家具 jiājù | 亲戚 qīnqi | 欠缺 qiànquē |
| 嬉戏 xīxì | 相信 xiāngxìn | 急切 jíqiè | 技巧 jìqiǎo |
| 前进 qiánjìn | 决心 juéxīn | 情绪 qíngxù | 趋向 qūxiàng |

### （四）分辨辅音声母和零声母

四川方言会在普通话中以 a、o、e 开头的零声母音节前加上舌面后鼻音 ng，将其读作带辅音声母的音节。比如将“爱情”读作“ngài 情”，“欧洲”读作“ngōu 洲”，“我们”读作“ngǒ 们”。而普通话中以 i 开头的零声母音节，四川方言又会加上辅音 n 或 l 声母，比如将“业绩”读作“niè 绩”，“怀疑”读作“怀 ní”，“严格”读作“nián 格”；或者是将[ȵ]（舌面前、浊、鼻音）作为声母。同时也会有将普通话中的辅音声母读作零声母的情况，如将“光荣”读作“光 yóng”，“消融”读作“消 yóng”，在练习时要尤其关注。

1. 零声母误读为辅音声母

| | | | |
|---|---|---|---|
| 哀伤 āishāng | 安全 ānquán | 蚂蚁 mǎyǐ | 凹凸 āotū |
| 翱翔 áoxiáng | 骄傲 jiāoào | 呕吐 ǒutù | 木偶 mùǒu |
| 恶心 ěxin | 感恩 gǎnēn | 咬合 yǎohé | 樱桃 yīngtao |

2. 辅音声母误读为零声母

| | | | |
|---|---|---|---|
| 容易 róngyì | 溶解 róngjiě | 蔫了 niānle | 疟疾 nüèji |
| 熔炉 rónglú | 戎装 róngzhuāng | 虐待 nüèdài | 希冀 xījì |

## 课外链接

在学习普通话的过程中，大量容易混淆的音节都可以利用声旁类推的方式进行学习。例如，“内”是一个鼻音声母的字，那么像“呐、纳、衲、钠、讷”等以“内”作为声旁的字，也是鼻音声母。

我们已经将声母的所有内容学习完毕，现将常见易混音节的声旁类推表附上，以进一步提升练习成效。

### 一、声母 f—h 代表字声旁类推表(表 3－1、表 3－2)

**表 3－1　声母 f 代表字声旁类推表**

| | | | |
|---|---|---|---|
| 发 fā | 废 fèi | | |
| 乏 fá | 泛 fàn | | |
| 伐 fá | 垡 fá | 阀 fá | 筏 fá |

续　表

| 番 fān | 幡 fān | 藩 fān | 翻 fān | | | |
|---|---|---|---|---|---|---|
| 凡 fán | 帆 fān | 矾 fán | 钒 fán | | | |
| 反 fǎn | 返 fǎn | 饭 fàn | 贩 fàn | 畈 fàn | | |
| 方 fāng | 芳 fāng | 牌坊 fāng | 邡 fāng | 防 fáng | 妨 fáng | 染坊 fáng |
| | 房 fáng | 仿 fǎng | 访 fǎng | 纺 fǎng | 舫 fǎng | 放 fàng |
| 非 fēi | 菲 fēi | 啡 fēi | 绯 fēi | 扉 fēi | 蜚 fēi | 霏 fēi |
| | 匪 fěi | 诽 fěi | 斐 fěi | 翡 fěi | 痱 fèi | |
| 分 fēn | 芬 fēn | 吩 fēn | 纷 fēn | 粉 fěn | 份 fèn | 忿 fèn |
| 风 fēng | 枫 fēng | 讽 fěng | | | | |
| 蜂 fēng | 峰 fēng | 烽 fēng | 锋 fēng | | | |
| 夫 fū | 肤 fū | 麸 fū | 扶 fú | 芙 fú | | |
| 弗 fú | 狒 fèi | 沸 fèi | 费 fèi | 佛祖 fó | 仿佛 fú | 拂 fú |
| 伏 fú | 茯 fú | 袱 fú | | | | |
| 孚 fú | 孵 fū | 浮 fú | 俘 fú | | | |
| 福 fú | 幅 fú | 辐 fú | 富 fù | 副 fù | | |
| 甫 fǔ | 敷 fū | 辅 fǔ | 傅 fù | 缚 fù | | |
| 父 fù | 斧 fǔ | 釜 fǔ | | | | |
| 付 fù | 符 fú | 俯 fǔ | 腑 fǔ | 腐 fǔ | 附 fù | |
| 复 fù | 腹 fù | 蝮 fù | 覆 fù | 馥 fù | | |

**表 3-2　声母 h 代表字声旁类推表**

| 禾 hé | 和平 hé | 附和 hè | 和面 huó | 和药 huò | 和牌 hú | |
|---|---|---|---|---|---|---|
| 红 hóng | 虹 hóng | 鸿 hóng | | | | |
| 洪 hóng | 哄闹 hōng | 烘 hōng | 哄骗 hǒng | 起哄 hòng | | |
| 忽 hū | 惚 hū | | | | | |
| 狐 hú | 弧 hú | | | | | |
| 胡 hú | 葫 hú | 猢 hú | 湖 hú | 瑚 hú | 蝴 hú | 糊 hú |

续 表

| 虎 hǔ | 唬 hǔ　琥 hǔ |
|---|---|
| 户 hù | 护 hù　沪 hù　扈 hù |
| 化 huà | 花 huā　哗(啦) huā　华(丽) huá　铧 huá　(喧)哗 huá　桦 huà<br>华(姓) Huà　货 huò |
| 话 huà | 活 huó |
| 怀 huái | 还(是) hái　坏 huài　环 huán　还(钱) huán |
| 奂 huàn | 换 huàn　唤 huàn　涣 huàn　焕 huàn　痪 huàn |
| 荒 huāng | 慌 huāng　谎 huǎng |
| 皇 huáng | 凰 huáng　隍 huáng　惶 huáng　煌 huáng |
| 黄 huáng | 璜 huáng　磺 huáng　簧 huáng |
| 晃(眼) huǎng | (摇)晃 huàng　幌 huǎng |
| 灰 huī | 诙 huī　恢 huī |
| 挥 huī | 辉 huī　荤 hūn　浑 hún |
| 回 huí | 徊 huái　茴 huí　蛔 huí |
| 悔 huǐ | 诲 huì　晦 huì |
| 会 huì | 绘 huì　烩 huì |
| 惠 huì | 蕙 huì |
| 昏 hūn | 阍 hūn　婚 hūn |
| 混(乱) hùn | 馄 hún　混(蛋) hún |
| 火 huǒ | 伙 huǒ |
| 或 huò | 惑 huò |

## 二、声母 n—l 代表字声旁类推表(表 3 - 3、表 3 - 4)

表 3 - 3　声母 n 代表字声旁类推表

| 那 nà | 哪 nǎ　娜 nà　挪 nuó |
|---|---|
| 乃 nǎi | 奶 nǎi |
| 奈 nài | 捺 nà |

续　表

| 南 nán | 喃 nán | 楠 nán | 腩 nǎn | 蝻 nǎn | | |
|---|---|---|---|---|---|---|
| 脑 nǎo | 恼 nǎo | 瑙 nǎo | | | | |
| 内 nèi | 呐 nà | 纳 nà | 衲 nà | 钠 nà | 讷 nè | |
| 尼 ní | 呢 ne | 妮 nī | 泥 ní | 伲 nì | 昵 nì | 呢$_{\text{喃}}$ ní |
| 倪 ní | 霓 ní | | | | | |
| 念 niàn | 鲶 nián | 捻 niǎn | | | | |
| 捏 niē | 涅 niè | | | | | |
| 聂 niè | 镊 niè | 蹑 niè | | | | |
| $_{\text{安}}$宁 níng | 咛 níng<br>泞 nìng | 拧$_{\text{扯}}$ níng<br>宁$_{\text{可}}$ nìng | 狞 níng | 柠 níng | 拧$_{\text{不过}}$ nǐng | $_{\text{性子}}$拧 nìng |
| 纽 niǔ | 妞 niū | 扭 niǔ | 钮 niǔ | | | |
| 农 nóng | 侬 nóng | 浓 nóng | 脓 nóng | | | |
| 奴 nú | 孥 nú | 驽 nú | 努 nǔ | 弩 nǔ | 怒 nù | |
| 诺 nuò | 匿 nì | | | | | |
| 懦 nuò | 糯 nuò | | | | | |
| 虐 nuè | 疟 nuè | | | | | |

**表 3-4　声母 l 代表字声旁类推表**

| 剌 là | 喇 lǎ | 辣 là | 瘌 là | | |
|---|---|---|---|---|---|
| 腊 là | 蜡 là | 猎 liè | | | |
| 赖 lài | 濑 lài | 癞 lài | 籁 lài | 懒 lǎn | |
| 兰 lán | 拦 lán | 栏 lán | 烂 làn | | |
| 蓝 lán | 褴 lán | 篮 lán | 滥 làn | | |
| 览 lǎn | 揽 lǎn | 缆 lǎn | 榄 lǎn | | |
| 劳 láo | 捞 lāo | 唠 láo | 崂 láo | 痨 láo | 涝 lào |
| 乐 lè | 砾 lì | | | | |
| 雷 léi | 擂 lèi | 檑 léi | 镭 léi | 蕾 lěi | |

**续 表**

| 累 lèi | 嫘 léi | 缧 léi | 骡 luó | 螺 luó | 积累 lěi | 累赘 léi |
|---|---|---|---|---|---|---|
| 离 lí | 漓 lí | 璃 lí | 篱 lí | | | |
| 里 lǐ | 厘 lí | 狸 lí | 理 lǐ | 鲤 lǐ | 测量 liáng | 力量 liàng |
| 力 lì | 肋 lèi | 勒令 lè | 荔 lì | 劣 liè | | |
| 历 lì | 沥 lì | | | | | |
| 厉 lì | 励 lì | | | | | |
| 立 lì | 垃 lā | 拉 lā | 啦 la | 莅 lì | 笠 lì | 粒 lì |
| 利 lì | 梨 lí | 犁 lí | 俐 lì | 莉 lì | 痢 lì | |
| 连 lián | 涟 lián | 莲 lián | 鲢 lián | 链 liàn | | |
| 廉 lián | 濂 lián | 镰 lián | | | | |
| 脸 liǎn | 敛 liǎn | 蔹 liǎn | 殓 liàn | | | |
| 炼 liàn | 练 liàn | | | | | |
| 恋 liàn | 孪 luán | 峦 luán | 挛 luán | 鸾 luán | 滦 luán | 銮 luán |
| 良 liáng | 粮 liáng | 郎 láng | 狼 láng | 阆 láng | 廊 láng | 琅 láng |
| | 榔 láng | 锒 láng | 螂 láng | 朗 lǎng | 浪 làng | |
| 凉 liáng | 谅 liàng | 晾 liàng | 掠 luè | | | |
| 梁 liáng | 粱 liáng | | | | | |
| 两 liǎng | 伎俩 liǎng | 辆 liàng | 他俩 liǎ | | | |
| 廖 liào | 寥 liáo | 戮 lù | | | | |
| 列 liè | 例 lì | 冽 liè | 烈 liè | 裂 liè | 趔 liè | |
| 林 lín | 婪 lán | 淋 lín | 琳 lín | 霖 lín | | |
| 鳞 lín | 粼 lín | 嶙 lín | 遴 lín | 辚 lín | 磷 lín | 麟 lín |
| 菱 líng | 凌 líng | 陵 líng | 绫 líng | 棱 léng | | |
| 令 lìng | 冷 lěng | 怜 lián | 邻 lín | 伶 líng | 囹 líng | 泠 líng |
| | 苓 líng | 柃 líng | 玲 líng | 铃 líng | 羚 líng | 翎 líng |
| | 零 líng | 龄 líng | 岭 lǐng | 领 lǐng | | |
| 流 liú | 琉 liú | 硫 liú | 旒 liú | | | |

续 表

| 留 liú | 溜 liū | 骝 liú | 榴 liú | 瘤 liú | 遛 liù | |
|---|---|---|---|---|---|---|
| 柳 liǔ | 聊 liáo | | | | | |
| 龙 lóng | 珑 lóng | 胧 lóng | 砻 lóng | 笼 lóng | 聋 lóng | 陇 lǒng |
| | 垄 lǒng | 拢 lǒng | | | | |
| 隆 lóng | 癃 lóng | 窿 lóng | | | | |
| 娄 lóu | 喽 lóu | 楼 lóu | 搂 lǒu | 篓 lǒu | 屡 lǚ | 缕 lǚ |
| 鲁 lǔ | 噜 lū | 撸 lū | 橹 lǔ | | | |
| 录 lù | 禄 lù | 碌 lù | 绿 lǜ | 氯 lǜ | | |
| 鹿 lù | 辘 lù | 簏 lù | 麓 lù | | | |
| 路 lù | 璐 lù | 鹭 lù | 露 lù | | | |
| 仑 lún | 抡 lūn | 伦 lún | 囵 lún | 纶 lún | 轮 lún | 论 lùn |
| 罗 luó | 萝 luó | 逻 luó | 锣 luó | | | |
| 洛 luò | 烙 lào | 酪 lào | 络 luò | 骆 luò | 落 luò | 略 lüè |
| 吕 lǚ | 铝 lǚ | 侣 lǚ | | | | |
| 虑 lǜ | 滤 lǜ | | | | | |

## 三、平舌音代表字声旁类推表(表 3-5、表 3-6、表 3-7)

表 3-5 z 声母代表字声旁类推表

| 匝 zā | 咂 zā | 砸 zá | | |
|---|---|---|---|---|
| 咋 zǎ | 昨 zuó | 作 zuò | 祚 zuò | |
| 哉 zāi | 栽 zāi | 千载 zǎi | 载客 zài | |
| 宰 zǎi | 滓 zǐ | | | |
| 赞 zàn | 攒 zǎn | | | |
| 臧 zāng | 藏族 zàng | 矿藏 cáng | | |
| 澡 zǎo | 藻 zǎo | 燥 zào | 躁 zào | 噪 zào |
| 责 zé | 啧 zé | 渍 zì | (债 zhài) | |
| 泽 zé | 择 zé | | | |

续 表

| | | | | | | |
|---|---|---|---|---|---|---|
| 曾 zēng | 憎 zēng | 增 zēng | 赠 zèng | (噌的一声 cēng) | (蹭 cèng) | |
| 子 zǐ | 孜 zī | 仔细 zǐ | 籽 zǐ | 字 zì | 牛仔 zǎi | |
| 资 zī | 姿 zī | 咨 zī | 恣 zì | | | |
| 兹 zī | 嗞 zī | 滋 zī | 孳 zī | 慈 cí | 磁 cí | 鹚 cí |
| | 糍 cí | | | | | |
| 宗 zōng | 综 zōng | 踪 zōng | 鬃 zōng | 粽 zòng | (淙 cóng) | (琮 cóng) |
| 奏 zòu | 揍 zòu | (凑 còu) | | | | |
| 租 zū | 阻 zǔ | 祖 zǔ | 诅 zǔ | 组 zǔ | | |
| 卒 zú | 醉 zuì | (猝 cù) | (淬 cuì) | (悴 cuì) | (粹 cuì) | (翠 cuì) |
| | (碎 suì) | | | | | |
| 纂 zuǎn | 攥 zuàn | (篡 cuàn) | | | | |
| 左 zuǒ | 佐 zuǒ | | | | | |
| 坐 zuò | 座 zuò | | | | | |

**表 3-6　c 声母声旁类推表**

| | | | | | | |
|---|---|---|---|---|---|---|
| 才 cái | 材 cái | 财 cái | (豺 chái) | | | |
| 采 cǎi | 睬 cǎi | 彩 cǎi | 踩 cǎi | 菜 cài | | |
| 参与 cān | 惨 cǎn | 参差 cēn | (人参 shēn) | | | |
| 仓 cāng | 伧俗 cāng | 沧 cāng | 苍 cāng | 舱 cāng | (寒伧 chen) | |
| 曹 cáo | 漕 cáo | 嘈 cáo | 槽 cáo | 螬 cáo | (遭 zāo) | (糟 zāo) |
| 侧 cè | 测 cè | 厕 cè | 恻 cè | 则 zé | | |
| 此 cǐ | 疵 cī | 雌 cí | 龇 zī | (眦 zì) | (紫 zǐ) | |
| 次 cì | 茨 cí | 瓷 cí | | | | |
| 从 cóng | 苁 cōng | 枞 cōng | 丛 cóng | | | |
| 匆 cōng | 葱 cōng | | | | | |
| 粗 cū | 徂 cú | 殂 cú | | | | |
| 窜 cuàn | 蹿 cuān | 撺 cuān | | | | |

续　表

| | | | | | | |
|---|---|---|---|---|---|---|
| 崔 cuī | 崔 cuī | 催 cuī | 摧 cuī | | | |
| 萃 cuì | 翠 cuì | 淬 cuì | 瘁 cuì | 粹 cuì | 啐 cuì | 悴 cuì |
| | 猝 cù | | | | | |
| 参差 cī | 磋 cuō | 蹉 cuō | 嵯 cuó | 搓 cuō | | |
| 措 cuò | 错 cuò | | | | | |
| 痤 cuó | 矬 cuó | 挫 cuò | 锉 cuò | | | |
| 寸 cùn | 村 cūn | 忖 cǔn | | | | |

**表 3-7　s 声母声旁类推表**

| | | | | | | |
|---|---|---|---|---|---|---|
| 散 sǎn | 撒手 sā | 撒种 sǎ | 馓 sǎn | | | |
| 思 sī | 腮 sāi | 鳃 sāi | | | | |
| 桑 sāng | 搡 sǎng | 嗓 sǎng | | | | |
| 叟 sǒu | 嫂 sǎo | 搜 sōu | 嗖 sōu | 馊 sōu | 飕 sōu | 艘 sōu |
| | (瘦 shòu) | | | | | |
| 司 sī | 伺机 sì | 饲 sì | 词 cí | | | |
| 斯 sī | 厮 sī | 撕 sī | 嘶 sī | | | |
| 四 sì | 泗 sì | 驷 sì | | | | |
| 隋 suí | 随 suí | 髓 suǐ | | | | |
| 遂 suí | 半身不遂 suí | 毛遂自荐 suì | 隧 suì | 邃 suì | | |
| 孙 sūn | 狲 sūn | | | | | |
| 锁 suǒ | 琐 suǒ | 唢 suǒ | | | | |
| 梭 suō | 唆 suō | | | | | |

## 思考与实训

1. 普通话声母的分类有哪些？请举例说明。

2. 普通话声母中，哪些声母是舌尖音？哪些是舌面音？请分别给出例子。

3. 普通话声母中，哪些声母是送气音？哪些是不送气音？请分别给出例子。

4. 在普通话中，哪些声母容易与四川方言中的声母混淆？请举例说明并解释可能的原因。

5. 朗读下列词语,注意声母的发音。

| | | | |
|---|---|---|---|
| 赞扬 | 钻研 | 棕榈 | 增强 |
| 残酷 | 灿烂 | 苍穹 | 层次 |
| 司机 | 角色 | 竞赛 | 随时 |
| 正气 | 钟爱 | 眨眼 | 中肯 |
| 场地 | 怅惘 | 充溢 | 成材 |
| 实际 | 事实 | 实施 | 山水 |
| 流传 | 良心 | 量子 | 烈士 |
| 任命 | 荣誉 | 冗长 | 仍旧 |
| 履行 | 律法 | 掠夺 | 劳力 |
| 纳税 | 脑筋 | 闹钟 | 奶瓶 |
| 耐心 | 内在 | 泥泞 | 拟定 |
| 讴歌 | 翱翔 | 和蔼 | 遏止 |
| 峥嵘 | 疑问 | 冗长 | 榕树 |

6. 朗读下列诗句,注意声母的发音。

远远的街灯明了,
好像闪着无数的明星。
天上的明星现了,
好像点着无数的街灯。

我想那缥缈的空中,
定然有美丽的街市。
街市上陈列的一些物品,
定然是世上没有的珍奇。

你看,那浅浅的天河,
定然是不甚宽广。
那隔河的牛郎织女,
定能够骑着牛儿来往。

我想他们此刻,
定然在天街闲游。
不信,请看那朵流星,
是他们提着灯笼在走。

——郭沫若《天上的街市》

7. 朗读下列句段，注意易混声母的发音。

(1) 注意平翘舌。

我的心不禁一颤：多可爱的小生灵啊，对人无所求，给人的却是极好的东西。蜜蜂是在酿蜜，又是在酿造生活；不是为自己，而是在为人类酿造最甜的生活。蜜蜂是渺小的，蜜蜂却又多么高尚啊！

——杨朔《荔枝蜜》

(2) 注意边鼻音。

“吹面不寒杨柳风”，不错的，像母亲的手抚摸着你。风里带来些新翻的泥土的气息，混着青草味儿，还有各种花的香，都在微微润湿的空气里酝酿。鸟儿将巢安在繁花绿叶当中，高兴起来了，呼朋引伴地卖弄清脆的喉咙，唱出宛转的曲子，跟轻风流水应和着。牛背上牧童的短笛，这时候也成天嘹亮地响着。

——朱自清《春》

(3) 注意尖团音。

突然，狗放慢脚步，蹑足潜行，好像嗅到了前边有什么野物。

我顺着林荫路望去，看见了一只嘴边还带黄色、头上生着柔毛的小麻雀。风猛烈地吹打着林荫路上的白桦树，麻雀从巢里跌落下来，呆呆地伏在地上，孤立无援地张开两只羽毛还未丰满的小翅膀。

——屠格涅夫《麻雀》

(4) 注意零声母。

夜风轻飘飘地吹拂着，空气中飘荡着一种大海和田禾相混合的香味儿，柔软的沙滩上还残留着白天太阳炙晒的余温。那些在各个工作岗位上劳动了一天的人们，三三两两地来到了这软绵绵的沙滩上，他们浴着凉爽的海风，望着那缀满了星星的夜空，尽情地说笑，尽情地休憩。

——峻青《海滨仲夏夜》

# 第四章 普通话韵母训练

## 第一节 韵母及其分类

### 一、什么是韵母

普通话共有 39 个韵母。韵母是音节中声母后面的部分，主要由元音或元音加辅音构成。比如"普通话(pǔtōnghuà)"三个音节声母后面的部分依次是"u""ong""ua"，它们就分别是"普""通""话"的韵母。其中，"普"的韵母"u"由一个元音构成，"话"的韵母"ua"由两个元音构成，"通"的韵母则是由元音加辅音构成的。普通话中用于构成韵母的辅音只有"n""ng"两个鼻辅音。

### 二、韵母的分类

#### (一) 四呼分类

传统音韵学根据韵母开头元音的口形，将韵母划分为四类，简称"四呼"。

1. 开口呼

开口呼指开头部分不是 i、u、ü 的韵母。例如他(tā)、车(chē)、都(dōu)的韵母。在普通话中开口呼一共有 15 个，分别是 a、o、e、ai、ei、ao、ou、an、en、ang、eng、ê、-i(前)、-i(后)、er。

2. 齐齿呼

齐齿呼指开头部分是 i 的韵母，例如衣(yī)、基(jī)的韵母。在普通话中齐齿呼一共有 9 个，分别是 i、ia、ie、iao、iou、ian、in、iang、ing。

3. 合口呼

合口呼指开头部分是 u 的韵母，例如古(gǔ)、夸(kuā)的韵母。在普通话中合口呼一共有 10 个，分别是 u、ua、uo、uai、uei、uan、uen、uang、ueng、ong[①]。

---

① ong 韵母实际发音是[uŋ]，属于合口呼。

4. 撮口呼

撮口呼指开头部分是 ü 的韵母。例如局(jú)、旅(lǚ)的韵母。在普通话中撮口呼一共有 5 个，分别是 ü、üe、üan、ün、iong[①]。

### (二) 音节结构分类

普通话的 39 个韵母，按照它们内部的构成情况可以分成以下三类：

1. 单元音韵母

单元音韵母是由一个元音音素组成的韵母，共 10 个，分别是 a、o、e、ê、i、u、ü、-i(前)、-i(后)、er。单元音韵母发音时，舌头在口腔中的前后高低位置及嘴唇的圆展情况始终保持不变。

2. 复元音韵母

复元音韵母是由两个或三个元音结合而成的韵母，共 13 个，分别是 ai、ei、ao、ou、ia、ie、üe、uo、ua、uai、uei、iao、iou。复元音韵母发音时口腔的开口度、舌位的前后高低及唇形的圆展是有变化的。

3. 带鼻音韵母

带鼻音韵母是由一个或两个元音音素带上鼻辅音"n"或"ng"组成的韵母，共 16 个，分别是 an、en、in、ün、ian、uan、uen、üan、ang、eng、ing、ong、iang、uang、ueng、iong。

# 第二节　韵母的发音

## 一、单元音韵母的发音

单元音韵母只有一个元音音素，发单元音韵母时，舌头在口腔中的前后高低位置和嘴唇的形状始终保持不变。发不同的单元音韵母，则需要在发音时通过控制舌头在口腔中的前后位置、高低位置和嘴唇圆展状态，进而改变口腔的形状而完成。

根据发音时舌头起作用的部位和舌头在口腔中的状态，可将单元音韵母分为舌面单元音韵母、舌尖单元音韵母和卷舌单元音韵母。

### (一) 舌面单元音韵母的发音

普通话中，舌面单元音韵母共有 7 个，分别是 a、o、e、ê、i、u、ü，可以借助下面的舌面元音舌位唇形图(图 4 - 1)更加直观地从舌位的高低、舌位的前后、唇形的圆展三个方面来进行考察。在发单元音韵母时，一定要保持共鸣腔形状不改变，做到"固定"两个字。

---

① iong 韵母的实际发音是[yŋ]，属于撮口呼。

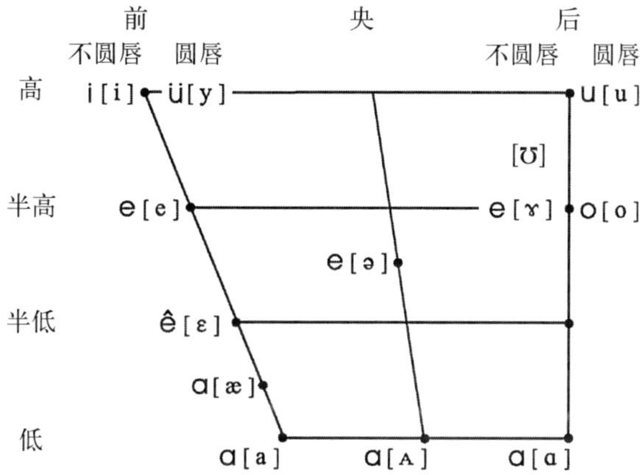


**图 4－1　舌面元音舌位唇形图**

1. ɑ[ʌ]：舌面、央、低、不圆唇元音

发音时，口腔大开，舌头位置居中，控制舌面下降到最低度，唇形不圆，软腭上升，关闭鼻腔通道，振动声带，让气流直接从口腔中出来。

（1）发音练习：

| | | | |
|---|---|---|---|
| 阿 ā | 靶 bǎ | 擦 cā | 哈 hā |
| 辣 là | 炸 zhà | 撒 sǎ | 拿 ná |
| 阿姨 āyí | 发扬 fāyáng | 把关 bǎguān | 靶场 bǎchǎng |
| 鞭挞 biāntà | 灯塔 dēngtǎ | 摩擦 mócā | 清茶 qīngchá |
| 爸妈 bàmā | 插卡 chākǎ | 刹那 chànà | 鞑靼 dádá |
| 大厦 dàshà | 麻辣 málà | 沙发 shāfā | 打岔 dǎchà |

（2）绕口令练习：

一个胖娃娃，捉了三个大花活蛤蟆，三个胖娃娃，捉了一个大花活蛤蟆，捉了一个大花活蛤蟆的三个胖娃娃，真不如捉了三个大花活蛤蟆的一个胖娃娃。（《胖娃娃和蛤蟆》）

2. o[o]：舌面、后、半高、圆唇元音

发音时，口腔微开，舌头后缩，舌尖下垂，舌面后部自然拱起，升至半高位，唇形收圆，软腭上升，关闭鼻腔通道，振动声带，让气流直接从口腔中出来。

（1）发音练习：

| | | | |
|---|---|---|---|
| 泊 bó | 佛 fó | 殁 mò | 泼 pō |
| 馍 mó | 叵 pǒ | 跛 bǒ | 摸 mō |
| 模范 mófàn | 佛祖 fózǔ | 破案 pò'àn | 卧底 wòdǐ |
| 渊博 yuānbó | 传播 chuánbō | 淡泊 dànbó | 糟粕 zāopò |
| 伯伯 bóbo | 泼墨 pōmò | 默默 mòmò | 磨破 mópò |

（2）绕口令练习：

婆婆和嬷嬷，来到山坡坡，婆婆默默采蘑菇，嬷嬷默默拔萝卜。婆婆采了半簸箕小蘑

菇，嬷嬷拔了一筐箩大萝卜。婆婆采了蘑菇换饽饽，嬷嬷卖了萝卜买馍馍。(《婆婆和嬷嬷》)

3. e[ɤ]：舌面、后、半高、不圆唇元音

发音时，口腔微开，舌头后缩，舌尖下垂，舌面后部自然拱起，升至半高位，舌位与 o 大致相同，但发 e 时，嘴角向两边微微展开，软腭上升，关闭鼻腔通道，振动声带，让气流直接从口腔中出来。

(1) 发音练习：

| | | | |
|---|---|---|---|
| 鹅 é | 德 dé | 讷 nè | 勒 lè |
| 剋 kè | 葛 gě | 赊 shē | 辄 zhé |
| 热爱 rèài | 遏制 èzhì | 和睦 hémù | 恪守 kèshǒu |
| 守则 shǒuzé | 道德 dàodé | 叵测 pǒcè | 开车 kāichē |
| 割舍 gēshě | 客车 kèchē | 隔阂 géhé | 隔热 gérè |
| 各色 gèsè | 合格 hégé | 褐色 hèsè | 苛责 kēzé |

(2) 绕口令练习：

坡上卧着一只鹅，坡下流着一条河，宽宽的河，白白的鹅，鹅要过河，河要渡鹅，不知是鹅过河，还是河渡鹅。(《鹅过河》)

4. i[i]：舌面、前、高、不圆唇元音

发音时，口微开，双唇之间的开口度缩小，舌头前伸，舌面上升，舌面前部接近硬腭前的位置，嘴角向两边展开，软腭上升，关闭鼻腔通道，振动声带，让气流直接从口腔中出来。

(1) 发音练习：

| | | | |
|---|---|---|---|
| 伊 yī | 俾 bǐ | 坯 pī | 啼 tí |
| 妮 nī | 郦 lì | 琦 qí | 邸 dǐ |
| 悉心 xīxīn | 提拔 tíbá | 意念 yìniàn | 提倡 tíchàng |
| 鼓励 gǔlì | 茶几 chájī | 忸怩 niǔní | 坚持 jiānchí |
| 荸荠 bíqi | 鼻涕 bítì | 谜底 mídǐ | 谜题 mítí |
| 秘籍 mìjí | 霹雳 pīlì | 睥睨 pìnì | 奇迹 qíjì |

(2) 绕口令练习：

老黎拉了一车梨，老李拉了一车栗。老黎人称大力黎，老李人称李大力。老黎拉梨做梨酒，老李拉栗去换梨。(《老黎和老李》)

5. u[u]：舌面、后、高、圆唇元音

发音时，嘴唇拢圆，口腔开口度很小，舌头后缩，舌面后部上升接近软腭位置，软腭上升，关闭鼻腔通道，振动声带，让气流直接从口腔中出来。

(1) 发音练习：

| | | | |
|---|---|---|---|
| 扑 pū | 牟 mù | 笃 dǔ | 荼 tú |
| 驽 nú | 沪 hù | 毂 gū | 刍 chú |
| 逐流 zhúliú | 扶持 fúchí | 故国 gùguó | 努力 nǔlì |

| | | | |
|---|---|---|---|
| 亲属 qīnshǔ | 拒腐 jùfǔ | 公仆 gōngpú | 干部 gànbù |
| 部署 bùshǔ | 出入 chūrù | 督促 dūcù | 独处 dúchǔ |
| 读书 dúshū | 匍匐 púfú | 祝福 zhùfú | 露珠 lùzhū |

(2) 绕口令练习：

鼓上画只虎，破了拿布补。不知布补鼓，还是布补虎。(《鼓上画只虎》)

6. ü[y]：舌面、前、高、圆唇元音

发音时，口腔开口度很小，舌头前伸，舌面上升，舌面前部接近硬腭前的位置，嘴唇拢圆，两边嘴角撮起，软腭上升，关闭鼻腔通道，振动声带，让气流直接从口腔中出来。

(1) 发音练习：

| | | | |
|---|---|---|---|
| 女 nǚ | 绿 lǜ | 狙 jū | 祛 qū |
| 婿 xù | 渠 qú | 虞 yú | 举 jǔ |
| 举手 jǔshǒu | 矩形 jǔxíng | 鞠躬 jūgōng | 律师 lǜshī |
| 领域 lǐngyù | 忧虑 yōulǜ | 炭疽 tànjū | 蜷曲 quánqū |
| 局域 júyù | 屈居 qūjū | 须臾 xūyú | 区域 qūyù |
| 序曲 xùqǔ | 旅居 lǚjū | 豫剧 yùjù | 伛偻 yǔlǚ |

(2) 绕口令练习：

老徐俩女婿，于女婿和吕女婿，于女婿喜欢看吕剧，吕女婿喜欢看豫剧，三人一起去看剧，看完吕剧看豫剧。(《老徐俩女婿》)

7. ê[ɛ]：舌面、前、半低、不圆唇元音

发音时，口腔自然打开，舌头前伸，舌尖抵住下齿背，嘴角向两边展开，展开度比 e 稍大，软腭上升，关闭鼻腔通道，振动声带，让气流直接从口腔中出来。

普通话里，单元音韵母 ê 不能和辅音声母相拼，只能自成音节，音节下仅有"欸"一个字。值得注意的是，"欸"有四种不同的声调，分别用于表示打招呼(ê̄)、诧异(ế)、不认可或不同意(ê̌)、应答或同意(ề)，还可以分别念成 ēi、éi、ěi、èi。但念 ê̄、ế、ê̌、ề 时，是单元音韵母自成音节，发音时应保持口型不变；念 ēi、éi、ěi、èi 时，是由复元音韵母 ei 构成的音节，口型会发生改变。

### (二) 舌尖单元音韵母

舌尖单元音韵母有 2 个，分别是-i[ɿ]和-i[ʅ]。

1. -i[ɿ]：舌尖、前、高、不圆唇元音

发音时，口腔微开，展唇，舌头前伸，舌尖靠近上齿背，与上齿背保持适当距离，形成一个窄缝，软腭上升，关闭鼻腔通道，振动声带，让气流从舌尖与上齿背间的窄缝中出来。普通话里，单元音韵母-i[ɿ]不能自成音节，只能出现在舌尖前音声母 z、c、s 的后面。发音时，用普通话念"资"并延长，后面的部分便是-i[ɿ]。

由于第三章舌尖前音部分已经进行了大量的训练，加之-i[ɿ]和-i[ʅ]难以单独发音，所以本章仅做字词发音练习，以进行巩固。

发音练习：

| | | | |
|---|---|---|---|
| 资 zī | 疵 cī | 丝 sī | 词 cí |
| 紫 zǐ | 此 cǐ | 四 sì | 赐 cì |
| 滋滋 zīzī | 自此 zìcǐ | 字词 zìcí | 自私 zìsī |
| 刺字 cìzì | 次子 cìzǐ | 此次 cǐcì | 私自 sīzì |

2. -i[ʅ]：舌尖、后、高、不圆唇元音

发音时，口腔微开，展唇，舌尖上翘，舌尖靠近硬腭前端，与硬腭前端保持适当距离，形成一个窄缝，软腭上升，关闭鼻腔通道，振动声带，让气流从舌尖与硬腭前端间的窄缝中出来。普通话里，单元音韵母-i[ʅ]不能自成音节，只能出现在舌尖后音声母 zh、ch、sh、r 后面。发音时，用普通话念“知”并延长，后面的部分便是-i[ʅ]。

发音练习：

| | | | |
|---|---|---|---|
| 知 zhī | 植 zhí | 止 zhǐ | 治 zhì |
| 吃 chī | 迟 chí | 尺 chǐ | 翅 chì |
| 诗 shī | 时 shí | 史 shǐ | 世 shì |
| 日 rì | | | |
| 纸质 zhǐzhì | 制止 zhìzhǐ | 支持 zhīchí | 智齿 zhìchǐ |
| 指示 zhǐshì | 直视 zhíshì | 值日 zhírì | 迟滞 chízhì |
| 吃食 chīshí | 赤日 chìrì | 食指 shízhǐ | 实质 shízhì |
| 试吃 shìchī | 实施 shíshī | 事实 shìshí | 十日 shírì |

### （三）卷舌单元音韵母

卷舌单元音韵母只有 1 个，就是 er。

er[ɚ]：卷舌，央、中、不圆唇元音。发音时，先将舌头放松，在口腔中处于自然状态，不前不后，不高不低，然后卷起舌尖，靠近硬腭前端，展唇，软腭上升，关闭鼻腔通道，振动声带，让气流直接从口腔中出来。

发音练习：

| | | | |
|---|---|---|---|
| 而 ér | 儿 ér | 耳 ěr | 二 èr |
| 而且 érqiě | 儿童 értóng | 耳朵 ěrduo | 二胡 èrhú |
| 然而 rán'ér | 第二 dì'èr | 幼儿 yòu'ér | 木耳 mù'ěr |

er 是在舌面央中不圆唇元音 e[ə]的基础上加上卷舌动作形成的音，这里的“r”不代表音素，只是一个表示在发 er 时需要加卷舌动作的符号。

## 二、复元音韵母的发音

复元音韵母的发音和单元音韵母不同。单元音韵母发音时，舌位的前后、高低及唇形

的圆展都始终保持不变；复元音韵母在发音过程中口腔的开口度、舌位的前后高低及唇形的圆展是有变化的。例如发“ai”时，口腔逐渐关闭，舌位逐渐抬高，唇形逐渐变扁。这说明“ai”的发音并不是“a”和“i”机械地、简单地相加，而是由一串元音音素复合而成，发音过程中从“a”滑向“i”，中间没有明显的界限。其他复元音韵母的发音也是如此。在训练时，一定要体会“滑动”的感觉。

普通话中的复元音韵母共 13 个，分别是 ai、ei、ao、ou、ia、ie、üe、uo、ua、uai、uei、iao、iou。

由两个元音组成的复元音韵母称为二合复元音韵母，共 9 个，分别是 ai、ei、ao、ou、ia、ie、üe、uo、ua。其中，ai、ei、ao、ou 发音时，口腔都是逐渐变小的，发音前响后轻，被称为前响复元音韵母，ia、ie、üe、uo、ua 发音时，口腔都是逐渐变大的，发音前轻后响，被称为后响复元音韵母。

由三个元音组成的复元音韵母称为三合复元音韵母，共 4 个，分别是 uai、uei、iao、iou。三合复元音韵母发音时，口腔开口度从小逐渐变大再变小，中间元音最响，头尾元音较弱，又叫中响复元音韵母。

### （一）前响复元音韵母的发音

1. ai[ai]

发音时，舌尖抵住下齿背，在比单元音韵母 a[A]略靠前（即 a[a]，本书简称为“前 a”）的位置，舌位逐渐往上抬起，向单元音韵母 i 的位置滑动，口形由大变小，嘴角逐渐向两边展开，在舌位略低于单元音韵母 i 的位置收尾，停止发音。

（1）发音练习：

| | | | |
|---|---|---|---|
| 唉 āi | 塞 sāi | 骸 hái | 籁 lài |
| 债 zhài | 霾 mái | 徘 pái | 摆 bǎi |
| 爱国 àiguó | 傣族 dǎizú | 灾难 zāinàn | 柴火 cháihuo |
| 摇摆 yáobǎi | 承载 chéngzài | 雾霾 wùmái | 生态 shēngtài |
| 皑皑 áiái | 爱戴 àidài | 掰开 bāikāi | 白菜 báicài |
| 灾害 zāihài | 拍卖 pāimài | 彩排 cǎipái | 海带 hǎidài |

（2）绕口令练习：

老蔡受爱戴，老赖爱拆台，老蔡不让老赖拆台，老赖诬赖老蔡无赖，老蔡找老赖摊牌，到底谁爱拆台，谁是无赖。（《老蔡和老赖》）

2. ei[ei]

发音时，舌尖抵住下齿背或下齿齿边，在比单元音韵母 ê[ɛ]略高即 e[e]的位置，舌位逐渐往上抬起，向单元音韵母 i 的位置滑动，口形逐渐变小，嘴角逐渐向两边展开，在舌位略低于单元音韵母 i 的位置收尾，停止发音。

（1）发音练习：

| | | | |
|---|---|---|---|
| 焙 bèi | 裴 péi | 黑 hēi | 痱 fèi |

| | | | |
|---|---|---|---|
| 贼 zéi | 给 gěi | 魅 mèi | 内 nèi |
| 伟大 wěidà | 废黜 fèichù | 逶迤 wēiyí | 绯红 fēihóng |
| 虚伪 xūwěi | 储备 chǔbèi | 媲美 pìměi | 壁垒 bìlěi |
| 贝类 bèilèi | 黑煤 hēiméi | 蓓蕾 bèilěi | 飞贼 fēizéi |
| 肥美 féiměi | 配备 pèibèi | 北非 běifēi | 内配 nèipèi |

(2) 绕口令练习：

发废话会花话费，回废话会费话费，花了话费回废话，费了话费会后悔。(《废话和话费》)

3. ao[au]

发音时，舌头后缩，舌面后部隆起，舌尖接触下齿齿龈后，在比单元音韵母 a[ᴀ]略靠后(即 a[ɑ]，本书简称为“后 a”)的位置，舌位逐渐往上抬起，向单元音韵母 u 的位置滑动，口形由大变小，嘴唇逐渐合拢，在舌位略低于单元音韵母 u 的位置收尾，停止发音。

(1) 发音练习：

| | | | |
|---|---|---|---|
| 坳 ào | 堡 bǎo | 疱 pào | 昴 mǎo |
| 兆 zhào | 悼 dào | 犒 kào | 捎 shāo |
| 拗口 àokǒu | 绦虫 tāochóng | 澳门 àomén | 朝阳 zhāoyáng |
| 枯槁 kūgǎo | 声讨 shēngtǎo | 环保 huánbǎo | 栈道 zhàndào |
| 报告 bàogào | 高考 gāokǎo | 犒劳 kàoláo | 号召 hàozhào |
| 抛锚 pāomáo | 茅草 máocǎo | 逃跑 táopǎo | 昭告 zhāogào |

(2) 绕口令练习：

姥姥有个宝宝，宝宝有位姥姥，姥姥疼爱宝宝，宝宝喜爱姥姥。姥姥天天抱宝宝，宝宝天天亲姥姥，姥姥老，走不好，抱着宝宝摔一跤，跌了姥姥，摔了宝宝，宝宝赶紧扶姥姥，姥姥赶紧抱宝宝。(《姥姥和宝宝》)

4. ou[ou]

发音时，舌头后缩，舌面后部隆起，在比单元音韵母 o 略高、略前的位置(接近中央元音 e[ə])，舌位逐渐后移并往上抬起，向单元音韵母 u 的位置滑动，口形由大变小，嘴唇逐渐合拢，在舌位略低于单元音韵母 u 的位置收尾，停止发音。

(1) 发音练习：

| | | | |
|---|---|---|---|
| 欧 ōu | 抖 dǒu | 篓 lǒu | 寿 shòu |
| 骰 tóu | 叩 kòu | 诹 zōu | 蹂 róu |
| 欧盟 ōuméng | 剖析 pōuxī | 讴歌 ōugē | 奏章 zòuzhāng |
| 胡诌 húzhōu | 神舟 shénzhōu | 海鸥 hǎiōu | 带头 dàitóu |
| 兜售 dōushòu | 豆蔻 dòukòu | 佝偻 gōulóu | 漏斗 lòudǒu |
| 肉粥 ròuzhōu | 偷走 tōuzǒu | 透漏 tòulòu | 守候 shǒuhòu |

(2) 绕口令练习：

小偷年方豆蔻，精神抖擞，小丑背部佝偻，面貌奇丑；小偷偷了小丑来练手，小丑劝说小偷要收手，你说是到底小偷小丑谁更丑？(《小偷和小丑》)

### (二) 后响复元音韵母的发音

1. ia[iA]

发音时，从单元音韵母 i 的位置开始，舌位逐渐降低，低至单元音韵母 ɑ 的位置，停止发音。整个发音过程中，i 音较短，ɑ 音相较而言要长一些。

(1) 发音练习：

| | | | |
|---|---|---|---|
| 牙 yá | 贾 jiǎ | 掐 qiā | 夏 xià |
| 洽 qià | 丫 yā | 狭 xiá | 甲 jiǎ |
| 家人 jiārén | 戛然 jiárán | 下降 xiàjiàng | 压制 yāzhì |
| 华夏 huáxià | 国家 guójiā | 博雅 bóyǎ | 接洽 jiēqià |
| 加价 jiājià | 掐架 qiājià | 恰恰 qiàqià | 下家 xiàjiā |
| 下辖 xiàxiá | 压价 yājià | 加压 jiāyā | 假牙 jiǎyá |

(2) 绕口令练习：

天上飘着一片霞，水上游来一群鸭。霞是五彩霞，鸭是麻花鸭。麻花鸭游进五彩霞，五彩霞挽住麻花鸭。乐坏了鸭，拍碎了霞，分不清是鸭还是霞。(《鸭和霞》)

2. ie[iɛ]

发音时，从单元音韵母 i 的位置开始，舌位逐渐降低，低至单元音韵母 ê 的位置，停止发音。整个发音过程中，i 音较短，ê 音相较而言要长一些。

(1) 发音练习：

| | | | |
|---|---|---|---|
| 冶 yě | 蝶 dié | 帖 tiē | 聂 niè |
| 锲 qiè | 蔑 miè | 揭 jiē | 械 xiè |
| 业绩 yèjì | 孑然 jiérán | 啮齿 nièchǐ | 瞥见 piējiàn |
| 和谐 héxié | 致谢 zhìxiè | 团结 tuánjié | 贞烈 zhēnliè |
| 喋喋 diédié | 结节 jiéjié | 结业 jiéyè | 颞叶 nièyè |
| 贴切 tiēqiè | 歇业 xiēyè | 鞋业 xiéyè | 谢别 xièbié |

(2) 绕口令练习：

姐姐借刀切茄子，去把儿去叶儿斜切丝，切好茄子烧茄子，炒茄子、蒸茄子，还有一碗焖茄子。(《姐姐切茄子》)

3. üe[yɛ]

发音时，从单元音韵母 ü 的位置开始，双唇撮圆，舌位逐渐降低的同时，嘴唇逐渐变开，舌位降低至单元音韵母 ê 的位置，停止发音。整个发音过程中，ü 音较短，ê 音相较而言要长一些。

(1) 发音练习：

| | | | |
|---|---|---|---|
| 约 yuē | 瘸 qué | 厥 jué | 阙 quē |
| 掠 lüè | 撅 juē | 虐 nüè | 月 yuè |
| 跃进 yuèjìn | 绝世 juéshì | 掠夺 lüèduó | 月球 yuèqiú |
| 跨越 kuàyuè | 节约 jiéyuē | 好学 hàoxué | 策略 cèlüè |
| 决绝 juéjué | 绝学 juéxué | 缺口 quēkǒu | 雀跃 quèyuè |
| 雪月 xuěyuè | 约略 yuēlüè | 月缺 yuèquē | 跃跃 yuèyuè |

(2) 绕口令练习：

天上下雪,空中飘雪,地上积雪,小孩滑雪,大人扫雪。屋上是雪,树上是雪,车上是雪,到处都是雪。(《天上下雪,空中飘雪》)

4. uo[uo]

发音时,从单元音韵母 u 的位置开始,舌位逐渐降低,低至单元音韵母 o 的位置,停止发音。整个发音过程中,u 音较短,o 音相较而言要长一些。

(1) 发音练习：

| | | | |
|---|---|---|---|
| 涡 wō | 舵 duò | 懦 nuò | 偌 ruò |
| 裸 luǒ | 廓 kuò | 伙 huǒ | 痤 cuó |
| 国际 guójì | 豁达 huòdá | 措施 cuòshī | 落实 luòshí |
| 生活 shēnghuó | 举措 jǔcuò | 邮戳 yóuchuō | 丰硕 fēngshuò |
| 蹉跎 cuōtuó | 堕落 duòluò | 过错 guòcuò | 阔绰 kuòchuò |
| 落座 luòzuò | 硕果 shuòguǒ | 脱落 tuōluò | 拙作 zhuōzuò |

(2) 绕口令练习：

罗锅背铁锅,铁锅压罗锅。罗锅不背铁锅,铁锅不压罗锅。(《罗锅和铁锅》)

5. ua[uA]

发音时,从单元音韵母 u 的位置开始,舌位逐渐降低,低至单元音韵母 ɑ 的位置,停止发音。整个发音过程中,u 音较短,ɑ 音相较而言要长一些。

(1) 发音练习：

| | | | |
|---|---|---|---|
| 娲 wā | 华 huá | 卦 guà | 挎 kuà |
| 袜 wà | 寡 guǎ | 抓 zhuā | 刷 shuā |
| 华夏 huáxià | 瓜分 guāfēn | 滑翔 huáxiáng | 抓获 zhuāhuò |
| 福娃 fúwá | 绿化 lǜhuà | 国画 guóhuà | 中华 zhōnghuá |
| 刮花 guāhuā | 挂画 guàhuà | 花袜 huāwà | 花滑 huāhuá |
| 哗哗 huāhuā | 夸大 kuādà | 耍滑 shuǎhuá | 娃娃 wáwa |

(2) 绕口令练习：

妈妈挎着花篮去卖花,娃娃穿着花袜去买褂,不料街上流水哗哗直打滑,妈妈扔了花

篮,娃娃湿了花袜,妈妈卖不了花,娃娃买不成褂。(《花、袜、褂》)

### (三) 中响复元音韵母的发音

1. uai[uai]

发音时,从单元音韵母 u 的位置开始,舌位前伸的同时向下降低,滑向前 ɑ 的位置后再向单元音韵母 i 的位置滑动,舌位逐渐抬升,在舌位略低于单元音韵母 i 的位置收尾,停止发音。整个发音过程中,唇形由最开始的合拢状态逐渐张开,在舌位接近前 ɑ 的位置时,嘴角逐渐向两边展开,唇形逐渐转变为不圆唇。

(1) 发音练习:

| | | | |
|---|---|---|---|
| 崴 wǎi | 怀 huái | 拐 guǎi | 揣 chuāi |
| 侩 kuài | 歪 wāi | 淮 huái | 拽 zhuài |
| 坏人 huàirén | 外界 wàijiè | 率领 shuàilǐng | 衰败 shuāibài |
| 坦率 tǎnshuài | 开怀 kāihuái | 徘徊 páihuái | 打拐 dǎguǎi |
| 踹坏 chuàihuài | 怀揣 huáichuāi | 乖乖 guāiguāi | 摔坏 shuāihuài |
| 外拐 wàiguǎi | 外踝 wàihuái | 外快 wàikuài | 拽坏 zhuàihuài |

(2) 绕口令练习:

槐树槐,槐树槐,槐树底下搭戏台,我家姑娘刚刚来,歪着脑袋上戏台。(《槐树槐》)

2. uei[uei]

发音时,从单元音韵母 u 的位置开始,舌位前伸的同时向下降低,滑向 e[e]的位置后再向单元音韵母 i 的位置滑动,舌位逐渐抬升,在舌位略低于单元音韵母 i 的位置收尾,停止发音。整个发音过程中,唇形由最开始的合拢状态逐渐张开,在舌位滑过 e[e]的位置后,嘴角逐渐向两边展开,唇形逐渐转变为不圆唇。

(1) 发音练习:

| | | | |
|---|---|---|---|
| 桅 wéi | 烩 huì | 推 tuī | 蕊 ruǐ |
| 髓 suǐ | 炊 chuī | 兑 duì | 罪 zuì |
| 逶迤 wēiyí | 辉煌 huīhuáng | 璀璨 cuǐcàn | 睿智 ruìzhì |
| 重锤 zhòngchuí | 敏锐 mǐnruì | 行贿 xínghuì | 畏罪 wèizuì |
| 垂危 chuíwēi | 归位 guīwèi | 回馈 huíkuì | 愧对 kuìduì |
| 围嘴 wéizuǐ | 未遂 wèisuì | 畏罪 wèizuì | 追随 zhuīsuí |

(2) 绕口令练习:

梅小卫叫飞毛腿,卫小辉叫风难追。两人参加运动会,百米赛跑快如飞。飞毛腿追风难追,风难追追飞毛腿。梅小卫和卫小辉,最后不知谁胜谁。(《谁胜谁》)

3. iɑo[iɑu]

发音时,从单元音韵母 i 的位置开始,舌位后缩的同时向下降低,滑向后 ɑ 的位置后再向单元音韵母 u 的位置滑动,舌位逐渐抬升,在舌位略低于单元音韵母 u 的位置收尾,停止发音。整个发音过程中，口形由最开始接近闭合状态逐渐张开，在舌位滑过后 a 的位置后，嘴唇逐渐合拢，唇形逐渐转变为圆唇。

（1）发音练习：

| | | | |
|---|---|---|---|
| 翘 qiào | 笑 xiào | 秒 miǎo | 脚 jiǎo |
| 叼 diāo | 撩 liáo | 胶 jiāo | 瞟 piǎo |
| 表率 biǎoshuài | 标杆 biāogān | 教育 jiàoyù | 翘首 qiáoshǒu |
| 铁锹 tiěqiāo | 高校 gāoxiào | 咆哮 páoxiào | 阿胶 ējiāo |
| 标调 biāodiào | 吊桥 diàoqiáo | 叫嚣 jiàoxiāo | 啸叫 xiàojiào |
| 渺小 miǎoxiǎo | 教条 jiàotiáo | 缥缈 piāomiǎo | 调料 tiáoliào |

（2）绕口令练习：

水上漂着一只表，表上落着一只鸟。鸟看表，表瞪鸟，鸟不认识表，表也不认识鸟。（《鸟看表》）

4. iou[iou]

发音时，从单元音韵母 i 的位置开始，舌位后缩的同时向下降低，滑向后半高元音 o[o]略靠前的位置后再向单元音韵母 u 的位置滑动，舌位逐渐抬升，在舌位略低于单元音韵母 u 的位置收尾，停止发音。整个发音过程中，口形由最开始接近闭合状态逐渐张开，在舌位接近央 e 的位置时，嘴唇逐渐合拢，唇形逐渐转变为圆唇。

（1）发音练习：

| | | | |
|---|---|---|---|
| 呦 yōu | 丢 diū | 绣 xiù | 丘 qiū |
| 救 jiù | 谬 miù | 牛 niú | 揪 jiū |
| 优秀 yōuxiù | 忧国 yōuguó | 修炼 xiūliàn | 纠正 jiūzhèng |
| 善诱 shànyòu | 荒谬 huāngmiù | 解救 jiějiù | 清秀 qīngxiù |
| 丢球 diūqiú | 旧友 jiùyǒu | 琉球 Liúqiú | 秋游 qiūyóu |
| 求救 qiújiù | 绣球 xiùqiú | 优秀 yōuxiù | 悠久 yōujiǔ |

（2）绕口令练习：

一葫芦酒，九两六。一葫芦油，六两九。六两九的油，要换九两六的酒，九两六的酒，不换六两九的油。（《酒换油》）

## 三、带鼻音韵母的发音

带鼻音韵母是由元音和后面的鼻辅音构成的韵母。普通话韵母中元音能带的鼻辅音只有 n 或 ng。元音带鼻辅音 n 的韵母称为前鼻音韵母，共 8 个，分别是 an、en、in、ün、ian、uan、uen、üan；元音带鼻辅音 ng 的韵母称为后鼻音韵母，共 8 个，分别是 ang、eng、ing、ong、iang、uang、ueng、iong。

带鼻音韵母的发音同复元音韵母的发音一样，是舌位在口腔中移动的变化结果，元音与鼻辅音之间同样没有明显的界限；不同的是，复元音韵母发音的整个过程中气流均不受阻，而带鼻音韵母发音时，由元音的发音状态向鼻辅音过渡，收鼻音韵尾时，发音部位闭塞，气流在口腔中受阻，从鼻腔中透出。韵尾的 n 或 ng 辅音，在除阻期不发音，形成唯闭音。在发音时，体会“收尾”的感觉，才能正确发出前后鼻韵母。

### (一) 前鼻音韵母的发音

1. an[an]

发音时，从前 a 的位置开始，舌尖抵住下齿背，接着舌面上升，使舌面前部抵住硬腭前部，形成阻碍，同时打开鼻腔通道，发鼻音 n，使气流从鼻腔中透出。

(1) 发音练习：

| | | | |
|---|---|---|---|
| 庵 ān | 扳 bān | 惮 dàn | 潭 tán |
| 畔 pàn | 杆 gān | 盏 zhǎn | 颔 hàn |
| 滥伐 lànfá | 褴褛 lánlǚ | 案头 àntóu | 按捺 ànnà |
| 低碳 dītàn | 回甘 huígān | 美满 měimǎn | 艰难 jiānnán |
| 翻盘 fānpán | 肝胆 gāndǎn | 邯郸 Hándān | 阑珊 lánshān |
| 谈判 tánpàn | 烂漫 lànmàn | 赞叹 zàntàn | 湛蓝 zhànlán |

(2) 绕口令练习：

半担炭，半瓣蒜，半担炭换半瓣蒜，半瓣蒜换半担炭。(《半瓣蒜，半担碳》)

2. en[ən]

发音时，从中央元音 e[ə]的位置开始，舌位处于口腔中间位置，舌面随即上升，使舌面前部抵住硬腭前部，形成阻碍，同时打开鼻腔通道，发鼻音 n，使气流从鼻腔中透出。

(1) 发音练习：

| | | | |
|---|---|---|---|
| 恩 ēn | 笨 bèn | 嫩 nèn | 忍 rěn |
| 氛 fēn | 箴 zhēn | 痕 hén | 审 shěn |
| 本领 běnlǐng | 奋斗 fèndòu | 真谛 zhēndì | 深化 shēnhuà |
| 勤奋 qínfèn | 投奔 tóubèn | 容忍 róngrěn | 政审 zhèngshěn |
| 愤恨 fènhèn | 愤懑 fènmèn | 根本 gēnběn | 门诊 ménzhěn |
| 认真 rènzhēn | 妊娠 rènshēn | 身份 shēnfèn | 深沉 shēnchén |

(2) 绕口令练习：

小陈去卖针，小沈去卖盆。俩人挑着担，一起出了门。小陈喊卖针，小沈喊卖盆。也不知是谁卖针，也不知是谁卖盆。(《小陈和小沈》)

3. in[in]

发音时，从单元音韵母 i 的位置开始，舌尖抵住下齿背，舌面抬起接近硬腭，唇扁，随即舌面上升，使舌面前部抵住硬腭前部，形成阻碍，同时打开鼻腔通道，发鼻音 n，使气流从鼻腔中透出。

（1）发音练习：

| | | | |
|---|---|---|---|
| 鬓 bìn | 浸 jìn | 林 lín | 囟 xìn |
| 亲 qīn | 闵 mǐn | 您 nín | 聘 pìn |
| 引领 yǐnlǐng | 信仰 xìnyǎng | 民族 mínzú | 贫穷 pínqióng |
| 人民 rénmín | 迎宾 yíngbīn | 握紧 wòjǐn | 悲悯 bēimǐn |
| 濒临 bīnlín | 尽心 jìnxīn | 临近 línjìn | 林荫 línyīn |
| 新品 xīnpǐn | 亲信 qīnxìn | 姻亲 yīnqīn | 辛勤 xīnqín |

（2）绕口令练习：

小欣小琴是近邻，二人一起学拼音，小欣民心写明星，小琴明星写民心，二人前后鼻不分，通过音频学发音。（《小欣小琴学拼音》）

4. ün[yn]

发音时，从单元音韵母 ü 的位置开始，舌尖抵住下齿背，舌面抬起接近硬腭，唇形撮圆，随即舌面上升，使舌面前部抵住硬腭前部，形成阻碍，同时打开鼻腔通道，发鼻音 n，使气流从鼻腔中透出。

（1）发音练习：

| | | | |
|---|---|---|---|
| 骏 jùn | 询 xún | 韵 yùn | 裙 qún |
| 孕 yùn | 群 qún | 循 xún | 钧 jūn |
| 循环 xúnhuán | 蕴藏 yùncáng | 晕车 yùnchē | 军队 jūnduì |
| 党群 dǎngqún | 春运 chūnyùn | 红军 hóngjūn | 意蕴 yìyùn |
| 军训 jūnxùn | 均匀 jūnyún | 菌群 jūnqún | 逡巡 qūnxún |

（2）绕口令练习：

军军去参军，云云去寻菌，军军立志当将军，云云立志找到菌。（《军军和云云》）

5. ian[iɛn]

发音时，从单元音韵母 i 的位置开始，舌位降低，到达单元音韵母 ê[ɛ]的位置后升高，直到舌面前部抵住硬腭前部，形成阻碍，同时打开鼻腔通道，发鼻音 n，使气流从鼻腔中透出。

（1）发音练习：

| | | | |
|---|---|---|---|
| 拈 niān | 廿 niàn | 筵 yán | 舔 tiǎn |
| 坚 jiān | 前 qián | 殓 liàn | 冼 xiǎn |
| 坚守 jiānshǒu | 践行 jiànxíng | 现代 xiàndài | 险滩 xiǎntān |
| 化纤 huàxiān | 风险 fēngxiǎn | 奉献 fèngxiàn | 实践 shíjiàn |
| 编年 biānnián | 便笺 biànjiān | 癫痫 diānxián | 惦念 diànniàn |
| 艰险 jiānxiǎn | 连绵 liánmián | 前沿 qiányán | 颜面 yánmiàn |

（2）绕口令练习：

天连水，水连天，水天无边波涟涟，蓝蓝的天似绿水，绿绿的水似蓝天，到底是天连水，

还是水连天？（《天连水》）

6. uan[uan]

发音时，从单元音韵母 u 的位置开始，口形迅速从闭拢状态打开，舌位向前伸的同时下降，舌位达到前 a 的位置后升高，直到舌面前部抵住硬腭前部，形成阻碍，同时打开鼻腔通道，发鼻音 n，使气流从鼻腔中透出。

（1）发音练习：

| | | | |
|---|---|---|---|
| 髋 kuān | 豢 huàn | 冠 guān | 阮 ruǎn |
| 湍 tuān | 攥 zuàn | 锻 duàn | 椽 chuán |
| 环境 huánjìng | 顽强 wánqiáng | 挽救 wǎnjiù | 焕发 huànfā |
| 呼唤 hūhuàn | 置换 zhìhuàn | 欠款 qiànkuǎn | 高官 gāoguān |
| 传唤 chuánhuàn | 官宦 guānhuàn | 贯穿 guànchuān | 还款 huánkuǎn |
| 换算 huànsuàn | 乱传 luànchuán | 乱窜 luàncuàn | 专断 zhuānduàn |

（2）绕口令练习：

一楼住着管得宽，二楼住着宽不管。宽不管乱倒垃圾一大片，还说弄脏楼道他不管。管得宽要管宽不管，宽不管不让管得宽管，管得宽说我非要管管宽不管。（《管得宽与宽不管》）

7. uen[uən]

发音时，从单元音韵母 u 的位置开始，舌位向前伸的同时下降，舌位达到中央元音 e[ə]的位置后升高，直到舌面前部抵住硬腭前部，形成阻碍，同时打开鼻腔通道，发鼻音 n，使气流从鼻腔中透出。

（1）发音练习：

| | | | |
|---|---|---|---|
| 遁 dùn | 吞 tūn | 汶 wèn | 轮 lún |
| 榫 sǔn | 坤 kūn | 谆 zhūn | 蠢 chǔn |
| 浑水 húnshuǐ | 汶川 Wènchuān | 晕圈 yùnquān | 论述 lùnshù |
| 议论 yìlùn | 温州 Wēnzhōu | 邮轮 yóulún | 贫困 pínkùn |
| 春笋 chūnsǔn | 馄饨 húntun | 混沌 hùndùn | 昆仑 Kūnlún |
| 困顿 kùndùn | 论文 lùnwén | 温顺 wēnshùn | 谆谆 zhūnzhūn |

（2）绕口令练习：

温温包馄饨，文文写论文，温温放下手中的馄饨帮文文写论文，文文放下手中的论文帮温温包馄饨。（《温温包馄饨，文文写论文》）

8. üan[yan]（[yæn]）①

发音时，从单元音韵母 ü 的位置开始，口形迅速从撮圆状态打开，舌位向前伸的同时下降至较前 a 略高、略前的位置（舌面前次高位[æ]）后升高，直到舌面前部抵住硬腭前

① üan 的主要元音为 a[a]，受到前面 ü 和后面 n 的影响，实际发音中舌位略高、略前于 a[a]的发音位置。

部，形成阻碍，同时打开鼻腔通道，发鼻音 n，使气流从鼻腔中透出。

（1）发音练习：

| | | | |
|---|---|---|---|
| 券 quàn | 卷 juàn | 援 yuán | 选 xuǎn |
| 漩 xuán | 垣 yuán | 圈 quān | 鹃 juān |
| 远航 yuǎnháng | 眷顾 juàngù | 绚丽 xuànlì | 蜷缩 quánsuō |
| 长远 chángyuǎn | 深渊 shēnyuān | 受捐 shòujuān | 团圆 tuányuán |
| 涓涓 juānjuān | 全权 quánquán | 全员 quányuán | 渊源 yuānyuán |
| 轩辕 xuānyuán | 拳拳 quánquán | 圆圈 yuánquān | 源泉 yuánquán |

（2）绕口令练习：

圆圈圆，圈圆圈，圆圆娟娟画圆圈。圆圆画的圈连圈，娟娟画的圈套圈。圆圆娟娟比圆圈，看看谁的圆圈圆。（《圆圈》）

### （二）后鼻音韵母的发音

1. ang[ɑŋ]

发音时，从后 ɑ 的位置开始，发 ɑ[ɑ]后，舌体后缩，舌尖接触下齿齿龈靠后的位置，接着舌面后部升高，软腭逐渐下降，舌面后顶住软腭，形成阻碍，同时打开鼻腔通道，发鼻音 ng，使气流从鼻腔中透出。

（1）发音练习：

| | | | |
|---|---|---|---|
| 骯 āng | 挡 dǎng | 棠 táng | 馕 náng |
| 郎 láng | 夯 hāng | 仗 zhàng | 晌 shǎng |
| 党徽 dǎnghuī | 帮助 bāngzhù | 昂首 ángshǒu | 邦国 bāngguó |
| 华章 huázhāng | 国防 guófáng | 打仗 dǎzhàng | 入党 rùdǎng |
| 帮忙 bāngmáng | 苍茫 cāngmáng | 沧桑 cāngsāng | 商场 shāngchǎng |
| 螳螂 tángláng | 烫伤 tàngshāng | 长廊 chángláng | 上当 shàngdàng |

（2）绕口令练习：

老张说老王胖，老王说老张脏。胖老王嫌脏老张脏，脏老张笑胖老王胖。（《老张说老王胖》）

2. eng[əŋ]

发音时，从中央元音 e[ə]的位置开始，舌位处于口腔中间位置，发 e[ə]后，舌面随即上升，软腭逐渐下降，使舌面后部顶住软腭，形成阻碍，同时打开鼻腔通道，发鼻音 ng，使气流从鼻腔中透出。

（1）发音练习：

| | | | |
|---|---|---|---|
| 惩 chéng | 锋 fēng | 能 néng | 声 shēng |
| 氓 méng | 等 děng | 梗 gěng | 症 zhèng |
| 正茂 zhèngmào | 峰会 fēnghuì | 升华 shēnghuá | 奉献 fèngxiàn |

| | | | |
|---|---|---|---|
| 支撑 zhīchēng | 先锋 xiānfēng | 辩证 biànzhèng | 长征 chángzhēng |
| 丰盛 fēngshèng | 奉承 fèngchéng | 更正 gēngzhèng | 萌生 méngshēng |
| 逞能 chěngnéng | 升腾 shēngténg | 生成 shēngchéng | 争锋 zhēngfēng |

(2) 绕口令练习：

老郑在省城放风筝，小郑进省城买风筝，老郑看到小郑买风筝进省城，小郑看到老郑在省城放风筝，二人省城一起放风筝。(《老郑和小郑放风筝》)

3. ing[iŋ]

发音时，从单元音韵母 i 的位置开始，发 i 后，舌头后缩，软腭逐渐下降，舌面后部拱起，顶住软腭，形成阻碍，同时打开鼻腔通道，发鼻音 ng，使气流从鼻腔中透出。

(1) 发音练习：

| | | | |
|---|---|---|---|
| 英 yīng | 饼 bǐng | 凭 píng | 铭 míng |
| 锭 dìng | 听 tīng | 令 lìng | 轻 qīng |
| 灵魂 línghún | 敬意 jìngyì | 青春 qīngchūn | 禀赋 bǐngfù |
| 尊敬 zūnjìng | 带领 dàilǐng | 平静 píngjìng | 友情 yǒuqíng |
| 叮咛 dīngníng | 定型 dìngxíng | 命名 mìngmíng | 平静 píngjìng |
| 惊醒 jīngxǐng | 晶莹 jīngyíng | 倾听 qīngtīng | 情景 qíngjǐng |

(2) 绕口令练习：

小庆和小静，一起来擦镜。小静说小庆擦得净，小庆说小静擦得净。镜子越擦越干净，乐坏了小庆和小静。(《小庆和小静擦镜》)

4. ong[uŋ]([ʊŋ])

发音时，从略低于单元音韵母 u 的位置(舌面后近高圆唇元音[ʊ])开始，圆唇程度略低于 u，发[ʊ]音后，舌面后部升高，软腭逐渐下降，舌面后部接触软腭，形成阻碍，同时打开鼻腔通道，发鼻音 ng，使气流从鼻腔中透出。

(1) 发音练习：

| | | | |
|---|---|---|---|
| 栋 dòng | 冗 rǒng | 工 gōng | 仲 zhòng |
| 彤 tóng | 烘 hōng | 箜 kōng | 拢 lǒng |
| 弘扬 hóngyáng | 攻关 gōngguān | 躬行 gōngxíng | 孔孟 kǒngmèng |
| 建功 jiàngōng | 拉拢 lālǒng | 人工 réngōng | 包容 bāoróng |
| 动工 dònggōng | 轰动 hōngdòng | 空中 kōngzhōng | 工农 gōngnóng |
| 隆冬 lóngdōng | 隆重 lóngzhòng | 弄懂 nòngdǒng | 中空 zhōngkōng |

(2) 绕口令练习：

东院想栽葱，西院想栽松。东院说栽松不如栽葱，西院说栽葱不如栽松。到底是栽松不如栽葱，还是栽葱不如栽松。(《葱和松》)

5. iang[iɑŋ]

发音时，从单元音韵母 i 的位置开始，发 i 后，舌位后缩的同时下降，降至后 ɑ 的位置后，舌体继续后缩，软腭下降，舌面后部升高，舌面后顶住软腭，形成阻碍，同时打开鼻腔通道，发鼻音 ng，使气流从鼻腔中透出。

（1）发音练习：

| | | | |
|---|---|---|---|
| 炀 yáng | 酿 niàng | 祥 xiáng | 姜 jiāng |
| 两 liǎng | 襄 xiāng | 抢 qiǎng | 梁 liáng |
| 强国 qiángguó | 匠心 jiàngxīn | 奖励 jiǎnglì | 粮食 liángshi |
| 弘扬 hóngyáng | 梦想 mèngxiǎng | 富强 fùqiáng | 榜样 bǎngyàng |
| 酱香 jiàngxiāng | 良将 liángjiàng | 踉跄 liàngqiàng | 强将 qiángjiàng |
| 枪响 qiāngxiǎng | 向量 xiàngliàng | 向阳 xiàngyáng | 洋相 yángxiàng |

（2）绕口令练习：

梁家养了一群羊，蒋家竖起一面墙，梁家的羊撞倒了蒋家的墙，蒋家的墙压伤了梁家的羊，梁家让蒋家赔羊，蒋家让梁家垛墙。(《梁家养了一群羊》)

6. uang[uɑŋ]

发音时，从单元音韵母 u 的位置开始，发 u 后，舌位下降至后 ɑ 的位置后，舌体继续后缩，软腭下降，舌面后部升高顶住软腭，形成阻碍，同时打开鼻腔通道，发鼻音 ng，使气流从鼻腔中透出。

（1）发音练习：

| | | | |
|---|---|---|---|
| 妄 wàng | 诓 kuāng | 慌 huāng | 怆 chuàng |
| 幢 zhuàng | 闯 chuǎng | 惘 wǎng | 诳 kuáng |
| 闯关 chuǎngguān | 创新 chuàngxīn | 光荣 guāngróng | 黄土 huángtǔ |
| 茁壮 zhuózhuàng | 期望 qīwàng | 猖狂 chāngkuáng | 悲怆 bēichuàng |
| 窗框 chuāngkuàng | 矿床 kuàngchuáng | 狂妄 kuángwàng | 双簧 shuānghuáng |
| 状况 zhuàngkuàng | 网状 wǎngzhuàng | 黄光 huángguāng | 装潢 zhuānghuáng |

（2）绕口令练习：

王庄卖筐，匡庄卖网，王庄卖筐不卖网，匡庄卖网不卖筐，你要买筐别去匡庄去王庄，你要买网别去王庄去匡庄。(《王庄和匡庄》)

7. ueng[uəŋ]

发音时，从单元音韵母 u 的位置开始，发 u 后，舌头向前滑至中央元音 e[ə]的位置，舌面后部升高，软腭下降，舌面后部顶住软腭，形成阻碍，同时打开鼻腔通道，发鼻音 ng，使气流从鼻腔中透出。

（1）发音练习：

| | | | |
|---|---|---|---|
| 翁 wēng | 嗡 wēng | 蓊 wěng | 瓮 wèng |
| 翁婿 wēngxù | 蓊郁 wěngyù | 瓮城 wèngchéng | 蕹菜 wèngcài |
| 请君入瓮 qǐngjūn-rùwèng | | 瓮中捉鳖 wèngzhōng-zhuōbiē | |

(2) 绕口令练习：

李老翁买瓮，张老翁卖瓮。李老翁不买张老翁的瓮，张老翁非得李老翁买他的瓮。(《老翁买瓮》)

8. iong[yŋ]

发音时，从单元音韵母 ü 的位置开始，嘴唇撮圆，发 ü 后，舌头后缩，软腭下降，舌面后部拱起，顶住软腭，形成阻碍，同时打开鼻腔通道，发鼻音 ng，使气流从鼻腔中透出。

(1) 发音练习：

| | | | |
|---|---|---|---|
| 永 yǒng | 熊 xióng | 炅 jiǒng | 穹 qióng |
| 邛 qióng | 匈 xiōng | 泳 yǒng | 窘 jiǒng |
| 凶手 xiōngshǒu | 胸怀 xiōnghuái | 永恒 yǒnghéng | 勇敢 yǒnggǎn |
| 附庸 fùyōng | 雌雄 cíxióng | 作俑 zuòyǒng | 喷涌 pēnyǒng |
| 炯炯 jiǒngjiǒng | 汹涌 xiōngyǒng | 熊熊 xióngxióng | 汹汹 xiōngxiōng |

(2) 绕口令练习：

小涌勇敢学游泳，勇敢游泳是英雄，英雄游泳都勇敢，学好游泳当英雄。(《小涌学游泳》)

# 第三节　易错韵母的辨正

## 一、分辨韵母 in 和 ing

在四川方言中，没有韵母 ing，普通话中的韵母 ing 普遍被读成 in，需要对韵母 in 和 ing 进行辨音。在发前鼻音 in 时，舌头平放，舌尖一定要做出抵住上齿龈的动作。如果没有收尾的动作，字音往往不够完整。发后鼻音 ing 时，舌头后缩，舌根抵住软腭，堵住口鼻之间的通道，使气流只能从鼻腔出来，避免发出鼻化音。

### (一) 辨音要点

记住代表字，利用代表字进行类推。例如：

1. 以“宾”为代表的字的韵母基本念 in

| | | | |
|---|---|---|---|
| 宾 bīn | 滨 bīn | 缤 bīn | 槟 bīn |
| | 镔 bīn | 殡 bìn | 鬓 bìn |

2. 以“令”为代表的字的韵母基本念 ing

| | | | |
|---|---|---|---|
| 令 lìng | 伶 líng | 泠 líng | 玲 líng |
| | 龄 líng | 苓 líng | 岭 lǐng |

| | | |
|---|---|---|
| 领 lǐng | 囹 líng | 零 líng |
| （拎 līn） | （邻 lín） | |

### （二）对比发音练习

1. in—ing 对比练习

| | | | |
|---|---|---|---|
| 宾—冰 | 您—宁 | 信—姓 | 贫—凭 |
| 今—惊 | 临—零 | 民—明 | 亲—轻 |
| 人民—人名 | 铭心—明星 | 金银—晶莹 | 弹琴—谈情 |
| 信服—幸福 | 频繁—平凡 | 亲信—轻信 | 金质—精致 |

2. 双音节对比练习

| | | | |
|---|---|---|---|
| 尽情 jìnqíng | 进行 jìnxíng | 近景 jìnjǐng | 新型 xīnxíng |
| 临行 línxíng | 民兵 mínbīng | 拼命 pīnmìng | 品茗 pǐnmíng |
| 钦定 qīndìng | 心境 xīnjìng | 心情 xīnqíng | 谨请 jǐnqǐng |
| 冰心 bīngxīn | 定金 dìngjīn | 灵敏 língmǐn | 陵寝 língqǐn |
| 领巾 lǐngjīn | 青筋 qīngjīn | 倾心 qīngxīn | 清贫 qīngpín |
| 清新 qīngxīn | 听信 tīngxìn | 迎宾 yíngbīn | 应聘 yìngpìn |

### （三）绕口令练习

小青和小琴，小琴手很勤，小青人很精，手勤人精，琴勤青精。你是学小琴还是学小青？（《小青和小琴》）

同姓不能说成通信，通信不能说成同姓。同姓可以互相通信，通信并不一定是同姓。（《同姓与通信》）

## 二、分辨韵母 eng 和 en、ong

在四川方言中，大部分地区没有韵母 eng，普通话中的韵母 eng 普遍被读成 en，还有部分地区读成 ong，需要对韵母 en 和 eng 进行辨音。

### （一）辨音要点

1. 记住代表字，利用代表字进行类推

（1）以“珍”为代表的字的韵母基本念 en，如：

| | | | |
|---|---|---|---|
| 珍 zhēn | 诊 zhěn | 胗 zhēn | 轸 zhěn |
| | 疹 zhěn | 趁 chèn | |

（2）以“曾”为代表的字的韵母基本念 eng，如：

| | | | |
|---|---|---|---|
| 曾 zēng/céng | 增 zēng | 赠 zèng | 憎 zēng |

蹭 cèng　　　　僧 sēng

2. 利用普通话声韵配合规律类推

四川地区将 eng 念成 ong 的，主要是在韵母 eng 与声母 b、p、m、f 相拼的音节中，如蹦、泵、碰、捧、梦、猛、封、缝等。

需要记住的是，在普通话语音系统中，声母 b、p、m、f 能与韵母 eng 相拼，但不能和 ong 相拼。

### （二）对比发音练习

1. en—eng 对比练习

| | | | |
|---|---|---|---|
| 奔—崩 | 真—争 | 人—仍 | 根—耕 |
| 绅—声 | 沉—成 | 粉—讽 | 盆—朋 |
| 深入—升入 | 陈旧—成就 | 清真—清蒸 | 诊治—整治 |
| 人参—人生 | 长针—长征 | 终身—终生 | 木盆—木棚 |

2. 双音节对比练习

| | | | |
|---|---|---|---|
| 奔腾 bēnténg | 分封 fēnfēng | 纷争 fēnzhēng | 跟风 gēnfēng |
| 人称 rénchēng | 人生 rénshēng | 深层 shēncéng | 神灯 shéndēng |
| 神圣 shénshèng | 真诚 zhēnchéng | 真正 zhēnzhèng | 本能 běnnéng |
| 成本 chéngběn | 诚恳 chéngkěn | 承认 chéngrèn | 登门 dēngmén |
| 风尘 fēngchén | 生分 shēngfen | 生根 shēnggēn | 征文 zhēngwén |
| 缝纫 féngrèn | 正门 zhèngmén | 证人 zhèngrén | 政审 zhèngshěn |

3. eng—ong 对比练习

| | | | |
|---|---|---|---|
| 横冲 héngchōng | 丰功 fēnggōng | 封冻 fēngdòng | 耕种 gēngzhòng |
| 生动 shēngdòng | 坑洞 kēngdòng | 朦胧 ménglóng | 灯笼 dēnglong |
| 洪峰 hóngfēng | 动能 dòngnéng | 功能 gōngnéng | 荣登 róngdēng |
| 同等 tóngděng | 重逢 chóngféng | 农耕 nónggēng | 总称 zǒngchēng |

### （三）绕口令练习

天上一个盆，地下一个棚，盆碰棚，棚碰盆，棚倒了，盆碎了，是棚赔盆，还是盆赔棚？（《盆与棚》）

姓陈不能说成姓程，姓程不能说成姓陈。禾木是程，耳东是陈。如果陈程不分，就会认错人。（《姓陈和姓程》）

峰上风吹蜂会飞，峰上风，峰下枫。峰上风吹蜂会飞，峰下枫挡峰上风。（《峰上风吹蜂会飞》）

## 三、分辨韵母 an、ian、uan 和 ang、iang、uang

四川有一部分地区将韵母 an、ian、uan 分别与 ang、iang、uang 相混淆，需要对韵母 an、ian、uan 和 ang、iang、uang 进行辨音。

### （一）辨音要点

记住韵母 ang、iang、uang 的代表字，利用代表字进行类推。例如：

1. 以“旁”为代表的字的韵母基本念 ang

旁 páng　榜 bǎng　傍 bàng　镑 bàng
谤 bàng　磅$_{\text{秤}}$ bàng　磅$_{\text{礴}}$ páng

2. 以“羊”为代表的字的韵母基本念 iang

羊 yáng　样 yàng　洋 yáng　痒 yǎng
氧 yǎng　样 yàng　佯 yáng

3. 以“广”为代表的字的韵母基本念 uang

广 guǎng　床 chuáng　矿 kuàng　邝 kuàng
犷 guǎng　旷 kuàng

### （二）对比发音练习

半糖 bàntáng　半场 bànchǎng　伴郎 bànláng　担当 dāndāng
南方 nánfāng　叛党 pàndǎng　傍晚 bàngwǎn　防弹 fángdàn
防范 fángfàn　航班 hángbān　浪漫 làngmàn　茫然 mángrán

### （三）绕口令练习

老唐端蛋汤，踏凳登宝塔，只因凳太滑，汤洒汤烫塔。（《汤烫塔》）
这是蚕，那是蝉，蚕常在叶里藏，蝉常在林里唱。（《蚕与蝉》）

## 四、分辨韵母 er 和 e

区分韵母 er 和 e，可以从以下几个方面进行：

### （一）辨音要点

韵母 er 是普通话语音系统中唯一的一个卷舌元音韵母，发音时，舌头一定要卷，且一定要卷到位置，舌头在口腔中部位置，舌尖卷起靠近硬腭前端；发韵母 e[ɤ]时，舌位半高，舌头后缩，双唇自然展开，气流从口腔中通过。

### （二）对比发音练习

尔雅 ěryǎ　洱海 ěrhǎi　鱼饵 yú'ěr　木耳 mù'ěr
恶化 èhuà　讹诈 ézhà　额度 édù　天鹅 tiān'é
儿科 érkē　耳科 ěrkē　儿歌 érgē　二哥 èrgē

### （三）绕口令练习

二叔儿子拉二胡，二姨女儿练儿歌，儿歌练了十二天，二胡拉了二十年，二舅听了二胡拍拍手，二姑听了儿歌点点头，也不知道是儿歌练了二十天好听，还是二胡拉了二十年悦耳。（《二胡与儿歌》）

## 课外链接

除声母可以进行偏旁类推之外，韵母也可以。例如，"青"是一个后鼻音韵母的字，那么像"清、晴、请、精、菁"等以"青"作为声旁的字，也是后鼻音韵母。

本章我们学完了韵母的所有内容，现将常见易混音节的声旁类推表附上，方便记忆练习。

### 一、韵母 in—ing 代表字类推表(表 4－1、表 4－2)

表 4－1　韵母 in 代表字声旁类推表

| | | | | | | |
|---|---|---|---|---|---|---|
| 宾 bīn | 傧 bīn<br>嫔 pín | 滨 bīn | 缤 bīn | 摈 bìn | 殡 bìn | 鬓 bìn |
| 今 jīn | 衿 jīn | 矜 jīn | 妗 jìn | 衾 qīn | 琴 qín | 吟 yín |
| 斤 jīn | 近 jìn<br>新 xīn | 靳 jìn<br>薪 xīn | 芹 qín | 忻 xīn | 昕 xīn | 欣 xīn |
| 尽兴 jìn | 烬 jìn | 尽管 jǐn | | | | |
| 堇 jǐn | 谨 jǐn | 馑 jǐn | 槿 jǐn | 觐 jìn | 勤 qín | 鄞 yín |
| 禁止 jìn | 禁受 jīn | 襟 jīn | 噤 jìn | | | |
| 林 lín | 淋 lín | 琳 lín | 霖 lín | | | |
| 粼 lín | 嶙 lín | 遴 lín | 辚 lín | 磷 lín | 鳞 lín | 麟 lín |
| 凛 lǐn | 廪 lǐn | 檩 lǐn | | | | |
| 民 mín | 泯 mǐn | 岷 mín | 抿 mǐn | | | |
| 闵 mǐn | 悯 mǐn | | | | | |
| 侵 qīn | 寝 qǐn | 浸 jìn | | | | |

续　表

| | | | | |
|---|---|---|---|---|
| 禽 qín | 擒 qín | 噙 qín | | |
| 心 xīn | 芯 xīn | 沁 qìn | | |
| 辛 xīn | 锌 xīn | | | |
| 因 yīn | 茵 yīn | 姻 yīn | 洇 yīn | 氤 yīn |
| 阴 yīn | 荫 yīn | | | |
| 银 yín | 垠 yín | 龈 yín | | |
| 引 yǐn | 蚓 yǐn | | | |
| 隐 yǐn | 瘾 yǐn | | | |

**表 4－2　韵母 ing 代表字声旁类推表**

| | | | | | | |
|---|---|---|---|---|---|---|
| 丙 bǐng | 柄 bǐng | 炳 bǐng | 病 bìng | | | |
| 并 bìng | 饼 bǐng | 屏 píng | 瓶 píng | | | |
| 丁 dīng | 仃 dīng<br>钉东西 dìng | 盯 dīng<br>厅 tīng | 钉子 dīng<br>汀 tīng | 酊 dīng | 顶 dǐng | 订 dìng |
| 定 dìng | 腚 dìng | 碇 dìng | 锭 dìng | | | |
| 京 jīng | 惊 jīng | 鲸 jīng | 黥 qíng | | | |
| 茎 jīng | 泾 jīng<br>氢 qīng | 经 jīng<br>轻 qīng | 刭 jǐng | 颈 jǐng | 径 jìng | 胫 jìng |
| 景 jǐng | 憬 jǐng | 影 yǐng | | | | |
| 竟 jìng | 境 jìng | 镜 jìng | | | | |
| 敬 jìng | 儆 jǐng | 警 jǐng | 擎 qíng | | | |
| 凌 líng | 陵 líng | 菱 líng | | | | |
| 令 lìng | 伶 líng<br>铃 líng | 囹 líng<br>羚 líng | 泠 líng<br>零 líng | 苓 líng<br>零 líng | 柃 líng<br>龄 líng | 铃 líng<br>领 lǐng |
| 名 míng | 茗 míng | 铭 míng | 酩 mǐng | | | |
| 冥 míng | 溟 míng | 暝 míng | 螟 míng | | | |
| 安宁 níng | 咛 níng<br>泞 nìng | 拧扯 níng<br>宁可 nìng | 狞 níng | 柠 níng | 拧不过 nǐng | 性子拧 nìng |

续　表

| 平 píng | 评 píng | 坪 píng | 苹 píng | 萍 píng | | |
|---|---|---|---|---|---|---|
| 青 qīng | 清 qīng<br>蜻 qīng | 菁 jīng<br>情 qíng | 睛 jīng<br>晴 qíng | 精 jīng<br>请 qǐng | 靖 jìng | 静 jìng |
| 廷 tíng | 庭 tíng | 蜓 tíng | 霆 tíng | 挺 tǐng | 艇 tǐng | |
| 亭 tíng | 停 tíng | 婷 tíng | | | | |
| 星 xīng | 猩 xīng | 腥 xīng | 醒 xǐng | | | |
| 刑 xíng | 邢 xíng | 形 xíng | 型 xíng | 荆 jīng | | |
| 英 yīng | 瑛 yīng | | | | | |
| 婴 yīng | 樱 yīng | 嘤 yīng | 缨 yīng | 罂 yīng | 鹦 yīng | |

## 二、韵母 en—eng—ong 代表字类推表(表 4 - 3、表 4 - 4、表 4 - 5)

**表 4 - 3　韵母 en 代表字声旁类推表**

| 贲 bēn | 奔 bēn | 愤 fèn | 喷(泉) pēn | 喷(香) pèn | | |
|---|---|---|---|---|---|---|
| 本 běn | 苯 běn | 笨 bèn | | | | |
| 参(差) cēn | 碜 chěn | (人)参 shēn | 渗 shèn | | | |
| 辰 chén | 宸 chén<br>震 zhèn | 晨 chén | 娠 shēn | 蜃 shèn | 振 zhèn | 赈 zhèn |
| 恩 ēn | 摁 èn | | | | | |
| 分 fēn | 芬 fēn<br>粉 fěn | 吩 fēn<br>份 fèn | 纷 fēn<br>忿 fèn | 氛 fēn<br>盆 pén | 酚 fēn | 汾 fén |
| 艮 gěn | 根 gēn<br>恨 hèn | 跟 gēn<br>垦 kěn | 哏 gén<br>恳 kěn | 痕 hén | 很 hěn | 狠 hěn |
| 肯 kěn | 啃 kěn | | | | | |
| 门 mén | 扪 mén | | | | | |
| (苦)闷 mèn | 闷(热) mēn | 焖 mèn | | | | |
| 壬 rén | 荏 rěn | 任 rèn | 饪 rèn | 妊 rèn | 衽 rèn | |
| 刃 rèn | 忍 rěn | 仞 rèn | 纫 rèn | 韧 rèn | 轫 rèn | |
| 申 shēn | 抻 chēn<br>审 shěn | 伸 shēn<br>婶 shěn | 呻 shēn | 绅 shēn | 砷 shēn | 神 shén |

续　表

| | |
|---|---|
| 甚 shèn | 葚 shèn |
| 贞 zhēn | 侦 zhēn　帧 zhēn　桢 zhēn　祯 zhēn |
| 珍 zhēn | 趁 chèn　胗 zhēn　诊 zhěn　疹 zhěn |
| 真 zhēn | 慎 shèn　镇 zhèn　缜 zhěn　嗔 chēn |
| 枕 zhěn | 忱 chén　沈 shěn |

**表 4－4　韵母 eng 代表字声旁类推表**

| | |
|---|---|
| 曾经 céng | 曾(姓) Zēng　蹭 cèng　僧 sēng　增 zēng　憎 zēng　缯 zēng　赠 zèng |
| 成 chéng | 诚 chéng　城 chéng　盛东西 chéng　盛会 shèng |
| 丞 chéng | 蒸 zhēng　拯 zhěng |
| 呈 chéng | 程 chéng　逞 chěng |
| 乘 chéng | 剩 shèng |
| 登 dēng | 澄清事实 chéng　橙 chéng　把水澄清 dèng　凳 dèng　磴 dèng　瞪 dèng |
| 风 fēng | 枫 fēng　疯 fēng　讽 fěng |
| 峰 fēng | 烽 fēng　蜂 fēng　逢 féng　缝衣 féng　门缝 fèng　蓬 péng　篷 péng |
| 奉 fèng | 棒 bàng　俸 fèng |
| 更换 gēng | 埂 gěng　梗 gěng　更加 gèng　粳 jīng　硬 yìng |
| 亨 hēng | 哼 hēng　烹 pēng |
| 楞 léng | 愣 lèng |
| 萌 méng | 盟 méng |
| 启蒙 méng | 坑蒙拐骗 mēng　檬 méng　朦 méng |
| 孟 mèng | 猛 měng　锰 měng　蜢 měng　艋 měng |
| 朋 péng | 崩 bēng　绷带 bēng　绷着脸 běng　蹦 bèng |
| 彭 péng | 澎 péng　膨 péng |
| 生 shēng | 牲 shēng　笙 shēng　甥 shēng　胜 shèng |

续 表

| | | | | | | |
|---|---|---|---|---|---|---|
| 誊 téng | 腾 téng | 滕 téng | 藤 téng | | | |
| 争 zhēng | 挣(扎) zhēng | 峥 zhēng | 筝 zhēng | 狰 zhēng | 睁 zhēng | 铮 zhēng |
| | 挣(脱) zhèng | | | | | |
| 正(确) zhèng | 惩 chéng | 正(月) zhēng | 怔 zhēng | 征 zhēng | 整 zhěng | 证 zhèng |
| | 政 zhèng | | | | | |

表 4-5　韵母 ong 代表字声旁类推表

| | | | | | | |
|---|---|---|---|---|---|---|
| 从 cóng | 丛 cóng | 怂 sǒng | 耸 sǒng | 纵 zòng | | |
| 东 dōng | 冻 dòng | 栋 dòng | | | | |
| 董 dǒng | 懂 dǒng | | | | | |
| 工 gōng | 功 gōng | 攻 gōng | 巩 gǒng | 汞 gǒng | 贡 gòng | 红 hóng |
| | 虹 hóng | 鸿 hóng | 讧 hòng | (天)空 kōng | 恐 kǒng | 空(白) kòng |
| 公 gōng | 蚣 gōng | 忪 sōng | 松 sōng | 讼 sòng | 颂 sòng | |
| 共 gòng | (提)供 gōng | 恭 gōng | 龚 gōng | 拱 gǒng | 供(养) gòng | 哄(堂大笑) hōng |
| | 哄(骗) hǒng | (起)哄 hòng | 洪 hóng | | | |
| 龙 lóng | 咙 lóng | 珑 lóng | 胧 lóng | 聋 lóng | 笼 lóng | 茏 lóng |
| | 拢 lǒng | 垄 lǒng | | | | |
| 农 nóng | 侬 nóng | 哝 nóng | 浓 nóng | 脓 nóng | | |
| 容 róng | 蓉 róng | 溶 róng | 榕 róng | 熔 róng | | |
| 通 tōng | 捅 tǒng | 桶 tǒng | 痛 tòng | | | |
| 同 tóng | 侗 dòng | 洞 dòng | 恫 dòng | 桐 tóng | 铜 tóng | |
| 中 zhōng | 冲(动) chōng | 冲(劲) chòng | 忠 zhōng | 衷 zhōng | 盅 zhōng | 钟 zhōng |
| | 肿 zhǒng | 种(子) zhǒng | (命)中 zhòng | 仲 zhòng | (耕)种 zhòng | |
| 宗 zōng | 淙 cóng | 综 zōng | 棕 zōng | 踪 zōng | 鬃 zōng | 粽 zōng |

## 三、韵母 an—ang、ian—iang、uan—uang 代表字类推表(表 4-6 至表 4-11)

表 4-6　韵母 an 代表字声旁类推表

| | | | | | | |
|---|---|---|---|---|---|---|
| 安 ān | 桉 ān | 氨 ān | 鞍 ān | 按 àn | 胺 àn | 案 àn |
| 庵 ān | 俺 ǎn | | | | | |

续 表

| | | | | | | |
|---|---|---|---|---|---|---|
| 般 bān | 搬 bān | 磐 pán | | | | |
| 半 bàn | 伴 bàn | 拌 bàn | 绊 bàn | 判 pàn | 叛 pàn | 畔 pàn |
| 参 cān | 惨 cǎn | 掺 chān | | | | |
| 单(位) dān | 婵 chán | 蝉 chán | 单(于) chán | 郸 dān | 殚 dān | 掸 dǎn |
| | (子)弹 dàn | 单(姓) Shàn | 弹(琴) tán | | | |
| 旦 dàn | 担(保) dān | 胆 dǎn | 但 dàn | 担(子) dàn | 坦 tǎn | 袒 tǎn |
| 番 fān | 蕃 fān | 翻 fān | 潘 pān | 蟠 pán | | |
| 反 fǎn | 扳 bān | 坂 bǎn | 板 bǎn | 版 bǎn | 返 fǎn | 饭 fàn |
| | 贩 fàn | | | | | |
| 甘 gān | 柑 gān | 邯 hán | 钳 qián | | | |
| 干(净) gān | (栏)杆 gān | 肝 gān | 竿 gān | 赶 gǎn | (杠)杆 gǎn | 干(部) gàn |
| | 鼾 hān | 邗 hán | 罕 hǎn | (可)汗 hán | 汗(水) hàn | 旱 hàn |
| | 悍 hàn | 刊 kān | | | | |
| 蓝 lán | 褴 lán | 篮 lán | 滥 làn | | | |
| 览 lǎn | 揽 lǎn | 缆 lǎn | | | | |
| 曼 màn | 馒 mán | 谩 màn | 漫 màn | 慢 màn | | |
| (困)难 nán | 难(友) nàn | 滩 tān | 瘫 tān | | | |
| 山 shān | 岸 àn | 汕 shàn | 炭 tàn | | | |
| 感 gǎn | 喊 hǎn | 憾 hàn | | | | |
| 谈 tán | 啖 dàn | 淡 dàn | 痰 tán | 毯 tǎn | | |
| 斩 zhǎn | 惭 cán | 暂 zàn | 崭 zhǎn | | | |
| 占 zhàn | 粘(贴) zhān | 战 zhàn | 站 zhàn | | | |

表 4-7 韵母 ang 代表字声旁类推表

| | | | | | | |
|---|---|---|---|---|---|---|
| 邦 bāng | 帮 bāng | 梆 bāng | 绑 bǎng | | | |
| 仓 cāng | 苍 cāng | 沧 cāng | | | | |
| 长(短) cháng | 伥 chāng | 怅 chàng | 张 zhāng | (生)长 zhǎng | 涨(潮) zhǎng | 帐 zhàng |
| | 胀 zhàng | 涨(红了) zhàng | | | | |

续 表

| 肠 cháng | 赶场 cháng　会场 chǎng　畅 chàng　荡 dàng　殇 shāng　汤 tāng　烫 tàng |
|---|---|
| 当时 dāng | 挡 dǎng　当铺 dàng　档 dàng |
| 方 fāng | 芳 fāng　牌坊 fāng　邡 fāng　防 fáng　妨 fáng　染坊 fáng　房 fáng　仿 fǎng　访 fǎng　纺 fǎng　舫 fǎng　放 fàng |
| 缸 gāng | 杠 gàng　扛 káng |
| 亢 kàng | 杭 háng　航 háng　沆 hàng　伉 kàng　抗 kàng |
| 忙 máng | 盲 máng　氓 máng　茫 máng |
| 旁 páng | 榜 bǎng　膀子 bǎng　地磅 bàng　膀肿 pāng　膀胱 páng　磅礴 páng |
| 桑 sāng | 搡 sǎng　嗓 sǎng |
| 上下 shàng | 让 ràng　上声 shǎng |
| 尚 shàng | 常 cháng　嫦 cháng　敞 chǎng　党 dǎng　赏 shǎng　堂 táng　倘 tǎng　趟 tàng |

**表 4-8　韵母 ian 代表字声旁类推表**

| 扁 biǎn | 编 biān　偏 piān　篇 piān　骗 piàn |
|---|---|
| 检 jiǎn | 俭 jiǎn　剑 jiàn　敛 liǎn　脸 liǎn　签 qiān　险 xiǎn　验 yàn |
| 见 jiàn | 舰 jiàn　现 xiàn |
| 千 qiān | 奸 jiān　歼 jiān　迁 qiān　纤夫 qiàn　纤维 xiān |
| 前 qián | 煎 jiān　箭 jiàn |
| 咸 xián | 减 jiǎn |
| 线 xiàn | 践 jiàn　钱 qián　浅 qiǎn |

**表 4-9　韵母 iang 代表字声旁类推表**

| 相遇 xiāng | 箱 xiāng　想 xiǎng　照相 xiàng |
|---|---|
| 羊 yáng | 洋 yáng　养 yǎng　氧 yǎng　详 xiáng　祥 xiáng　翔 xiáng |

表 4-10　韵母 uan 代表字声旁类推表

| | | | | | |
|---|---|---|---|---|---|
| 串 chuàn | 撺 cuān | 蹿 cuān | 窜 cuàn | | |
| 弯 wān | 湾 wān | 塆 wān | | | |
| 宛 wǎn | 豌 wān | 婉 wǎn | 碗 wǎn | 腕 wàn | |
| 专 zhuān | 传说 chuán | 砖 zhuān | 转身 zhuǎn | 传记 zhuàn | 转椅 zhuàn |

表 4-11　韵母 uang 代表字声旁类推表

| | | | | | | |
|---|---|---|---|---|---|---|
| 广 guǎng | 床 chuáng | 犷 guǎng | 矿 kuàng | 旷 kuàng | 邝 kuàng | |
| 荒 huāng | 慌 huāng | 谎 huǎng | | | | |
| 王 wáng | 汪 wāng | 枉 wǎng | 旺 wàng | 筐 kuāng | 狂 kuáng | 逛 guàng |
| 亡 wáng | 忘 wàng | 望 wàng | 妄 wàng | | | |

## 思考与实训

1. 普通话韵母的分类有哪些？请举例说明。

2. 如何区分普通话中的单韵母和复韵母？请举例说明。

3. 普通话单元音韵母中，哪些韵母是前元音？哪些是后元音？请分别给出例子。

4. 普通话韵母中，哪些韵母是鼻韵母？请给出例子，并说明其在发音时的特点。

5. 在普通话中，哪些韵母容易与四川方言中的韵母混淆？请举例说明并解释可能的原因。

6. 朗读下列词语，注意韵母的发音。

| | | | |
|---|---|---|---|
| 因果 | 银行 | 引导 | 印象 |
| 停留 | 英勇 | 营业 | 影响 |
| 亘古 | 肯定 | 门口 | 神色 |
| 猛烈 | 能力 | 生育 | 盛大 |
| 含蓄 | 罕见 | 汉服 | 判断 |
| 纲领 | 行列 | 慷慨 | 磅礴 |
| 殷红 | 言教 | 眼睑 | 宴请 |
| 抢救 | 良好 | 两旁 | 靓丽 |
| 环流 | 缓和 | 幻觉 | 万里 |
| 爽朗 | 装饰 | 王朝 | 旺盛 |
| 温度 | 文化 | 稳定 | 问世 |

| | | | |
|---|---|---|---|
| 充实 | 崇高 | 总体 | 终年 |
| 军功 | 群众 | 寻求 | 训练 |
| 窘迫 | 琼浆 | 兄长 | 熊猫 |

7. 朗读下列诗句,注意韵母的发音。

### 卜算子·咏梅

［南宋］陆　游

驿外断桥边,寂寞开无主。已是黄昏独自愁,更著风和雨。　　无意苦争春,一任群芳妒。零落成泥碾作尘,只有香如故。

### 卜算子·咏梅

毛泽东

风雨送春归,飞雪迎春到。已是悬崖百丈冰,犹有花枝俏。　　俏也不争春,只把春来报。待到山花烂漫时,她在丛中笑。

8. 朗读下列句段,注意分辨韵母的发音。

(1) 注意单元音韵母。

真的,你这次在家一个半月,是我们一生最愉快的时期;这幸福不知应当向谁感谢,即使我没宗教信仰,至此也不由得要谢谢上帝了!我高兴的是我又多了一个朋友;儿子变了朋友,世界上有什么事可以和这种幸福相比的!尽管将来你我之间离多聚少,但我精神上至少是温暖的,不孤独的。我相信我一定会做到不太落伍,不太冬烘,不至于惹你厌烦。也希望你不要以为我在高峰的顶尖上所想的,所见到的,比你们的不真实。年纪大的人终是往更远的前途看,许多事你们一时觉得我看得不对,日子久了,现实却给你证明我并没大错。

——傅雷《傅雷家书》

(2) 注意复元音韵母。

成都平原的冬天,是顶不好的时候,天哩,常是被一派灰白色的厚云蒙住,从早至晚,从今天至明天,老是一个样;有点冷风,不算很大,万没有将这黯淡的云幕略为揭开的力量。田野间,小春既未长出,是冬水田哩,便蓄着水,从远望去,除了干干净净的空地外,便是一方块一方块,反映着天光,好像陂塘似的水田。不过常绿树是很多的,每个农庄,都是被常绿树与各种竹子蓊翳着,隔不多远便是一大丛。假使你从天空看下去,真像小孩们游戏时所摆的似有秩序似无秩序的子儿,若在春夏,那便成为万顷绿波中的苍螺小岛,或是外国花园中花坛间的盆景。

——李劼人《死水微澜》

(3) 注意前后鼻韵母。

作为资本家,他只是人格化的资本。他的灵魂就是资本的灵魂。而资本只有一种生活本能，这就是增殖自身，获取剩余价值，用自己的不变部分即生产资料吮吸尽可能多的剩余劳动。资本是死劳动，它像吸血鬼一样，只有吮吸活劳动才有生命，吮吸的活劳动越多，它的生命就越旺盛。工人劳动的时间就是资本家消费他所购买的劳动力的时间。

——马克思《资本论》

# 第五章　普通话声调训练

## 第一节　声调概述

### 一、什么是声调

声调是音节中具有区别意义作用的音高变化。声调变化贯穿于音节发音的全程，是音节中必不可少的成分，对普通话语音的整体特征具有显著影响。汉语作为一种有声调的语言，其抑扬顿挫的音乐美感与声调的运用密切相关。在汉语中，声调同声母、韵母一样有区别意义的作用。“笔”和“米”的不同是由声母决定的，“米”和“马”的不同是由韵母决定的，“马”和“麻”的不同则是由声调决定的。

声调主要与音高有关，但汉语普通话的声调是一种相对音高，由于语音发出者声带的长短、厚薄、松紧都不一样，所以同一个音节的绝对音高是不同的。在发音时，只要保证在个人音高区域内达到了标准调值，就可以表达意义。比如读“飞龙舞凤”这个词语，男女老少发出的绝对音高肯定不同，但都能辨识意义。

### 二、调值和调类

#### （一）调值和五度标调法

调值是音节高低升降、曲直长短的变化形式，是声调的实际读法。每种调值高低升降、曲直长短的变化形式是不一样的，为了把调值描写得具体、易懂，一般采用赵元任创制的“五度标记法”来标记声调。

五度标记法是画一条竖线为坐标，将竖线四等分，得到五个点，自下而上定为五度：1 度是最低音，2 度是低音，3 度是中音，4 度是高音，5 度是最高音。一个人所能发出的最低音是 1 度，最高音是 5 度，中间的音分别是 2 度、3 度和 4 度。在竖线的左边用横线、斜线、折线记录音高的高低、曲直、升降等。

根据这种标记方法，普通话声调的四种调值可以用下图 5－1 表示：

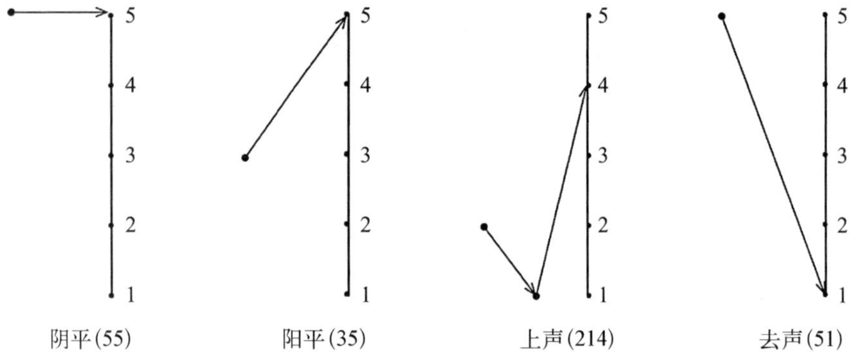


图 5-1 普通话调值五度标记法

### (二) 普通话的调类

调类是声调的种类,就是把调值相同的字归纳在一起所建立的类。普通话有四种调值,就有四种调类。

1. 阴平

即第一声,又叫高平调,发音时,音高持平在最高音,由 5 度到 5 度,调值为 55,基本上没有升降的变化。例如:声东击西、江山多娇。

2. 阳平

即第二声,又叫高升调,发音时,音高由中音(3 度)升到最高音(5 度),调值为 35。例如:亭台楼阁、梅兰竹菊。

3. 上声

即第三声,又叫降升调,发音时,音高由低音(2 度)降到最低音(1 度)后再升高至高音(4 度),调值为 214。在普通话测试中,也可以升高至中音(3 度)或低音(2 度),调值读成 213 或 212。例如:指手点脚、岂有此理。

4. 去声

即第四声,又叫全降调,发音时,音高由最高音(5 度)直接降至最低音(1 度),调值为 51。例如:见利忘义、意气用事。

# 第二节 声调的发音

## 一、普通话声调的发音要求

### (一) 控制好声带的松紧度

普通话利用声调区别意义,实质是利用音高区别意义,而音高的变化又是由发音时声带的松紧程度决定的。发音时,声带越紧,在一定时间内振动的次数越多,声音也就越高;

声带越松，在一定时间内振动的次数越少，声音就越低。在发音过程中，声带可以随时调整，有时可以一直绷紧，有时可以先放松后绷紧，或先绷紧后放松，有时还可以松紧相间。这样造成的不同的音高变化，就构成了各种声调。

在普通话中，发阴平调时，声带一直绷紧，保持高音，没有明显松动变化；发阳平调时，声带从不紧不松开始，逐渐绷紧，直到很紧，音高从中度升到最高；发上声调时，声带从略微紧张开始，马上松弛下来，然后又从松弛状态过渡到较紧状态；发去声调时，声带从紧开始，由紧张状态直接转变为完全松弛状态。

### （二）调值发音要到位

普通话声调发音时，应精确把握最高音与最低音的音高，否则五度的变化就不明显，从而影响声调的语感。例如，若将“平安”的调值从 55 误发为 44，将会呈现出明显的方言特征，同时可能导致 35、214 的调域过于狭窄。

### （三）把握调值的滑动特征

调值由一个点到另一个点的运动方式是滑动的，其间有过渡音，不像音阶是跳动的，如去声的调值是 51，这只是标出了起止点的高度，实际上中间还经过了 4、3、2 三个音高高度。比如“改”在发音时，从声母 g 开始发低音，降到最低音后，又经过低音、中音，最后到韵尾 i 时升到高音，整个过程一气呵成，无间断性变化。如果断开，就会变成 ga-i 这样的声音，将音节割裂成两个阶段。

## 二、正确拼读音节的声调

正确拼读音节的声调，一般采用“数调法”和“韵母定调法”。

### （一）数调法

把握准“一声平，二声扬，三声拐弯，四声降”的特点，先用声母和韵母相拼，读第一声，然后再按照第一声、第二声、第三声、第四声的顺序数下去，直到数到这个音节的声调为止。如读“躺（tǎng）”，连续数读 tāng、táng、tǎng，数出 tǎng 的声调；又如读“树（shù）”，按四声的顺序数读 shū、shú、shǔ、shù，数出 shù 的声调。

### （二）韵母定调法

韵母定调法是先定准一个音节的韵母声调，然后声、韵相拼，直接读出带声调的音节。如拼“在（zài）”，先读准韵母 ai 的第四声即 ài，再用 z 和 ài 相拼，直接读出 zài。

# 第三节 声调发音训练

音高取决于声带振动的频率，可通过调整声带的松紧程度来控制音高的变化。要掌握声调发音，首先需要精确地定位三个基准音高：最高音 5 度、最低音 1 度和中音 3 度，进而把握高音 4 度和低音 2 度的发音。

在发最高音时，喉头扩张，声带处于紧绷拉伸状态，气流通过使声带快速振动，产生高音，发音器官表现出明显的紧张感。发最低音时，喉头收缩，声带处于紧缩松弛状态，气流通过时声带振动减缓。在中音发音时，声带处于自然状态，发音器官无明显紧张感。高音和低音则是在中音和最高或最低音之间进行调整。

本节主要练习阴平、阳平、上声、去声调的单音节和非上声的多音节（含出现在词尾的上声调音节）的发音。在语流中，上声音节只有在语流的末尾才能保持调值不变，如果上声音节出现在其他位置，调值会变成 35 或 21（又称“半上调”），因此，上声多音节词语的练习在第六章音变部分进行。

## 一、声调分类发音训练

### （一）阴平调训练

在阴平音节的发音过程中，起始和结束阶段均为高音，声带始终保持相对紧张状态。

1. 单音节训练

| | | | |
|---|---|---|---|
| 谙 ān | 笞 chī | 鳖 biē | 抻 chēn |
| 曲 qū | 猞 shē | 砭 biān | 滇 diān |
| 拙 zhuō | 菅 jiān | 揩 kāi | 跷 qiāo |

2. 多音节训练

（1）阴平字＋阴平字。

| | | | |
|---|---|---|---|
| 安装 ānzhuāng | 悲哀 bēiāi | 天生 tiānshēng | 分工 fēngōng |
| 风车 fēngchē | 相知 xiāngzhī | 开花 kāihuā | 伤疤 shāngbā |
| 谦虚 qiānxū | 清风 qīngfēng | 忠心 zhōngxīn | 公约 gōngyuē |

（2）阴平字＋阳平字/上声字/去声字。

| | | | |
|---|---|---|---|
| 安排 ānpái | 编辑 biānjí | 风格 fēnggé | 规格 guīgé |
| 拼搏 pīnbó | 青年 qīngnián | 发明 fāmíng | 星辰 xīngchén |
| 说明 shuōmíng | 新年 xīnnián | 生活 shēnghuó | 知足 zhīzú |
| 猜想 cāixiǎng | 发火 fāhuǒ | 高手 gāoshǒu | 家长 jiāzhǎng |

干果 gānguǒ　清洗 qīngxǐ　军火 jūnhuǒ　身手 shēnshǒu
师长 shīzhǎng　思想 sīxiǎng　缩短 suōduǎn　休想 xiūxiǎng
安慰 ānwèi　颁布 bānbù　当代 dāngdài　发动 fādòng
翻译 fānyì　公告 gōnggào　方向 fāngxiàng　风速 fēngsù
疏散 shūsàn　推断 tuīduàn　污秽 wūhuì　欣慰 xīnwèi

### (二) 阳平调训练

在阳平音节的发音过程中，起始音为中音，收尾为高音，声带从自然状态开始，逐渐紧张，最终达到相对紧张的状态。

1. 单音节训练

砸 zá　桅 wéi　河 hé　裨 pí
榈 lǘ　柠 níng　潜 qián　惩 chéng
嫉 jí　漩 xuán　蠕 rú　筵 yán

2. 多音节训练

(1) 阳平字＋阳平字。

昂扬 ángyáng　拔河 báhé　查询 cháxún　从来 cónglái
洁白 jiébái　时常 shícháng　识别 shíbié　长城 chángchéng
人权 rénquán　学习 xuéxí　勤劳 qínláo　民族 mínzú

(2) 阳平字 ＋ 阴平字/上声字/去声字。

除夕 chúxī　回声 huíshēng　聆听 língtīng　蓬松 péngsōng
平方 píngfāng　蜷缩 quánsuō　石窟 shíkū　熊猫 xióngmāo
旁边 pángbiān　填充 tiánchōng　河山 héshān　同窗 tóngchuāng
茶馆 cháguǎn　从此 cóngcǐ　结尾 jiéwěi　平整 píngzhěng
祈祷 qídǎo　摇摆 yáobǎi　圆满 yuánmǎn　竹笋 zhúsǔn
潮水 cháoshuǐ　糖果 tángguǒ　云朵 yúnduǒ　庭审 tíngshěn
惭愧 cánkuì　沉淀 chéndiàn　惩治 chéngzhì　陈列 chénliè
崇拜 chóngbài　嫉妒 jídù　劳作 láozuò　长度 chángdù
承办 chéngbàn　床铺 chuángpù　融洽 róngqià　权贵 quánguì

### (三) 上声调训练

在进行上声音节发音时，由低音开始起音，逐渐降至最低，随后再由低音攀升至高音。声带的状态从初始的略微紧张，到逐渐松弛并略作延长，最后迅速达到相对紧绷的状态。

1. 单音节训练

百 bǎi　踩 cǎi　打 dǎ　瞅 chǒu

| | | | |
|---|---|---|---|
| 软 ruǎn | 简 jiǎn | 抢 qiǎng | 醒 xǐng |
| 耿 gěng | 火 huǒ | 恼 nǎo | 理 lǐ |

2. 多音节训练

上声调在多音节词语中会出现变调，其训练放在音变部分进行。

#### （四）去声调的发音训练

在进行去声音节发音时，起始音最高，收尾音最低，声带从相对紧张的状态起始，并迅速过渡至完全松弛的状态。

1. 单音节训练

| | | | |
|---|---|---|---|
| 梵 fàn | 鲫 jì | 狩 shòu | 箸 zhù |
| 勒 lè | 昵 nì | 隽 juàn | 蓄 xù |
| 颔 hàn | 蔗 zhè | 殓 liàn | 阚 kàn |

2. 多音节训练

（1）去声字＋去声字。

| | | | |
|---|---|---|---|
| 碧绿 bìlǜ | 部队 bùduì | 侧面 cèmiàn | 刹那 chànà |
| 炽热 chìrè | 触犯 chùfàn | 创办 chuàngbàn | 怠慢 dàimàn |
| 倒置 dàozhì | 店铺 diànpù | 定位 dìngwèi | 僻静 pìjìng |

（2）去声字＋阴平字/阳平字/上声字。

| | | | |
|---|---|---|---|
| 办公 bàngōng | 变更 biàngēng | 大风 dàfēng | 当真 dàngzhēn |
| 看书 kànshū | 动心 dòngxīn | 面纱 miànshā | 日光 rìguāng |
| 上山 shàngshān | 诉说 sùshuō | 探究 tànjiū | 应征 yìngzhēng |
| 报名 bàomíng | 到头 dàotóu | 电池 diànchí | 渡船 dùchuán |
| 告辞 gàocí | 化石 huàshí | 课文 kèwén | 树林 shùlín |
| 送行 sòngxíng | 问答 wèndá | 赤诚 chìchéng | 自从 zìcóng |
| 懊恼 àonǎo | 借款 jièkuǎn | 落伍 luòwǔ | 树影 shùyǐng |
| 样品 yàngpǐn | 热水 rèshuǐ | 道理 dàolǐ | 豆角 dòujiǎo |
| 少女 shàonǚ | 右手 yòushǒu | 自诩 zìxǔ | 字典 zìdiǎn |

## 二、声调综合发音训练

#### （一）同声韵四声音节训练

**双唇音：** 巴、拔、把、爸；坡、婆、叵、魄；猫、毛、铆、茂。

**唇齿音：** 坊、防、纺、放。

**舌尖中音：** 滴、笛、底、帝；通、童、统、痛；妞、牛、纽、拗；撩、辽、了、廖。

**舌面后音**：歌、格、舸、各；科、壳、可、课；酣、涵、喊、汉。
**舌面前音**：居、橘、举、剧；清、晴、请、庆；西、习、洗、戏。
**舌尖后音**：之、值、只、制；搀、馋、产、颤；书、熟、鼠、术；嚷、瓤、壤、让。
**舌尖前音**：嘬、昨、左、作；餐、残、惨、灿；虽、随、髓、岁。

**(二) 四音节词声调训练**

1. 阴阳上去升序

| | | | |
|---|---|---|---|
| 中流砥柱 | 光明磊落 | 山明水秀 | 身强体壮 |
| 千锤百炼 | 花红柳绿 | 风调雨顺 | 心明眼亮 |
| 山河美丽 | 心直口快 | 中华伟大 | 工农子弟 |
| 三足鼎立 | 飞檐走壁 | 深谋远虑 | 巍峨耸立 |
| 英明果断 | 山盟海誓 | 颠来倒去 | 思前想后 |

2. 去上阳阴降序

| | | | |
|---|---|---|---|
| 逆水行舟 | 救死扶伤 | 万古流芳 | 碧水蓝天 |
| 笑里藏刀 | 异口同声 | 背井离乡 | 热火朝天 |
| 厚古薄今 | 信以为真 | 绿柳成荫 | 刻骨铭心 |
| 地广人稀 | 智勇无双 | 笑口常开 | 破釜沉舟 |

**(三) 绕口令训练**

松树住松鼠，松鼠爬松树，鼠爬松树树住鼠，鼠住松树鼠爬树。(《松鼠爬松树》)

巧巧瞧高桥，高桥桥头翘。巧巧翘首瞧，翘桥桥姿俏。(《巧巧瞧高桥》)

树上卧只猴，树下蹲条狗。猴跳下来撞了狗，狗翻起身来咬住猴，不知是猴咬狗，还是狗咬猴。(《狗与猴》)

# 第四节　易错声调的辨正

## 一、四川方言与普通话声调比较

根据《新华字典》所收录的字音，含有声调的音节总计有 1 279 个。而《现代汉语词典》在收录字音方面相对更为全面，其收录的含有声调的音节数量有 1 290 多个。需要注意的是，汉语各地方言的声调数量并不一致，有的方言声调较多，可达十来个，有的则较少，仅有三四个。尽管某些方言的声调调类数目和普通话相同，但在调值和调型上却存在差异，四川方言就属于这类情况。

从下表 5－1 可以看出，四川方言与普通话在四个声调上都有一定的差异，除听感上较为明显的上声、去声之外，阴平和阳平也是学习者容易忽略的地方。

**表 5-1 四川方言与普通话声调对比**

| 调类 | 调值 | | 调型 | |
|---|---|---|---|---|
| | 普通话 | 四川方言 | 普通话 | 四川方言 |
| 阴平 | 55 | 44 | 高平调 | 中平调 |
| 阳平 | 35 | 21 | 中升调 | 低降调 |
| 上声 | 214 | 53 | 降升调 | 高降调 |
| 去声 | 51 | 213 | 全降调 | 降升调 |

## 二、四类声调错误分析

### (一) 阴平

从调型来看，普通话与四川方言的阴平都是平声，只有一度之差，但正是因为这个细微的差异，容易让发音带上方言特点。部分人在发普通话的阴平时，并未升到 5 度，在 4 度的地方就停止，导致阴平的音高不够。还有一部分学习者，发音时气息不足，音长不足，要么调值缩短为 5，要么就是字尾调值往下掉，变成 54 或者 53，这些都会被视作声调不准。

### (二) 阳平

阳平发音中容易出现的问题主要是调型错误，并未直接从 3 度升到 5 度，而是在发音过程中先从 3 度降到 2 度，再往上升到 5 度，变成了一个降升调，听感上有种“拐弯”的感觉。虽然四川地区的人发出这种声调的不多，但也有个别学习者受到网络媒体的影响，故意模仿东北人发音而造成此类错误。

### (三) 上声

上声是最容易发错的一种调类。在普通话语流中，上声会进行变调，非词尾或句末的上声常读作“半上”或阳平。加上四川方言里又将上声发作降调，所以大部分人在练习时，根本没有意识到自己发出的上声是不标准的，即使通过学习知晓上声的正确调值，也很难立即得以纠正。

### (四) 去声

去声发音时的主要问题是发音未到最低位。由于去声调值为 51，需要从最高降到最低，如果发音时气流不够，就容易发作 53。在读单音节字词和读多音节词语中，这样的发音会被算作缺陷。

## 三、古入声的读音问题

古代汉语的声调系统与现代汉语有所不同，中古汉语有四个声调：平声、上声、去声、入声。平声音调平稳，不升也不降，基于声母的清浊不同分为阴平和阳平。上声音调从中等音高上升到较高音高，全浊声母的上声字在现代汉语中变读为去声。去声与普通话去声调相差不大，都是从高音降到低音。入声是一种短促的声调，通常以塞音结尾，如中古汉语中的“一、六”等字。入声在普通话中不存在，只在一些方言中保留。

普通话里没有入声，其分别归入了阴平、阳平、上声、去声四个声调，而在四川方言中，多数地区的入声调被归并为阳平调，因此部分人在用普通话朗读古入声字时可能出现失误。在这类词语的练习过程中，要尤其注意。

| | | | |
|---|---|---|---|
| 剥削 bōxuē | 出发 chūfā | 十足 shízú | 敌国 díguó |
| 百尺 bǎichǐ | 甲骨 jiǎgǔ | 特色 tèsè | 药物 yàowù |
| 插入 chārù | 答复 dáfù | 合格 hégé | 急迫 jípò |
| 法学 fǎxué | 察觉 chájué | 热血 rèxuè | 跋涉 báshè |
| 说服 shuōfú | 绝迹 juéjì | 缺席 quēxí | 不屑 búxiè |

**课外链接**

### 赵元任与五度标记法

赵元任是中国著名的语言学家、教育家和音乐家，原籍江苏武进(今江苏常州)，早年留学美国，获得哈佛大学哲学博士学位。曾任教于清华大学，教授物理、数学和心理学课程，后当选为美国语言学会会长，被誉为“中国现代语言学之父”。

五度标记法是语音学上的一个重要发明，源于赵元任在大量实验研究过程中对声调的探索。他利用五线谱图进行记录，得出九种汉语方言的声调曲线，再采用画格子临法帖的方法，将其移植到常规的五线谱上，从而形成了五度标记法的初步形态。通过向国际语音协会提出建议并发表论文《一套标调的字母》，赵元任正式提出五度标记法。如今，这一方法已广泛应用于各种声调调值的描述分析。

赵元任在研究中还创作了许多著名的语言游戏诗，像《施氏食狮史》《季姬击鸡记》《熙戏犀》等。语言的学习不是枯燥乏味的，其中也有很多有趣的内容。下面这篇《施氏食狮史》，就是通过声韵相同但声调不同的词讲述的一个小故事。通过朗读，大家可以了解汉字声调与意义之间的关系，感受它的重要性。

石室诗士施氏，嗜狮，誓食十狮。氏时时适市视狮。十时，适十狮适市。是时，适施氏适市。氏视是十狮，恃矢势，使是十狮逝世。氏拾是十狮尸，适石室。石室湿，氏使侍拭石室。石室拭，氏始试食十狮尸。食时，始识是十狮尸实十石狮尸。试释是事。

## 思考与实训

1. 普通话的声调有几种？请简述每种声调的特点。

2. 声调的变化如何影响词语的意义？

3. 请举例说明普通话声调的音高变化模式，并简述如何通过练习来提高声调的准确性。

4. 在普通话中，存在哪些常见的声调发音错误？请举例说明。

5. 给下列词语标上声调符号，再进行朗读。

| | | | |
|---|---|---|---|
| 参加 | 波音 | 丰收 | 江山 |
| 坚决 | 新闻 | 中国 | 加强 |
| 批准 | 歌舞 | 生产 | 方法 |
| 庄重 | 规范 | 飞快 | 希望 |
| 革新 | 航空 | 平均 | 决心 |
| 团结 | 吉祥 | 前途 | 繁忙 |
| 遥远 | 情感 | 开垦 | 汹涌 |
| 豪迈 | 革命 | 督促 | 亲切 |
| 象征 | 认真 | 奋发 | 卫星 |
| 措辞 | 证券 | 未来 | 辨别 |
| 耐久 | 信仰 | 呐喊 | 聘请 |

6. 朗读下列诗句，加点的字为古入声字，注意辨别其发音。

### 江　雪

［唐］柳宗元

千山鸟飞绝，万径人踪灭。
孤舟蓑笠翁，独钓寒江雪。

### 相　思

［唐］王　维

红豆生南国，春来发几枝。
愿君多采撷，此物最相思。

### 独坐敬亭山

［唐］李　白

众鸟高飞尽，孤云独去闲。
相看两不厌，只有敬亭山。

**泊船瓜洲**

［宋］王安石

京口瓜洲一水间，钟山只隔数重山。
春风又绿江南岸，明月何时照我还。

**题西林壁**

［宋］苏　轼

横看成岭侧成峰，远近高低各不同。
不识庐山真面目，只缘身在此山中。

7. 朗读下列读句段，注意声调的发音。

（1）我们这几天庆祝战胜，实在是热闹的很。可是战胜的，究竟是那一个？我们庆祝，究竟是为那个庆祝？我老老实实讲一句话，这回战胜的，不是联合国的武力，是世界人类的新精神。不是那一国的军阀或资本家的政府，是全世界的庶民。我们庆祝，不是为那一国或那一国的一部分人庆祝，是为全世界的庶民庆祝。不是为打败德国人庆祝，是为打败世界的军国主义庆祝。[①]

——李大钊《庶民的胜利》

（2）我的时间已经不多，我要好好地利用它。我渴望安静，也只是为了勤奋而有效地使用这支笔。我回顾过去，写作一生，我并未尽责，也未还清欠债，半夜梦醒，在床上想来想去，深感愧对读者，万分激动，我哪里来的安静？当然到了最后一刻我也会撒手而去，可能还有不少套话、大话、废话、空话、假话……把我送上西天，但是我留下的每张稿纸上都有这样三个字：讲真话。

——巴金《向老托尔斯泰学习》

（3）真是的，在这些场合中，纵然一个老江湖，也不能不有些惘然之情吧。更有趣的是在这样野店的土墙上，偶尔你也会读到用小刀或瓦砾写下来的句子，如某县某村某人在此一宿之类。有时，也会读到些诗样的韵语，虽然都鄙俚不堪，而这些陌路人在一个偶然的机遇里，陌路的相遇又相知，他们一时高兴了，忘情一切了，或是想起一切了，便会毫不计较地把真情流露了出来，于是你就会感到一种特别的人间味。

——李广田《野店》

① 为尊重文献的历史原貌，本书引文保留原文用语用字习惯，与现行汉语规范有差异之处不作更改。

# 第六章　普通话音变训练

音节是由声母、韵母和声调三个部分组合而成的，我们在日常的交际中并非将每个音节的声母、韵母和声调逐一发音，也不是把音节单个地发出，而是把由一连串音节组成的词语、短语或者句子连续地发出，形成一个语流，进而满足言语交际的需要。人们在发音时，总是一个音接着一个音连续发出，从而形成了一段又一段长短不一的语流。语流内的一连串音在发音时紧密相连，其发音部位和发音方法也在不断变化，难免相互影响，相邻的音节或音素之间受具体的发音部位和发音方法的影响，会在具体发音上产生一定的变化，我们将其称为语流音变。

现代汉语普通话中常见的语流音变有：变调、轻声、儿化、“啊”的音变等四种。此外，重叠式和轻重格式在发音中情况复杂，单独分节讨论。

## 第一节　变　　调

### 一、什么是变调

声调语言中的两个或两个以上音节连续发音时，音节所属调类的调值也会发生变化，我们将其称为连读变调。普通话中的变调现象主要有上声的变调和“一”“不”的变调两种情况。

普通话的变调通常发生在前一音节，而在词语和句子末尾的音节不变调。变调分为显著和非显著两种情况，上声变调和“一”“不”变调，都属于显著变调情况。而像两个去声相连，前一个去声调值变读 53 这样的情况，属于非显著变调，本书暂不介绍。

所有变调在用汉语拼音拼写时都记原调。

### 二、上声的变调

普通话中，上声音节在单念和连读时的具体调值有所不同。上声音节念作原调的条件非常清楚，在单念时、处于词句末尾时都念作原调 214（曲折调），其他时候读作变调半上或阳平。具体说来，上声变调的情况分为两种：一种是上声变读为阳平 35 调，一种是上声变读为半上 21 调(所谓半上即上声的调值 214 不完全发出,只将调值从 2 发至 1 即可,不再从 1 转向 4)。本节主要从双音节、三音节和多音节连读角度梳理上声音节的变调问题。

### (一) 双音节中的上声变调

双音节中的上声变调分为两种情况：两个上声音节连读、一个上声音节和一个非上声音节连读。

1. 上声 ＋ 上声→阳平 ＋ 上声

两个上声音节连读时,前面一个上声音节从上声调变读为阳平调,即该音节调值从 214 变读为 35。如：

| | | | |
|---|---|---|---|
| 比拟 | 渺小 | 野草 | 尽管 |
| 处理 | 友好 | 勇敢 | 也许 |
| 了解 | 舞蹈 | 咫尺 | 诋毁 |
| 水桶 | 眨眼 | 理想 | 领导 |

上述举例均属于两个上声音节相连的情况,在变调时,将前一个上声音节变读为阳平 35 调。如“比拟”中的“比”在语流中需要变读为阳平 35 调,而“拟”则保持原调 214。“渺小”“友好”“保守”“舞蹈”“眨眼”“苟且”等词均是如此。

2. 上声 ＋ 非上声→半上 ＋ 非上声

上声音节和非上声音节的连读变调常见情况分为三种,分别是上声 ＋ 阴平、上声 ＋ 阳平、上声 ＋ 去声,其中上声音节均变读为半上,即调值为 21。

(1) 上声 ＋ 阴平→半上 ＋ 阴平。

| | | | |
|---|---|---|---|
| 纽约 | 火光 | 始终 | 午餐 |
| 恍惚 | 纸张 | 展开 | 首都 |
| 普通 | 雪花 | 演出 | 景区 |
| 海鸥 | 感激 | 嘱托 | 牡丹 |

上述举例均属于“上声＋阴平”的双音节词语,符合“上声音节加非上声音节,前面的上声音节需变读为半上”的规律。因此,“纽约”“火光”“恍惚”“展开”“雪花”“百般”等词语中的第一个音节即上声音节“纽”“火”“恍”“展”“雪”“百”在实际语流中均需变读为半上 21 调。

(2) 上声 ＋ 阳平→半上 ＋ 阳平。

| | | | |
|---|---|---|---|
| 品德 | 海洋 | 饮食 | 捕鱼 |
| 演员 | 胆识 | 解除 | 朴实 |
| 宛如 | 采集 | 笔直 | 草丛 |
| 感情 | 总结 | 贬谪 | 陨石 |

上述举例均属于“上声＋阳平”的双音节词语，符合“上声音节加非上声音节，前面的上声音节需变读为半上”的规律。因此，“宛然”“饮食”“美人”“笔直”“感情”“陨石”等词语中的第一个音节即上声音节“宛”“饮”“美”“笔”“感”“陨”在实际语流中均需变读为半上21调。

(3) 上声 ＋ 去声→半上 ＋ 去声。

| | | | |
|---|---|---|---|
| 美丽 | 伟岸 | 使命 | 瞩目 |
| 喜鹊 | 企盼 | 手帕 | 闪烁 |
| 哺育 | 笃厚 | 火焰 | 掩饰 |
| 友谊 | 角落 | 恐惧 | 索性 |

上述举例均属于“上声＋去声”的双音节词语，符合“上声音节加非上声音节，前面的上声音节需变读为半上”的规律。因此，“美丽”“伟岸”“手帕”“闪烁”“笃厚”“角落”等词语中的第一个音节即上声音节“美”“伟”“手”“闪”“笃”“角”在实际语流中均需变读为半上21调。

(4) 上声 ＋ 轻声→半上 ＋ 轻声 / 阳平 ＋ 轻声。

在上声与轻声音节的组合中，上声在变调上有两种不同的情况，大部分情况下变为“半上 ＋ 轻声”，极个别词语变为“阳平 ＋ 轻声”。同时，“里”“起”作为补语用在词语后往往也读作“阳平 ＋ 轻声”。下列词语中第1行均为上声变读35的情况，第2—4行为上声变读为半上21的情况。

| | | | |
|---|---|---|---|
| 等等 | 哪里 | 捧起 | 打点 |
| 我们 | 晚上 | 比方 | 尾巴 |
| 铲子 | 早上 | 耳朵 | 脊梁 |
| 马虎 | 喜欢 | 姐姐 | 暖和 |

由于受到前一音节影响，轻声音节中的上声音节变调有两种情况：一种是读作轻声音节的字本来就不是上声音节，这时前一个上声音节变读为半上21调，如“我们”“晚上”“尾巴”等词语；一种是读作轻声音节的字本来就是上声音节，这时前面一个上声音节有时变读为阳平35调，如“等等”“哪里”“捧起”等词，有时变读为半上21调，如“铲子”“姐姐”等词语。

### （二）三个上声音节连读变调

三个上声音节相连时，通过音节组合情况判定上声音节的变调情况，一般来说分为“1＋2”式、“2＋1”式两种。

1. “1＋2”式的上声音节变调

当三个上声音节连读时，如果其音节组合为“1＋2”，那么第一个上声音节变读为半上21，第二个上声音节变读为阳平35，最后一个上声音节不变调，读为原调214。

| | | |
|---|---|---|
| 小组长 | 纸老虎 | 冷处理 |

有理想　　　　　很勇敢　　　　　老古董

在遇到三个上声音节相连时，首先给三个音节分段，将语义更为紧密的两个音节切分为一段，然后再根据双音节的上声变调情况进行发音。这里的“1＋2”式即三个上声音节中，后两个上声音节的语义内容更加紧密，率先组合，然后再与第一个上声音节进行组合，这样就又回到了前面所讲的双音节变调。

如“老古董”这个三音节，根据语义内容的紧密度来看，“古董”二字的结合更加紧密，然后再是“老”跟“古董”进行组合。在音变的过程中，先对“古董”进行变调，可以发现“古董”属于“上声音节加上声音节，前面一个上声变读为阳平35调”的变调规律，所以“古董”就由“214＋214”变读为“35＋214”，即“古董”中的“古”变读为阳平35调值。接着再由上声音节“老”与变调为阳平35调的“古”进行组合，发现这属于“上声＋非上声，前面一个上声音节变读为半上21调”的变调规律，所以“老”变读为半上21调值。因此，“老古董”这种后面两个音节的语义内容更加紧密的“1＋2”式的上声音节的变调就是21＋35＋214，即第一个上声音节变读为21，第二个上声音节变读为35，第三个上声音节调值不变。

上述所举实例，如“纸老虎”“冷处理”“有理想”“很勇敢”等都是后面两个上声音节所表述的语义内容更加紧密，因此，都要变读为21＋35＋214这种调值组合。

2.“2＋1”式的上声音节变调

当三个上声音节连读时，如果其音节组合为“2＋1”，那么第一个上声音节、第二个上声音节均变读为阳平35，第三个上声音节不变调，读为原调214。

展览馆　　　　　手写体　　　　　演讲稿
洗脸水　　　　　碾米厂　　　　　处理好

上述所举实例均属于三个上声音节连读现象，根据语义紧密度将其分为两个片段，然后再进行上声音节的变读。这里的“2＋1”式即三个上声音节中，前面两个上声音节的语义内容更加紧密，率先组合，然后再与第三个上声音节进行组合，这样就又回到了前面所讲的双音节变调。

如“展览馆”这个三音节，根据语义内容的紧密度来看，“展览”二字的结合更加紧密，然后再是“展览”跟“馆”进行组合。在语流音变的过程中，先对“展览”进行变调，可以发现“展览”属于“上声音节加上声音节，前面一个上声变读为阳平35调”的变调规律，所以“展览”就由“214＋214”变读为“35＋214”，即“展览”中的“展”变读为阳平35调值。紧接着，再由“展览”中的“览”与“馆”进行组合变调，发现“览”与“馆”的组合符合“上声音节加上声音节，前面一个上声变读为阳平35调”的变调规律，所以上声音节“览”变读为阳平35调。因此，“展览馆”这种前面两个音节的语义内容更加紧密的“2＋1”式的上声音节的变调就是35＋35＋214。

上述所举实例，如“手写体”“演讲稿”“洗脸水”“碾米厂”“处理好”等都是前面两个上声音节所表述的语义内容更加紧密，因此，都要变读为35＋35＋214这种调值组合。

### （三）多个上声音节连读变调

三个以上的上声音节相连时，根据语言片段内部的结构关系和组合关系对其进行划分，分出不同的词和短语（三音节）后，再按照上声音节的变调规律进行变读。

岂有此理→岂有/此理→35 ＋ 21 ＋ 35 ＋ 214

理想美好→理想/美好→35 ＋ 21 ＋ 35 ＋ 214

雨伞厂李厂长→雨伞厂/李厂长→35 ＋ 35 ＋ 21 ＋ 21 ＋ 35 ＋ 214

在实际语流中，还可能遇见如“岂有此理”“雨伞厂李厂长”等这种四音节及以上的上声连读现象，这种情况依然需要先根据语义紧密度对其进行分段，然后再根据双音节、三音节的上声连读变调的规律来进行上声音节的变读。

“岂有此理”是四个上声音节连读，根据语义紧密度将其分为“岂有”和“此理”两个双音节词，然后分别对其进行变调。发现“岂有”和“此理”符合“上声音节加上声音节，前面一个上声变读为阳平 35 调”的变调规律，所以“岂有”和“此理”的调值均变读为“35＋214”，即“岂”和“此”均变读为阳平 35 调。然后再对“岂有”和“此理”的组合进行变调，发现“有”和“此”两个音节是连读的，其中“此”在“此理”中进行了变读，那么“有”和“此”在组合的时候就应该是“有”与变读后的“此”进行组合，发现符合“上声音节加非上声音节，前面一个上声变读为半上 21 调”的变调规律，所以“有”变读为半上 21 调。综上所述，“岂有此理”在语流中的变读情况为“岂”变读为阳平 35 调，“有”变读为半上 21 调，“此”变读为阳平 35 调，“理”保持上声 214 调，即“岂有此理”的调值应变读为“35＋21＋35＋214”。

“雨伞厂李厂长”属于六个上声音节连读现象，根据语义紧密度，可以将其分为“雨伞厂”“李厂长”两个语言片段，然后再根据三个上声音节连读的变调规律进行变读。

先看“雨伞厂”，分析发现“雨伞厂”属于上文谈到的“2＋1”格式，“雨伞”的语义结合更加紧密，先进行变调，符合“上声音节加上声音节，前面一个上声变读为阳平 35 调”的变调规律，所以“雨伞”变读为 35＋214。接着“伞”跟“厂”进行组合，发现其符合“上声音节加上声音节，前面一个上声变读为阳平 35 调”的变调规律，所以“伞”变读为阳平 35 调。“厂”字则因为后面紧跟着已经变调的“李”，所以也变读为“21”，因此“雨伞厂”在实际语流中应变读为“35＋35＋21”。

再谈“李厂长”，分析发现“李厂长”属于上文所涉及的“1＋2”格式，“厂长”的语义结合更加紧密，先进行组合变调，符合“上声音节加上声音节，前面一个上声变读为阳平 35 调”的变调规律，所以“厂长”变读为 35＋214。接着“李”跟“厂”进行组合，发现其符合“上声音节加非上声音节，前面一个上声变读为半上 21 调”的变调规律，所以“李”变读为半上 21 调，因此“李厂长”在实际语流中应变读为“21＋35＋214”。

诸如此类的其他多个上声音节的连读情况依然可以采取先根据语义紧密度进行分词，然后再根据双音节、三音节的变调规律进行变读。如“我找小姐姐”“处理碾米厂”“老奶奶写演讲稿”等。

## 三、“一”“不”的变调

### (一)“一”和“不”念原调

普通话“一”和“不”在单念或处于词末、句末时,“一”在表序数或在一连串数中时,“不”在非去声前时,均念作原调,即“一”念原调 55,“不”念原调 51。

| | | | |
|---|---|---|---|
| 统一 | 唯一 | 万一 | 万里挑一 |
| 偏不 | 绝不 | 岂不 | 何不 |

### (二)“一”和“不”念变调

“一”和“不”的变调情况在普通话水平测试中出现的频率较高,是常规性的音变考点。“一”和“不”的变调具有很强的一致性,具体说来,主要有以下几种情况:

1.“一”“不”在非去声音节前

“一”在非去声音节前,变读为去声,即 51 调。“不”保持原调,仍读 51 调。

| | | | |
|---|---|---|---|
| 一天 | 一杯 | 一丝不苟 | 一帆风顺 |
| 一头 | 一条 | 一毛不拔 | 一锤定音 |
| 一起 | 一抹 | 一板一眼 | 一鼓作气 |
| 不羁 | 不光 | 忐忑不安 | 不知所措 |
| 不乏 | 不渝 | 不同凡响 | 不折不挠 |
| 不朽 | 不懂 | 不可思议 | 不了了之 |

2.“一”“不”在去声音节前

“一”和“不”在去声音节前,变读为阳平,即 35 调。

| | | | |
|---|---|---|---|
| 一次 | 一切 | 一遍 | 一对 |
| 一个 | 一定 | 一位 | 一阵 |
| 一蹴而就 | 一技之长 | 一见如故 | 一望无际 |
| 不过 | 不在 | 不会 | 不见 |
| 不让 | 不变 | 不够 | 不像 |
| 不置可否 | 不正之风 | 意想不到 | 不厌其烦 |

3.“一”“不”嵌在重叠式词语间

“一”嵌在重叠式动词之间,“不”嵌在重叠式动词、重叠式形容词之间或者中补短语(可能补语)中时,均读作轻声。

| | | | |
|---|---|---|---|
| 看一看 | 想一想 | 听一听 | 说一说 |
| 等一等 | 尝一尝 | 学一学 | 走一走 |
| 会不会 | 走不走 | 来不来 | 值不值 |

| | | | |
|---|---|---|---|
| 行不行 | 热不热 | 好不好 | 美不美 |
| 找不到 | 差不多 | 吃不消 | 舍不得 |
| 挡不住 | 拿不定 | 学不完 | 干不了 |

## 四、变调训练

### （一）词语训练

1. 上声的变调

（1）上声＋上声。

| | | | |
|---|---|---|---|
| 领导 | 选举 | 粉笔 | 首长 |
| 老板 | 审美 | 举手 | 打点 |
| 指点 | 本体 | 水果 | 导演 |
| 岛屿 | 美好 | 冷水 | 表演 |

（2）上声＋非上声。

| | | | |
|---|---|---|---|
| 陡坡 | 指挥 | 嘱托 | 累积 |
| 笔直 | 解除 | 火柴 | 检察 |
| 享受 | 鼓动 | 水运 | 铁道 |
| 马上 | 领教 | 导弹 | 体验 |

（3）三个上声音节。

| | | | |
|---|---|---|---|
| 老古董 | 很美好 | 纸老虎 | 搞水产 |
| 导演组 | 碾米厂 | 手写稿 | 古典舞 |

2. “一”“不”的变调

| | | | |
|---|---|---|---|
| 一筐 | 一组 | 一天 | 一时 |
| 一半 | 一切 | 一会儿 | 一块儿 |
| 万一 | 唯一 | 不一 | 第一 |
| 不仅 | 不选 | 不吃 | 不管 |
| 不但 | 不会 | 不料 | 不走 |
| 考一考 | 搬一搬 | 选一选 | 看一看 |
| 走一走 | 试一试 | 听一听 | 想一想 |
| 吃不吃 | 学不学 | 买不买 | 去不去 |
| 热不热 | 好不好 | 白不白 | 动不动 |
| 来不了 | 做不完 | 看不到 | 说不定 |
| 一心一意 | 一窍不通 | 不屈不挠 | 不骄不躁 |

### (二) 绕口令训练

干什么事情都要一心一意，表里如一，言行一致，埋头苦干。不能一高一低，一好一坏，一差二错，情绪一落千丈，一蹶不振。(《一心一意》)

做事必须一是一，二是二，一清二楚，说一不二。要一不做，二不休，一不怕苦，二不怕累，不屈不挠，一切从零开始；决不能一而再，再而三地叫人摇头说不字。(《一是一，二是二》)

# 第二节　轻　　声

## 一、什么是轻声

普通话有阴平、阳平、上声以及去声四个调类，每一个调类的音节在具体的语流当中，由于受到前面音节的影响，都有可能变读为又轻又短的调子，其调值发生了一定的变化，不再读为原来固有调值的声调。我们将阴平、阳平、上声以及去声因语流音变而形成的又轻又短的调子称为轻声。由于轻声音节的调值不固定，所以，轻声不是一种独立的调类，是一种音变。

轻声音节在阴平、阳平、上声、去声后面，实际音值不同，其音变规律为：阴平后面的轻声音节调值读为 2；阳平后面的轻声音节调值读为 3；上声后面的轻声音节调值读为 4；去声后面的轻声音节调值读为 1。

### (一) 阴平 + 轻声→55 + 2

| | | | |
|---|---|---|---|
| 苍蝇 | 答应 | 包涵 | 收拾 |
| 东西 | 金子 | 精神 | 抓挠 |
| 他们 | 妈妈 | 先生 | 舒坦 |
| 巴掌 | 疙瘩 | 耷拉 | 生意 |
| 包袱 | 溜达 | 亲戚 | 庄稼 |
| 耽搁 | 师傅 | 芝麻 | 作坊 |

### (二) 阳平 + 轻声→35 + 3

| | | | |
|---|---|---|---|
| 孩子 | 朋友 | 什么 | 馒头 |
| 尝尝 | 合同 | 人们 | 头发 |
| 时候 | 福气 | 明白 | 篱笆 |
| 行李 | 云彩 | 勺子 | 凉快 |
| 衙门 | 拾掇 | 苗条 | 盘算 |
| 竹子 | 娃娃 | 白净 | 红火 |

### (三) 上声 ＋ 轻声→214 ＋ 4

| | | | |
|---|---|---|---|
| 椅子 | 种子 | 眼睛 | 祖宗 |
| 老爷 | 稳当 | 脊梁 | 伙计 |
| 打算 | 爽快 | 姐姐 | 底下 |
| 点心 | 口袋 | 骨头 | 幌子 |
| 补丁 | 暖和 | 女婿 | 早晨 |
| 老实 | 眨巴 | 本事 | 买卖 |

### (四) 去声 ＋ 轻声→51 ＋ 1

| | | | |
|---|---|---|---|
| 麦子 | 似的 | 利落 | 热闹 |
| 状元 | 栅栏 | 丈夫 | 自在 |
| 样子 | 看看 | 棒槌 | 在乎 |
| 运气 | 院子 | 笑话 | 对头 |
| 意思 | 豆腐 | 怪物 | 记性 |
| 月饼 | 地方 | 大方 | 相声 |

## 二、两可轻声的音节

有些音节在具体的语流中可以作为轻声音节，也可以不读作轻声音节（即读原调），我们将其称为两可轻声，在对其进行拼音标注时，一般采用加点的形式，如：抱负（bào·fù）。下面是一些常见的两可轻声词语。

| | | | |
|---|---|---|---|
| 报复 | 包涵 | 别人 | 拨弄 |
| 差不多 | 编辑 | 门面 | 诚实 |
| 禁不住 | 花费 | 摸索 | 答复 |
| 大人 | 道理 | 聪明 | 牡丹 |
| 懂得 | 告示 | 反正 | 费用 |
| 分量 | 夫人 | 父亲 | 冷清 |
| 牌坊 | 跟前 | 机器 | 公家 |
| 固执 | 南瓜 | 琵琶 | 搭讪 |
| 挪动 | 多少 | 吃不消 | 交道 |
| 照应 | 翻腾 | 靠不住 | 记得 |
| 排场 | 价钱 | 讲究 | 撇开 |
| 勾当 | 脊梁 | 觉得 | 分寸 |
| 客人 | 会计 | 来不及 | 老人家 |
| 困难 | 泼辣 | 夜里 | 力量 |

| | | | |
|---|---|---|---|
| 了不起 | 篇幅 | 逻辑 | 毛病 |
| 没有 | 棉花 | 阵势 | 说法 |
| 这么 | 佩服 | 菩萨 | 妻子 |
| 气氛 | 敲打 | 情形 | 情绪 |
| 任务 | 月季 | 新鲜 | 匀称 |
| 亲事 | 眉目 | 身份 | 神气 |
| 使得 | 侄女 | 轻巧 | 熟悉 |
| 义气 | 太阳 | 态度 | 志气 |
| 冷不防 | 显得 | 缰绳 | 味道 |
| 神仙 | 考究 | 不见得 | 孙女 |
| 尸首 | 想法 | 糟蹋 | 薪水 |
| 晓得 | 痛快 | 喉咙 | 摇晃 |
| 透亮 | 响动 | 意见 | 因为 |
| 说不定 | 围裙 | 雅致 | 座位 |
| 母亲 | 早晨 | 折磨 | 知道 |
| 值得 | 主人 | 嘱咐 | 资格 |
| 琢磨 | 徒弟 | 把手 | 褒贬 |
| 报应 | 应付 | 西瓜 | 残疾 |
| 尺寸 | 修行 | 卖弄 | 惦记 |
| 鸳鸯 | 废物 | 风水 | 渣滓 |
| 俏皮 | 干粮 | 工钱 | 估量 |
| 害处 | 和气 | 荒唐 | 祸害 |
| 伙食 | 忌讳 | 苦头 | 宽敞 |
| 拉拢 | 伶俐 | 露水 | 埋伏 |

## 三、必读轻声音节

有些音节在具体的语流中只能读作轻声，我们将其称为必读轻声。具体说来，主要有以下两种情况。

### （一）五种语言现象中

音节中出现以下五种语言现象时，该音节必须读作轻声音节。

1. 助词“的、地、得、着、了、过”和语气词“吧、嘛、呢、啊”等字读轻声

| | | | |
|---|---|---|---|
| 领路的 | 唱歌的 | 好好的 | 看戏的 |
| 愉快地 | 努力地 | 疯狂地 | 彻底地 |
| 学得好 | 绑得牢 | 用得完 | 记得多 |

| | | | |
|---|---|---|---|
| 笑着 | 看着 | 吃着 | 站着 |
| 活了 | 来了 | 买了 | 试了 |
| 看过 | 玩过 | 去过 | 听过 |
| 他呢 | 谁啊 | 算了吧 | 走吧 |
| 去嘛 | 快啊 | 放心吧 | 吃吧 |

2. 叠音词后一音节和动词的重叠形式(ABAB)第二、四音节读轻声

| | | | |
|---|---|---|---|
| 妈妈 | 弟弟 | 姑姑 | 妹妹 |
| 星星 | 劝劝 | 催催 | 等等 |
| 看看 | 坐坐 | 想想 | 听听 |
| 了解了解 | 表演表演 | 商量商量 | 指点指点 |
| 拾掇拾掇 | 解释解释 | 打听打听 | 收拾收拾 |

3. 构词用的虚语素“子、头”和表示群体的“们”读轻声

| | | | |
|---|---|---|---|
| 鸽子 | 燕子 | 辫子 | 被子 |
| 石头 | 馒头 | 木头 | 里头 |
| 我们 | 你们 | 他们 | 人们 |

需要注意的是,“原子、光子、孢子、男子、窝窝头”等词的“子、头”都是有实在语义的,不读轻声。

4. 表示方位的“上、下、里、边、面”等读轻声

| | | | |
|---|---|---|---|
| 桌上 | 天上 | 底下 | 山下 |
| 家里 | 车里 | 上边 | 左边 |
| 上面 | 下面 | 里面 | 外面 |

5. 表示趋向的“来、去、起来、上来、下去、出去”等读轻声

| | | | |
|---|---|---|---|
| 拿来 | 进来 | 出去 | 过去 |
| 站起来 | 笑起来 | 爬上来 | 跳上来 |
| 跑下去 | 冷下去 | 走出去 | 说下去 |

### (二) 习惯轻声

习惯轻声主要是指某些词语变读轻声音节没有规律可循,习惯性读作轻声音节。学习者需要加强训练,熟练掌握。下面是一些常见的轻声词语:

| | | | |
|---|---|---|---|
| 胳膊 | 巴结 | 巴掌 | 指甲 |
| 包袱 | 铺盖 | 簸箕 | 裁缝 |
| 扁担 | 轱辘 | 抽屉 | 葫芦 |
| 蘑菇 | 点心 | 称呼 | 窗户 |

| | | | |
|---|---|---|---|
| 先生 | 叨唠 | 吩咐 | 伺候 |
| 动弹 | 拾掇 | 耽搁 | 思量 |
| 凑合 | 答应 | 地方 | 打听 |
| 商量 | 张罗 | 机灵 | 糊涂 |
| 结实 | 疙瘩 | 含糊 | 和尚 |
| 姑娘 | 马虎 | 扎实 | 利索 |
| 硬朗 | 将就 | 月亮 | 时辰 |
| 火候 | 功夫 | 狐狸 | 钥匙 |
| 唠叨 | 牲口 | 骆驼 | 苍蝇 |
| 刺猬 | 蛤蟆 | 虾米 | 尾巴 |
| 莲蓬 | 薄荷 | 庄稼 | 粮食 |
| 高粱 | 芝麻 | 萝卜 | 黄瓜 |
| 豆腐 | 石榴 | 核桃 | 樱桃 |
| 葡萄 | 甘蔗 | 烧饼 | 馄饨 |
| 行头 | 斗篷 | 衣服 | 衣裳 |
| 窟窿 | 玻璃 | 算盘 | 烟筒 |
| 柴火 | 扫帚 | 笤帚 | 灯笼 |
| 厚道 | 栅栏 | 篱笆 | 帐篷 |
| 风筝 | 东西 | 家伙 | 棒槌 |
| 相声 | 故事 | 秧歌 | 眉毛 |
| 耳朵 | 嘴巴 | 喷嚏 | 唾沫 |
| 下巴 | 晃悠 | 胳臂 | 事情 |
| 脾气 | 记性 | 忘性 | 交情 |
| 亲戚 | 朋友 | 买卖 | 生意 |
| 云彩 | 哑巴 | 痢疾 | 疟疾 |
| 架势 | 队伍 | 动静 | 部分 |
| 意思 | 应酬 | 报酬 | 运气 |
| 主意 | 门道 | 心思 | 作坊 |
| 名字 | 名堂 | 能耐 | 泥巴 |
| 泥鳅 | 出息 | 消息 | 滴水 |
| 大意 | 寡妇 | 欺负 | 人家 |
| 忍耐 | 认识 | 舍得 | 师傅 |
| 收成 | 疏忽 | 妥当 | 打招呼 |
| 嘀咕 | 端详 | 哆嗦 | 富余 |
| 怪不得 | 棺材 | 哈欠 | 芥末 |
| 开通 | 做作 | 铃铛 | 啰唆 |
| 晌午 | 试探 | 俗气 | 外甥 |

温和　　　　　　　窝囊　　　　　　　歇息

**（三）轻声训练**

1. 绕口令训练

屋子里有箱子，箱子里有匣子，匣子里有盒子，盒子里有镯子。镯子外面有盒子，盒子外面有匣子，匣子外面有箱子，箱子外面有屋子。（《屋子里有箱子》）

2. 短文训练

美国的送报员总是把报纸从花园篱笆的一个特制的管子里塞进来。假如你想穿着睡衣舒舒服服地吃早饭和看报纸，就必须离开温暖的房间，冒着寒风，到花园去取。虽然路短，但十分麻烦。

——博多·舍费尔《达瑞的故事》

## 第三节　儿　化

### 一、什么是儿化

儿化是普通话中一种特殊的语流音变现象，在读音和书写形式上均有一定的要求。儿化是指一个音节在发音时，韵母带上卷舌色彩，从而改变该音节韵母的实际发音，使其变为儿化韵，在书写形式上主要用“儿”进行标记。如：

花儿 huār　　　　歌儿 gēr　　　　车儿 chēr　　　　眼儿 yǎnr

在儿化音节“花儿”中，“儿”并不是作为单独的音节“er”进行发音，而是附着在“花”的后面，表示卷舌的动作，即在发完“huā”时迅速做出一个卷舌的动作，使“ua”韵母变为一个儿化韵，从而完成儿化音节“花儿”的发音。带有儿化音节的词语，是儿化词。如：

哪儿　　　　碴儿　　　　把儿　　　　爪儿

香瓜儿　　　酒窝儿　　　半截儿　　　面条儿

大褂儿　　　口哨儿

### 二、儿化的发音

普通话中，除了自成音节的“ê”“er”两个韵母，其他所有韵母都可以儿化。每个音节的儿化主要是从韵母开始的，其中韵头并不受儿化音变的影响，儿化主要是从韵腹开始，进一步影响到韵尾的发音情况。

### （一）前一个音节末尾是 ɑ、o、e、u 时，儿化时韵母发音不变，直接加上卷舌的动作

| | | | | | |
|---|---|---|---|---|---|
| ɑ | → | ɑr | 刀把儿 | 找茬儿 | 号码儿 |
| iɑ | → | iɑr | 一下儿 | 掉价儿 | 豆芽儿 |
| uɑ | → | uɑr | 脑瓜儿 | 雪花儿 | 画画儿 |
| o | → | or | 土坡儿 | 肉沫儿 | 雪沫儿 |
| uo | → | uor | 大伙儿 | 火锅儿 | 被窝儿 |
| e | → | er | 这儿 | 方格儿 | 火车儿 |
| ie | → | ier | 台阶儿 | 半截儿 | 小鞋儿 |
| üe | → | üer | 丑角儿 | 主角儿 | 旦角儿 |
| u | → | ur | 核儿 | 眼珠儿 | 摆谱儿 |
| ɑo | → | ɑor | 桃儿 | 灯泡儿 | 口罩儿 |
| ou | → | our | 头儿 | 肚兜儿 | 门口儿 |
| iɑo | → | iɑor | 鸟儿 | 麦苗儿 | 面条儿 |
| iou | → | iour | 抓阄儿 | 雪球儿 | 顶牛儿 |

### （二）前一个音节韵尾是 i、n（in、ün 除外）时，丢掉韵尾，主要元音加上卷舌动作

| | | | | | |
|---|---|---|---|---|---|
| ɑi | → | ɑr | 锅盖儿 | 名牌儿 | 鞋带儿 |
| uɑi | → | uɑr | 一块儿 | 乖乖儿 | 土块儿 |
| ei | → | er | 刀背儿 | 晚辈儿 | 宝贝儿 |
| uei | → | uer | 一会儿 | 耳坠儿 | 跑腿儿 |
| ɑn | → | ɑr | 竹竿儿 | 伙伴儿 | 门槛儿 |
| iɑn | → | iɑr | 书签儿 | 一点儿 | 谈天儿 |
| uɑn | → | uɑr | 茶馆儿 | 拐弯儿 | 好玩儿 |
| üɑn | → | üɑr | 圆圈儿 | 绕远儿 | 手绢儿 |
| en | → | er | 书本儿 | 刀刃儿 | 纳闷儿 |
| uen | → | uer | 冰棍儿 | 没准儿 | 打盹儿 |

### （三）前一个音节韵母是 in、ün 时，丢掉韵尾的同时还需加上 er

| | | | | | |
|---|---|---|---|---|---|
| in | → | ier | 背心儿 | 脚印儿 | 干劲儿 |
| ün | → | üer | 长裙儿 | 合群儿 | |

### （四）前一个音节的韵母是 i、ü 时，加上 er

| | | | | | |
|---|---|---|---|---|---|
| i | → | ier | 米粒儿 | 鞋底儿 | 玩意儿 |
| ü | → | üer | 金鱼儿 | 有趣儿 | 听曲儿 |

**（五）前一个音节的韵母是-i[ɿ]、-i[ʅ]时，韵母变为 er**

| | | | | | |
|---|---|---|---|---|---|
| -i[ɿ] | → | [ər] | 写字儿 | 真丝儿 | 写词儿 |
| -i[ʅ] | → | [ər] | 找事儿 | 树枝儿 | 锯齿儿 |

**（六）前一个音节的韵母韵尾是 ng 时（ing、iong 除外），丢掉韵尾，韵腹带上鼻音，同时加上卷舌动作**

| | | | | |
|---|---|---|---|---|
| ang | → | [ãr] | 药方儿 | 后晌儿 |
| iang | → | [iãr] | 瓜秧儿 | 唱腔儿 |
| uang | → | [uãr] | 花窗儿 | 竹筐儿 |
| eng | → | [ə̃r] | 头绳儿 | 门缝儿 |
| ueng | → | [uə̃r] | 嗡儿 | 小瓮儿 |
| ong | → | [ũr] | 胡同儿 | 没空儿 |

**（七）前一个音节的韵母是 ing、iong 时，丢掉韵尾，同时加上鼻化音[ə̃r]**

| | | | | |
|---|---|---|---|---|
| ing | → | [iə̃r] | 花瓶儿 | 人影儿 |
| iong | → | [yə̃r] | 小熊儿 | 哭穷儿 |

## 三、儿化训练

**（一）词语训练**

| | | | |
|---|---|---|---|
| 光杆儿 | 冰棍儿 | 鲜花儿 | 老头儿 |
| 老伴儿 | 小两口儿 | 爷们儿 | 哥们儿 |
| 水珠儿 | 娘儿俩 | 大婶儿 | 大伙儿 |
| 小孩儿 | 小名儿 | 心肝儿 | 胖墩儿 |
| 亲侄儿 | 小白脸儿 | 小人儿 | 败家子儿 |
| 小偷儿 | 对眼儿 | 图钉儿 | 豁嘴儿 |
| 麦穗儿 | 白眼儿 | 腰板儿 | 红杏儿 |
| 大腕儿 | 主角儿 | 小曲儿 | 单弦儿 |
| 嗓门儿 | 快板儿 | 模特儿 | 冒牌儿 |
| 门槛儿 | 对门儿 | 大杂院儿 | 茶馆儿 |
| 瓶盖儿 | 一份儿 | 春卷儿 | 馅儿饼 |
| 豆腐干儿 | 蒜瓣儿 | 杂拌儿 | 爆肚儿 |
| 杏仁儿 | 梨核儿 | 瓜子儿 | 麻花儿 |
| 饱嗝儿 | 刘海儿 | 小辫儿 | 脸蛋儿 |
| 脸盘儿 | 酒窝儿 | 眼泡儿 | 眼圈儿 |

| | | | |
|---|---|---|---|
| 奶嘴儿 | 手腕儿 | 指甲盖儿 | 肚脐眼儿 |
| 拉链儿 | 坎肩儿 | 心坎儿 | 铺盖卷儿 |
| 网兜儿 | 高跟儿 | 鞋带儿 | 被窝儿 |
| 裤衩儿 | 围脖儿 | 围嘴儿 | 针鼻儿 |
| 火星儿 | 烟卷儿 | 玩意儿 | 八哥儿 |
| 蛐蛐儿 | 蝈蝈儿 | 脑门儿 | 老本儿 |
| 泥人儿 | 枪子儿 | 窍门儿 | 人缘儿 |
| 扇面儿 | 火罐儿 | 砂轮儿 | 三轮儿 |
| 滑竿儿 | 粉末儿 | 芝麻官儿 | 病包儿 |
| 桑葚儿 | 白卷儿 | 秤星儿 | 刀尖儿 |
| 刀刃儿 | 干劲儿 | 节骨眼儿 | 田坎儿 |
| 沙瓤儿 | 皮筋儿 | 小不点儿 | 滋味儿 |
| 杠杆儿 | 拐棍儿 | 官衔儿 | 花瓣儿 |
| 快门儿 | 零碎儿 | 屁股蹲儿 | 抠门儿 |
| 油门儿 | 照面儿 | 包干儿 | 包圆儿 |
| 差点儿 | 纳闷儿 | 打滚儿 | 出圈儿 |
| 逗乐儿 | 摆摊儿 | 串门儿 | 打盹儿 |
| 打鸣儿 | 够本儿 | 愣神儿 | 送信儿 |
| 没准儿 | 有门儿 | 串味儿 | 在那儿 |
| 在哪儿 | 来这儿 | 耍笔杆儿 | 露馅儿 |
| 拐弯儿 | 没词儿 | 挑刺儿 | 抽筋儿 |
| 双眼皮儿 | 记事儿 | 转圈儿 | 贪玩儿 |
| 好玩儿 | 耍猴儿 | 顺杆儿 | 黄牌儿 |
| 凑趣儿 | 压根儿 | 沾边儿 | 发火儿 |
| 没好气儿 | 慌神儿 | 解闷儿 | 吭气儿 |
| 抠字眼儿 | 靠边儿 | 牛角尖儿 | 撒欢儿 |
| 一个劲儿 | 叫座儿 | 邪门儿 | 一块儿 |
| 一点儿 | 对半儿 | 背心儿 | 人影儿 |
| 片儿汤 | 玩儿完 | 玩儿命 | 小心眼儿 |
| 马褂儿 | 面人儿 | 光棍儿 | 加油儿 |
| 半点儿 | 出活儿 | 个头儿 | 绝活儿 |
| 单个儿 | | | |

### （二）绕口令训练

进了门儿，倒杯水儿，喝了两口儿运运气儿，顺手儿拿起小唱本儿。唱一曲儿，又一曲儿，练完嗓子练嘴皮儿。绕口令儿，练字音儿，还有单弦儿牌子曲儿；小快板儿，大鼓词儿，越说越唱我越带劲儿！（《进了门儿》）

有个小孩儿叫小兰儿，口袋里装着几个小钱儿，又打醋，又买盐儿，还买了一个小饭碗儿。小饭碗儿，真好玩儿，红花儿绿叶儿镶金边儿，中间儿还有个小红点儿。（《有个小孩儿叫小兰儿》）

**（三）短文训练**

把蒜瓣[①]放进醋里，封起来，为过年吃饺子用。

……

孩子们准备过年，第一件大事就是买杂拌儿。这是用花生、胶枣、榛子、栗子等干果与蜜饯掺和成的。孩子们喜欢吃这些零七八碎儿。第二件大事是买爆竹，特别是男孩子们。恐怕第三件事才是买各种玩意儿——风筝、空竹、口琴等。

——老舍《北京的春节》

过了一会儿，齐兵又击鼓冲锋。对方呢，好像在地上扎了根似的动也不动，一个人都没有出来。齐兵白忙了半天，人家不跟你打，使不出劲儿，真没有意思，嘴里直唠叨。

——林汉达《中国历史故事集》

# 第四节 “啊”的音变

## 一、什么是“啊”的音变

语气词“啊”在语流中往往会受到前一个音节末尾音素的影响而产生一定的音变现象，其读音不再是“ā”，特殊情况下语气词“啊”的写法也会发生一定的变化。如“原来是你啊”中的语气词“啊”受到前一个音节“你”的影响，要变读为“ya”，写作“呀”。

## 二、“啊”的音变的发音

语气词“啊”的音变不是随意的、不规则的，而是有一定规律可循的，具体说来，主要有以下几种情况。

**（一）语气词“啊”变读为“ya”，写作“呀”**

当前一个音节的末尾音素是 a、o、e、ê、i、ü 时，语气词“啊”变读为“ya”，写作“呀”。如：

| | |
|---|---|
| 大啊→大呀 ya | 多啊→多呀 ya |
| 哥啊→哥呀 ya | 天鹅啊→天鹅呀 ya |
| 姐啊→姐呀 ya | 学啊→学呀 ya |

① 蒜瓣为隐形儿化，虽然文本中没有“儿”字，但是在朗读时，要读作儿化。

鱼啊→鱼呀 ya　　去啊→去呀 ya
你啊→你呀 ya　　鸡啊→鸡呀 ya
我啊→我呀 ya　　说啊→说呀 ya

**(二) 语气词“啊”变读为“wa”,写作“哇”**

当前一个音节的末尾音素是 u(包括韵母 ao、iao 末尾的 u)时,语气词“啊”变读为“wa”,写作“哇”。如:

好啊→好哇 wa　　高啊→高哇 wa
苦啊→苦哇 wa　　走啊→走哇 wa
游啊→游哇 wa　　巧啊→巧哇 wa

**(三) 语气词“啊”变读为“na”,写作“哪”**

当前一个音节的末尾音素是 n 时,语气词“啊”变读为“na”,写作“哪”。如:

看啊→看哪 na　　新啊→新哪 na
难啊→难哪 na　　弯啊→弯哪 na
沉啊→沉哪 na　　天啊→天哪 na
准啊→准哪 na　　钱啊→钱哪 na

**(四) 语气词“啊”变读为“nga”,仍写作“啊”**

当前一个音节的末尾音素是 ng 时,语气词“啊”变读为“nga”,语气词“啊”的写法不变,仍写作“啊”。如:

唱啊→唱啊 nga　　香啊→香啊 nga
忙啊→忙啊 nga　　行啊→行啊 nga
听啊→听啊 nga　　冷啊→冷啊 nga
动啊→动啊 nga　　冲啊→冲啊 nga

**(五) 语气词“啊”变读为“ra”,仍写作“啊”**

当前一个音节的末尾音素是 er、-i[ʅ]时,语气词“啊”变读为“ra”,语气词“啊”的写法不变,仍写作“啊”。如:

女儿啊→女儿啊 ra　　悦耳啊→悦耳啊 ra
是啊→是啊 ra　　吃啊→吃啊 ra
织啊→织啊 ra　　一张纸啊→一张纸啊 ra

**(六) 语气词“啊”变读为“[zA]”,仍写作“啊”**

当前一个音节的末尾音素是-i[ɿ]时,语气词“啊”变读为“[zA]”,语气词“啊”的写法不变，仍写作“啊”。如：

字啊→字啊[zA]　　撕啊→撕啊[zA]
刺啊→刺啊[zA]　　真丝啊→真丝啊[zA]

## 三、“啊”的音变训练

### （一）词语训练

| 开呀 | 锯呀 | 赔呀 | 拖呀 |
|---|---|---|---|
| 喝呀 | 铁呀 | 苦哇 | 高哇 |
| 走哇 | 抠哇 | 旧哇 | 投哇 |
| 加油哇 | 肯哪 | 看哪 | 新哪 |
| 准哪 | 谈哪 | 近哪 | 神哪 |
| 逛啊 | 奖啊 | 小张啊 | 狂啊 |
| 老师啊 | 是啊 | 事啊 | 吃啊 |
| 店小二啊 | 真丝啊 | 孩子啊 | 院子啊 |

### （二）绕口令训练

这些孩子啊，真可爱啊，你看啊。他们多高兴啊。又是作诗啊，又是吟诵啊，又是画图画啊，又是剪纸啊，又是唱啊，又是跳啊……啊！他们多幸福啊！（《孩子真可爱啊》）

### （三）短文训练

太阳他有脚啊，轻轻悄悄地挪移了；我也茫茫然跟着旋转。于是——洗手的时候，日子从水盆里过去；吃饭的时候，日子从饭碗里过去；默默时，便从凝然的双眼前过去。

——朱自清《匆匆》

在它看来，狗该是多么庞大的怪物啊！然而，它还是不能站在自己高高的、安全的树枝上……一种比它的理智更强烈的力量，使它从那儿扑下身来。

——屠格涅夫《麻雀》

# 第五节 重叠式

## 一、什么是重叠式

本书中的重叠式，并不考虑是构词重叠还是构形重叠，也不管是产生了新词还是仅仅只是一种形态变化，只要出现了相叠的情况，就对其语音进行讨论。由此总结出普通话中的主要重叠形式有：AA(儿)、ABB、AABB、ABAB、A 里 AB 等。如：

| | | | |
|---|---|---|---|
| 妈妈 | 爷爷 | 听听 | 尝尝 |
| 大大儿 | 弯弯儿 | 毛茸茸 | 沉甸甸 |
| 学习学习 | 打扮打扮 | 思考思考 | 考虑考虑 |
| 漂漂亮亮 | 老老实实 | 整整齐齐 | 红红火火 |
| 糊里糊涂 | 土里土气 | 傲里傲气 | 慌里慌张 |

## 二、重叠式的发音

重叠式语言单位在发音时，会产生一定的语流音变情况，具体来说，有以下几种情况。

### （一）AA 式重叠的发音

AA 式重叠在发音时，一般情况下第二个音节会变读为轻声音节或儿化。如：

| | | | |
|---|---|---|---|
| 哥→哥哥 | 娃→娃娃 | 想→想想 | 试→试试 |
| 好→好好儿 | 远→远远儿 | | |

### （二）ABB 式重叠的发音

ABB 式重叠在发音时，重叠的部分 BB 有两种发音情况，一种是读作原调，另一种是重叠的部分 BB(声调非阴平)变读为阴平，声调调值变为 55。

1. ABB 式读作原调

| | | | |
|---|---|---|---|
| 火辣辣 | 雾蒙蒙 | 金灿灿 | 红艳艳 |
| 赤裸裸 | 笑吟吟 | 恶狠狠 | 白皑皑 |

2. ABB 式可以读作原调，也可以将 BB 变读为阴平 55 调

| | | | |
|---|---|---|---|
| 文绉绉 | 沉甸甸 | 红彤彤 | 孤零零 |
| 黑黝黝 | 香喷喷 | 黄澄澄 | 绿油油 |
| 慢腾腾 | 羞答答 | 毛茸茸 | 湿漉漉 |

### （三）AABB 式重叠的发音

AABB 式重叠在实际发音中有两种情况，第一种是不发生音变，第二种是第二个 A 和重叠的 BB 可能会发生一定的语音变化。

1. AABB 式重叠在实际语流中不发生音变

| | | | |
|---|---|---|---|
| 轰轰烈烈 | 快快乐乐 | 密密麻麻 | 指指点点 |
| 风风火火 | 匆匆忙忙 | 和和美美 | 空空荡荡 |
| 高高兴兴 | 堂堂正正 | 家家户户 | 真真切切 |

干干脆脆　　平平淡淡　　拉拉扯扯　　端端正正

2. AABB式重叠在实际语流中发生音变

AABB式重叠中第二个A变读为轻声音节，重叠部分BB变读为阴平即声调调值读为55。如：

漂漂亮亮　　大大方方　　老老实实　　马马虎虎
恍恍惚惚　　整整齐齐　　舒舒服服　　客客气气
扎扎实实　　热热闹闹　　顺顺当当　　大大咧咧

### (四) ABAB式重叠的发音

在第六章第二节“轻声”中的“必读轻声音节”已有讨论，此处不再赘述。

### (五) A里AB式重叠的发音

双音节的形容词可以重叠为“A里AB”式，这种重叠形式在实际语流中会产生一定的音变，“里”变读为轻声音节，“B”可以变读为阴平即声调调值读为55。如：

糊里糊涂　　傻里傻气　　古里古怪　　洋里洋气
小里小气　　啰里啰唆　　慌里慌张　　花里花哨
马里马虎　　邋里邋遢　　娇里娇气　　土里土气

## 三、重叠式的训练

### (一) 词语训练

碰碰　　写写　　等等　　讲讲
尝尝　　走走　　看看　　说说
仅仅　　做做　　星星　　弯弯
好好儿　　慢慢儿　　快快儿　　早早儿
干巴巴　　亮晶晶　　水汪汪　　笑眯眯
美滋滋　　文绉绉　　凉飕飕　　羞答答
急匆匆　　直勾勾　　脏兮兮　　沉甸甸
慢腾腾　　香喷喷　　气冲冲　　白茫茫
老老实实　　干干净净　　熙熙攘攘　　忙忙碌碌
整整齐齐　　明明白白　　老老小小　　规规矩矩
马马虎虎　　热热闹闹　　来来往往　　欢欢喜喜
扭扭捏捏　　哭哭啼啼　　高高兴兴　　花花绿绿
沸沸扬扬　　断断续续　　实实在在　　密密麻麻

### (二) 短文训练

郑庄公想起老虎似的将军颍考叔，很难受地问公孙子都："颍考叔是怎么死的?"公孙子都听了，一愣，脊梁上好似倒了一桶冰水，结结巴巴地说："我……我……我想准是被……被……被敌人射死的。"郑庄公听他说话吞吞吐吐的，心里便起了疑。他也模模糊糊地听人说，颍考叔是被本国人射死的，要不，那支箭怎么能从后心穿进去呢?

——林汉达《中国历史故事集》

# 第六节　轻重格式

## 一、什么是轻重格式

词语的轻重格式是指一个多音节词语中，每个音节有轻重不同的固定格式。轻重格式现象产生的原因是多元化的，既包括约定俗成的影响，同时也涉及音节内部音高、音强等元素的作用。

词的轻重格式与语言表达中的重音有所区别，前者是一种基本不变的定式，后者则随语言目的、思想感情及特定情境的变化而变化。以"煎饺"和"蒸饺"为例，这两个词的轻重格式应为中重。然而在疑问句"你吃煎饺还是蒸饺"中，由于"煎"和"蒸"成为语句重音，发音时需前重后轻，这种轻重表现并非词的轻重格式，而是语句重音的体现。

在实际语流中，每个音节的发音由于受到前后音节的影响，其调值的实际音值情况会有所变化，或读为更重的音节，或读为更轻的音节。词语的轻重格式对语言表达有较大的影响，在句子、短文中体现得尤为明显。合适的轻重格式有助于加强语言表达的节奏感，增强语言表达的情感。

普通话词语的轻重等级主要分为重、中、次轻、轻四个等级。一般来说，在双音节及多音节的词语中轻重变化较为明显，呈现出的具体情况也有所不同。现从词语的音节数量角度入手，探讨双音节、三音节、四音节词语的轻重格式问题。

## 二、普通话词语的轻重格式

普通话词语的轻重格式从词语音节数量来看，可以分为双音节词语的轻重格式、三音节词语的轻重格式，以及四音节词语的轻重格式三种情况。

### (一) 双音节词语的轻重格式

双音节词语的轻重格式主要分为三种，分别是中重格式、重中格式、重轻格式三种。

1. 中重格式

所谓中重格式是指两个音节中的前一个音节在发音时轻重度适中，后一个音节在发音时要重读，如：

| | | | |
|---|---|---|---|
| 国家 | 伟大 | 汽车 | 日常 |
| 交通 | 马蹄 | 电话 | 训练 |
| 收藏 | 压迫 | 胜利 | 海洋 |
| 地震 | 扩大 | 出版 | 寒流 |
| 得体 | 简直 | 放心 | 自信 |

2. 重中格式

所谓重中格式是指两个音节中的前一个音节在发音时重读，后一个音节在发音时轻重度适中，如：

| | | | |
|---|---|---|---|
| 战士 | 太阳 | 抽屉 | 宝贝 |
| 目的 | 老虎 | 爱护 | 气质 |
| 安顿 | 政治 | 动物 | 气息 |
| 会务 | 交涉 | 联络 | 器重 |
| 手艺 | 孝敬 | 样式 | 作用 |
| 温度 | 催促 | 人物 | 质量 |

这类词语并不多，词典一般不会标注。在朗读短文和口语表达时，因为语流和表述的需要，应将其读作"重中格式"。若强行读作"中重格式"，则会给人一种语感不佳的印象。

3. 重轻格式

重轻格式是指两个音节中的前一个音节在发音时重读，后一个音节在发音时要读作最轻，一般情况下都是轻声音节的词。其中以第一个音节是去声音节的轻声词最为常见，如：

| | | | |
|---|---|---|---|
| 钥匙 | 漂亮 | 月亮 | 豆腐 |
| 亲家 | 丈人 | 念叨 | 褂子 |
| 算盘 | 岁数 | 粽子 | 应酬 |
| 太太 | 干净 | 灯笼 | 葡萄 |
| 桌子 | 先生 | 巴掌 | 东家 |

### （二）三音节词语的轻重格式

三音节词语的轻重格式主要有三种，分别是中重轻格式、中中重格式、中轻重格式。

1. 中重轻格式

中重轻格式是指在一个三音节词语中，第一个音节轻重适中，第二个音节要读作重音，第三个音节要轻读。此格式在三音节的轻声词中较为常见，如：

| | | | |
|---|---|---|---|
| 枪杆子 | 一辈子 | 糖葫芦 | 胡萝卜 |
| 过日子 | 小伙子 | 好姑娘 | 小朋友 |

| | | | |
|---|---|---|---|
| 吊嗓子 | 臭架子 | 拉关系 | 白忙活 |
| 老爷子 | 硬骨头 | 假消息 | 牛脾气 |
| 山核桃 | 扭秧歌 | 卖关子 | 穷秀才 |
| 毒蘑菇 | 冰窟窿 | 大石榴 | 铁栅栏 |

2. 中中重格式

中中重格式是指在一个三音节词语中，前两个音节轻重适中，第三个音节要重读。这种格式可以看作在“中重格式”中嵌入一个稍弱一点的中音，所以往往中$_2$在音长和音强上稍弱于中$_1$如：

| | | | |
|---|---|---|---|
| 呼吸道 | 东方红 | 共青团 | 天安门 |
| 交谊舞 | 联合国 | 居委会 | 辩证法 |
| 诉讼法 | 流水线 | 科学院 | 唯物论 |
| 招待所 | 火力点 | 建筑物 | 展览会 |
| 判决书 | 党支部 | 播音员 | 收音机 |
| 呼吸道 | 老百姓 | 普通话 | 染色体 |

3. 中轻重格式

中轻重格式是指在一个三音节词语中，第一个音节轻重适中，第二个音节轻读，第三个音节重读。这种格式可以看作在“轻重格式”前加上一个中音，如：

| | | | |
|---|---|---|---|
| 保不齐 | 过不去 | 小不点儿 | 大不了 |
| 说得来 | 冷不防 | 放得下 | 摸得着 |
| 动不动 | 对不起 | 风里来 | 数得着 |

### （三）四音节词语的轻重格式

四音节词语的轻重格式主要分为三种，分别是中重中重格式、重中中重格式，以及中轻中重格式。

1. 中重中重格式

中重中重格式是指四音节词语的第一个、第三个音节发音轻重适中，第二个、第四个音节在发音时需要重读，如：

| | | | |
|---|---|---|---|
| 丰衣足食 | 日积月累 | 无独有偶 | 五光十色 |
| 轻歌曼舞 | 心平气和 | 一帆风顺 | 天经地义 |
| 心猿意马 | 独断专行 | 相得益彰 | 兼收并蓄 |

2. 重中中重格式

重中中重格式是指四音节词语的第二个、第三个音节发音轻重适中，第一个、第四个音节在发音时需要重读，如：

| | | | |
|---|---|---|---|
| 惨不忍睹 | 义不容辞 | 自力更生 | 敬而远之 |

诸如此类　　面如刀割　　艰苦奋斗　　相形之下
一扫而空　　庞然大物　　一衣带水

3. 中轻中重格式

中轻中重格式是指四音节词语的第一个、第三个音节发音轻重适中，第二个音节发音时要轻读，第四个音节在发音时需要重读，如：

社会主义　　锦绣河山　　奥林匹克　　江山如画
唇齿相依　　世外桃源　　安然无恙　　蹦蹦跳跳

## 三、普通话与四川方言轻重格式比较

### （一）四川方言的轻重格式

普通话的轻重等级分作重、中、次轻、轻四个等级，而在四川方言中，多音节词语的轻重等级只有重、中两个等级。从轻重组合格式来看，普通话组合模式较多，而四川方言因为轻重等级较少，所以组合形式也较为单一，以重中格式为主。由于四川方言和普通话在词语轻重等级上的差异，多音节词语的轻重格式便成了方言区应试人学习的重点和难点。如果不能正确把握普通话和四川方言在轻重格式上的差别，所说的普通话就会带上浓厚的方音，使语音标准度降低。比如“白菜”一词，在四川方言的重中格式下，“白”字的发音较强，同时，音长也稍许增加。但在普通话中，按照中重格式，需要将“菜”字发得更重。另外，普通话中若出现两个去声相连的情况，前一个去声的音长会变短，调值上也没有完全发到最低，更符合中重格式的语感。比如“败坏”，后一个“坏”字发音更重，但是如果按四川方言发音，就会变成前字“败”发标准去声，后字发音更轻。

在朗读短文时，轻重格式错误也会带来不佳的听感。比如《春》里的这句话：“风里带来些新翻的泥土的气息，混着青草味儿，还有各种花的香，都在微微湿润的空气里酝酿。”如果读作“风里带来些新翻的泥土的气息，混着青草味儿，还有各种花的香，都在微微湿润的空气里酝酿。”就算声韵调发音完全标准，但由于轻重格式不对，也会给人留下语调和重音不标准的印象。在口头表达过程中，更是应高度重视由此带来的普通话不纯正之感。

### （二）轻重格式对比训练

1. 词语训练

医务　　显示　　招待　　采买
牵涉　　海带　　篇目　　羡慕
肃立　　业务　　照旧　　孝敬
智慧　　嗜好　　嫌弃　　适应

2. 短文训练

你这一行的辛苦，当然辛苦到极点。就因为这个，我屡次要你生活正规化，学习正规化。不正规如何能持久？不持久如何能有成绩？如何能巩固已有的成绩？以后一定要安排好，控制得牢，万万不能“空”与“忙”调配得不匀，免得临时着急，日夜加工的赶任务。而且作品的了解与掌握，就需要长时期的慢慢消化、咀嚼、吸收。这些你都明白得很，问题在于实践！

——傅雷《傅雷家书》

南京本有一句俗语，叫作“春牛首，秋栖霞”，就是说春天应该游牛首山，秋天应该游栖霞山。因为栖霞山上有不少的三角枫和阔叶树，深秋经霜之后，树叶全都红了，如火如荼地十分美观。唐人诗中所谓“霜叶红于二月花”，确是并不夸张。

——周瘦鹃《行云集》

## 课外链接

不管是使用普通话进行日常交流，还是参加测试，只要词语读错，就会给人留下普通话基础不佳的印象。现将常见容易读错的词语总结如下。

| | | | |
|---|---|---|---|
| 框架 kuàngjià | 号召 hàozhào | 参与 cānyù | 友谊 yǒuyì |
| 曲线 qūxiàn | 憎恨 zēnghèn | 觊觎 jìyú | 酩酊 mǐngdǐng |
| 炮制 páozhì | 坎坷 kǎnkě | 蓊郁 wěngyù | 贿赂 huìlù |
| 编纂 biānzuǎn | 骨髓 gǔsuǐ | 水泵 shuǐbèng | 撇开 piēkāi |
| 鲫鱼 jìyú | 笨拙 bènzhuō | 生肖 shēngxiào | 焖饭 mènfàn |
| 鲜见 xiǎnjiàn | 被褥 bèirù | 拖累 tuōlěi | 顷刻 qǐngkè |
| 晕船 yùnchuán | 噱头 xuétóu | 札记 zhájì | 压轴 yāzhòu |
| 泥淖 nínào | 果脯 guǒfǔ | 拙劣 zhuōliè | 肖像 xiàoxiàng |
| 勾当 gòudàng | 讣告 fùgào | 龟裂 jūnliè | 戏谑 xìxuè |
| 符合 fúhé | 逡巡 qūnxún | 氛围 fēnwéi | 铁骑 tiěqí |
| 纤夫 qiànfū | 纤毛 xiānmáo | 联袂 liánmèi | 威吓 wēihè |
| 给予 jǐyǔ | 包扎 bāozā | 与会 yùhuì | 卑鄙 bēibǐ |
| 信笺 xìnjiān | 模样 múyàng | 洁癖 jiépǐ | 龋齿 qǔchǐ |
| 佣金 yòngjīn | 骁勇 xiāoyǒng | 华山 Huà Shān | 漩涡 xuánwō |
| 谮言 zènyán | 孝悌 xiàotì | 狞笑 níngxiào | 沼气 zhǎoqì |
| 佯装 yángzhuāng | 吸吮 xīshǔn | 戕害 qiānghài | 棱镜 léngjìng |
| 炽热 chìrè | 充塞 chōngsè | 热血 rèxuè | 踌躇 chóuchú |
| 处事 chǔshì | 船舷 chuánxián | 淬火 cuìhuǒ | 打战 dǎzhàn |
| 单薄 dānbó | 当真 dàngzhēn | 档次 dàngcì | 订正 dìngzhèng |
| 心弦 xīnxián | 反刍 fǎnchú | 梵文 fànwén | 分蘖 fēnniè |
| 抚摩 fǔmó | 坩埚 gānguō | 供需 gōngxū | 龃龉 jǔyǔ |

行当 hángdang　执拗 zhíniù　诡谲 guǐjué　红晕 hóngyùn
扼要 èyào　皇冠 huángguān　洄游 huíyóu　混沌 hùndùn
羁绊 jībàn　急遽 jíjù　嫉妒 jídù　给养 jǐyǎng
夹攻 jiāgōng　奖券 jiǎngquàn　接种 jiēzhòng　臼齿 jiùchǐ
拘泥 jūnì　角逐 juézhú　攫取 juéqǔ　矿藏 kuàngcáng
勒索 lèsuǒ　中肯 zhòngkěn　两栖 liǎngqī　累赘 léizhui
磷脂 línzhī　牡蛎 mǔlì　内省 nèixǐng　爪牙 zhǎoyá
瞥见 piējiàn　贫血 pínxuè　棕榈 zōnglǘ　绮丽 qǐlì
强求 qiǎngqiú　悄然 qiǎorán　躯壳 qūqiào　溶血 róngxuè
纱锭 shādìng　山坳 shān'ào　冗长 rǒngcháng　山涧 shānjiàn
神龛 shénkān　侍候 shìhòu　倏然 shūrán　水獭 shuǐtǎ
伺机 sìjī　思忖 sīcǔn　绦虫 tāochóng　剔除 tīchú
铜臭 tóngxiù　铁锨 tiěxiān　哈达 hǎdá　吐血 tùxiě
唱片 chàngpiàn　未遂 wèisuì　桅杆 wéigān　呜咽 wūyè
纤细 xiānxì　巢穴 cháoxué　宪政 xiànzhèng　殷红 yānhóng
占卜 zhānbǔ　荫庇 yìnbì　应届 yīngjiè　鳗鱼 mányú
运载 yùnzài　桎梏 zhìgù　桔梗 jiégěng　菲薄 fěibó
毗邻 pílín　缄默 jiānmò　呕吐 ǒutù　称职 chènzhí
矗立 chùlì　挫折 cuòzhé　眼眶 yǎnkuàng　计量 jìliàng
间距 jiānjù　济济 jǐjǐ　皈依 guīyī　巷道 hàngdào
皴裂 cūnliè　剽窃 piāoqiè　自诩 zìxǔ　膻味 shānwèi
恫吓 dònghè　挣脱 zhèngtuō　确凿 quèzáo　老妪 lǎoyù
一瞥 yìpiē　徇私 xùnsī　艄公 shāogōng　糟粕 zāopò
翘首 qiáoshǒu　蛋挞 dàntà　脖颈 bógěng　丧钟 sāngzhōng
创伤 chuāngshāng　渐染 jiānrǎn　熟稔 shúrěn　骰子 tóuzi
卡壳 qiǎké　合卺 héjǐn　颔首 hànshǒu　体己 tīji
坊间 fāngjiān　蹩脚 biéjiǎo
便宜行事 biànyí-xíngshì　为虎作伥 wèihǔ-zuòchāng
芝麻糊 zhīmahù　纵横捭阖 zònghéng-bǎihé
前倨后恭 qiánjù-hòugōng　既往不咎 jìwǎng-bùjiù
厝火积薪 cuòhuǒ-jīxīn　拾级而上 shèjí'érshàng
量体裁衣 liàngtǐ-cáiyī　怙恶不悛 hù'è-bùquān

## 思考与实训

1. 普通话中的音变现象主要有哪些类型？请简要描述每种类型的音变。

2. 在普通话中，儿化音是一种常见的音变现象，请举例说明儿化音的发音规则。
3. 对普通话学习者来说，如何识别和记忆轻声？请提出一些有效的方法。
4. 朗读词语，注意上声的变调。

| | | | |
|---|---|---|---|
| 保管 | 采访 | 产品 | 打扰 |
| 岛屿 | 顶点 | 反感 | 腐朽 |
| 港口 | 鼓舞 | 好感 | 采取 |
| 懵懂 | 洗澡 | 享有 | 小组 |
| 把关 | 审批 | 导师 | 短期 |
| 法官 | 反击 | 感激 | 狠心 |
| 保持 | 草原 | 语言 | 导游 |
| 法庭 | 法则 | 反驳 | 感觉 |
| 保密 | 采购 | 染料 | 产量 |
| 挽救 | 省会 | 法令 | 胆怯 |
| 姐姐 | 打算 | 嗓子 | 脑袋 |
| 耳朵 | 喜欢 | 管子 | 码头 |

5. 朗读词语，注意轻声的发音。

| | | | |
|---|---|---|---|
| 珠子 | 指甲 | 棒子 | 寡妇 |
| 脾气 | 欺负 | 前头 | 亲戚 |
| 人家 | 认识 | 上边 | 烧饼 |
| 舍得 | 师傅 | 收成 | 疏忽 |
| 说法 | 妥当 | 养活 | |

6. 朗读词语，注意儿化的发音。

| | | | |
|---|---|---|---|
| 包干儿 | 冰棍儿 | 聊天儿 | 没事儿 |
| 墨水儿 | 掉价儿 | 这会儿 | 主角儿 |
| 坟头儿 | 香肠儿 | 山根儿 | 尖儿 |
| 一髻儿 | 银边儿 | 厚点儿 | 一道儿 |
| 水纹儿 | 火罐儿 | 茶馆儿 | 鼻梁儿 |
| 透亮儿 | 扇面儿 | 闹着玩儿 | 头发丝儿 |

7. 朗读词语，注意多音字的念法。

| | |
|---|---|
| 矿藏—宝藏 | 答应—答复 |
| 宽绰—绰绰有余 | 创伤—创举 |
| 曝光—一曝十寒 | 处理—处长 |
| 荷花—负荷 | 横亘—横行 |

8. 朗读古诗词，注意“一”“不”的变调。

### 一　字　诗

［清］陈　沆

一帆一桨一渔舟，一个渔翁一钓钩。
一俯一仰一场笑，一江明月一江秋。

### 寻隐者不遇

［唐］贾　岛

松下问童子，言师采药去。
只在此山中，云深不知处。

### 陋　室　铭

［唐］刘禹锡

山不在高，有仙则名。水不在深，有龙则灵。斯是陋室，惟吾德馨。苔痕上阶绿，草色入帘青。谈笑有鸿儒，往来无白丁。可以调素琴，阅金经。无丝竹之乱耳，无案牍之劳形。南阳诸葛庐，西蜀子云亭。孔子云：何陋之有？

# 第七章 普通话朗读训练

## 第一节 朗读概述

### 一、朗读与朗读测试

《现代汉语词典》(第7版)对“朗读”一词的解释是“清晰响亮地把文章念出来”。朗读作为一种口头表达方式,旨在将文字转化为声音,让听者能够理解和感知文字所传达的意义和情感,充分感受文章中所蕴含的情感韵味,进而引发共鸣。朗读不仅仅是一种口头表达技巧,更是一种艺术。通过对文章的朗读,我们可以展现出文字背后的内涵和魅力。

在普通话水平测试中,“朗读短文”是综合检测普通话运用能力的一种形式。在测查声母、韵母、声调读音标准程度的同时,重点测查连续音变、停连、语调以及流畅程度,大部分测试者失分较多。由此看来,明确朗读的基本要求并掌握朗读的相关技巧,是非常有必要的。

### 二、常见问题

#### (一) 修改原文

朗读,作为一种将文字转化为声音的艺术,其基本要求就是要忠实于作品的原貌。这意味着在朗读过程中,我们要遵循以下原则:不添字、不漏字、不改字。因为这三个“不”是确保我们传达的作者思想、表达的作品意义不偏离原意的基石。忠于原文不仅是对作者的尊重,更是对作品的尊重。一部作品,无论是诗歌、散文还是小说,都具有其独特的韵味和意境。只有通过准确地朗读,我们才能将这些韵味和意境淋漓尽致地展现出来,让听者感受到作品的真实魅力,更好地传达作者的意图。在朗读过程中,我们要遵循语法规则,清晰地发音,准确地表达每一个词语的意义。这样,才能让听者更好地理解作品的内容,感受作品的力量。

要想避免修改原文的失误,就必须要熟悉朗读篇目,准确掌握生僻字和难点字的读音,培养良好的朗读习惯,遵循原字原句进行朗读,忠实于原作,提高准确率。同时提升阅读速度和效率,每次朗读时,眼睛要比嘴巴快三秒,提前用余光扫视即将朗读的语段,避免逐字逐句发音，养成从眼到脑，从脑到嘴的朗读习惯。

### （二）语气语调偏误

普通话的学习，本身就是一种从方言到标准语的转化。朗读时，在语流中出现的语调偏误会比在读单独字词时的更多更明显。主要表现在以下几个方面。

1. 语流音变不标准

没有按照语流音变的规则进行变调，例如“有一种人的意见是不对的，我们早已批驳了这种意见了”中的“一种”应读作“yì 种”，“早已”的声调应变读为“35＋21”，虚词“的、了”都需要读作轻声，如果没有按照音变规则进行变化，不仅会让整个句子听起来比较生硬，还会在字词错误一项上被反复扣分。

2. 语气不恰当

在普通话水平测试中，朗读短文这一项并不考查在朗读时是否带有感情，一般来说，不需要像表演那样带上丰富的情感去演绎，但是在朗读的过程中，根据作品反映的场景以及人物性格调整语气，对音色饱满度是有利的。例如：“扫开一块雪，露出地面，用一支短棒支起一面大的竹筛来，下面撒些秕谷，棒上系一条长绳，人远远地牵着，看鸟雀下来啄食，走到竹筛底下的时候，将绳子一拉，便罩住了”，此处表现的是孩童冬日在雪地里捕鸟的场景，言语间充满童趣，语气应当轻快。“我的保姆，长妈妈即阿长，辞了这人世，大概也有了三十年了罢。我终于不知道她的姓名，她的经历……”表现的是难过低落的情绪，语气应当低沉缓慢。

3. 语速节奏不恰当

一般说来，朗读时稍快或稍慢，只要不影响表情达意，都是没有问题的。但是故意拉长声音，或加快速度，或未按照内容以及情节使用正确语速，或缺少应有的语速变化都会被视为语调偏误。例如：“外婆睡着了，病痛的折磨让她瘦脱了相，原本红润饱满的脸庞凹陷进去，苍白瘦弱的样子令人无比心疼”，语速应当舒缓适中，以体现出对外祖母的关心和心疼。又如：“老麻雀是猛扑下来救护幼雀的。它用身体掩护着自己的幼儿……但它整个小小的身体因恐怖而战栗着，它小小的声音也变得粗暴嘶哑，它在牺牲自己”，节奏应该比较急切，不宜过于平缓。

### （三）重音不当

重音，顾名思义，就是我们在表达过程中刻意强调的重要词汇或短语。在各类口头表达活动中，如短文朗读、演讲、辩论等，正确地运用和识别重音至关重要。重音的表达不仅关乎语言的美感，更直接影响到信息传递的准确性。如果重音的把握出现偏差，那么整个表达效果会大打折扣，甚至可能导致听众误解作者原意。

1. 重音位置错误

在朗读过程中，重音位置的准确性是非常重要的。如果重音位置错误，可能会使听众对作者的本义产生误解。例如：“中秋之后，秋风是一天凉比一天”，正确的重音位置应该在两个“一天”上，强调的是对温度的感受，如果将重音放在“中秋”上，就会改变句子在文中的作用，变成强调的是时间点。

2. 重音强度不合理

重音的强度也是需要控制的，过强或过弱的重音都会影响语句的表达。例如：“星星之火，可以燎原”，如果将“星星”的重音强度放大，就会让人的关注点放在句子的前半部分，而忽略了后半部分的结果“可以燎原”。

3. 重音与语境不符

在某些情况下，重音需要与语境相符。如果重音与语境不符，可能会导致表达的混乱。例如：“但有一件小事，却于我有意义”，如果在“一件”这个词上加重音，就会凸显小事的数量，但结合上下文，作者鲁迅先生在开头部分谈到了“大事”，所以这里的重音应该放在“小事”上。

### （四）停连不当

停连是朗读过程中声音的间断与连续，是朗读中不可或缺的技巧，恰当的停连可以使语句更加清晰、有力。为实现表情达意的效果，朗读需有停有连。然而，停连不当也会造成表达上的困扰。

1. 停连位置不合理

在朗读过程中，停顿的位置非常关键。第一原则就是不能破词，也就是如果停顿的位置在一个词或短语的中间，不仅会使整段文字的表达缺乏连贯性，甚至还会影响语段的表意。例如：“当拉比斯公司的记账员勒拉老爹从店里出来时”，如果在“拉比斯”或“勒拉”这两个外国名字中间进行了停顿，就会打破句子整体的流畅感，影响听众对信息的捕捉程度。

2. 停连时间过长或过短

停连的时间也是需要控制的。时间过长，可能会使听众感到厌烦，影响整体的表达效果；时间过短，可能会使听众感到紧张，不利于理解文本。例如：“这园子里蜂子、蝴蝶、蜻蜓、蚂蚱，样样都有”，如果在这句话的“蜻蜓”后停顿太久，就会出现割裂的感觉，不利于文段的整体感知。而为了表现出园子里昆虫的多种多样，反而应该在每个顿号处做“连”的处理。

3. 停连与没有层次感

在朗读时，停连的设置要与文本的内容相符。如果内容上是有层次感的，那就需要用不同长短的停连来表现。例如：“那一片声音是清脆的，是嘹亮的，有的一声长叫，包括着六七个音阶，有的只是一个声音，圆润而不觉其单调，有时是独奏，有时是合唱”，这段话使用的都是逗号，但是在朗读时，在“是嘹亮的”“六七个音阶”“不觉其单调”后的这几个逗号处的停顿，都要比其他停顿稍长一点，以表现出这句话的三个不同角度。

### （五）朗读不流畅

朗读是语码从文字转换成语音的过程，如果对文段的熟悉度和理解度低，需要字字斟酌，文字识别和信息处理耗时长，朗读的流畅度就会比较低。在朗读过程中，气息的运用至关重要。如果气息控制不当，会导致朗读过程中出现断续、颤抖等问题，影响整体的表达效果。当朗读较长句子或复杂句式时，要保持稳定的气息，避免因气息不足而表达不连贯。

朗读节奏感的把握对表达文本的韵律美至关重要，要避免在朗读文章时，不论内容性质如何，均采取三五一顿的节奏，或毫无根据的时快时慢，从而产生类似于唱歌般的朗读现象。

## 第二节　训练方法

在应试前，应当熟读测试短文的文章内容及句式结构，查询文章中的生僻字，确认正确读音。关注作品中的变调、轻声、儿化和“啊”的音变，避免语音错误和语调偏误。除此之外，还可对作品基调进行分析，利用朗读技巧，进一步提升表达效果。

### 一、把握作品基调

#### （一）深入分析作品

朗读基调是指作品的情绪情感，是思想感情在语句、段落中的整体表现。把握正确的基调需要深入分析作品，可以从体裁、主题、结构、语言特征、作者思想，以及作品时代背景和人物性格等多方面进行分析。考前首先应熟读作品，从而正确把握作品基调，切忌不做充分准备，或者对作品只做浮光掠影的泛读。

在普通话水平测试篇目中，有的作品基调是热情赞美，如《阅读大地的徐霞客》；有的生动风趣，如《孩子和秋风》；有的亲切自然，如《我的老师》；有的深沉宁静，如《匆匆》；有的骄傲自豪，如《中国石拱桥》。这就需要我们在朗读时，根据情感的变化，适时调整语调、节奏和重音等技巧。

#### （二）设计朗读方案

掌握基调表达的规律和技巧，设计相应的朗读方案。不仅作品的情感基调可以通过朗读的音高、音低、音强、音弱表现，还有喜、怒、哀、乐等态度情感，可以通过具体的声调、语气、节奏、气息等技巧体现。

一般来说，写景记叙文通常自然舒缓，例如《繁星》，作者内心放松舒展、平和宁静，语气应当轻柔舒缓；人物记叙文根据故事情节以及人物性格特征确定不同人物的语言风格，例如《人生如下棋》，孩子的性格特征一开始是急于求成且不服输，但经过父亲的教导之后意识到自己的错误并感到羞愧，而父亲的性格特征是耐心、富于智慧，对孩子循循善诱；科普文章要拉近距离，使听众感到亲切自然，例如《海洋与生命》，在朗读的过程中，尽量亲切、柔和，娓娓道来。

### 二、语速适中

语速是指在朗读过程中，在固定时间内传达特定词汇数量的速率。它不仅体现在音节的时长，还体现在音节间的间距、紧密程度，以及语调的“音长”上。

### （一）根据内容确定语速

朗读的语速与作品所传达的思想内容密切相关，在朗读前应对作品内容进行充分了解，理解作品表达的主题思想，以及人物情节与事件的发展，准确把握文章所要表达的情感基调，赋予不同年龄、身份和性格的人物以不同的语速快慢节奏。

1. 故事情节变化

发生了紧急事件的场面适宜用快语速朗读，庄严肃穆的场面适宜用慢语速朗读。紧张、焦急、慌乱、热烈、欢畅的心情宜用快读，沉重、悲痛、缅怀、悼念、失望的心情宜用慢读。作者的批评、指责、申诉以及雄辩宜用快读，一般的叙述、阐述、回忆等内容宜用慢读。例如：

忽然，从附近一棵树上飞下一只黑胸脯的老麻雀，像一颗石子似的落到狗的跟前。老麻雀全身倒竖着羽毛，惊恐万状，发出绝望、凄惨的叫声，接着向露出牙齿、大张着的狗嘴扑去。

此处语速应当较快，体现出老麻雀发现小麻雀跌落到地上，落在狗的面前，可能会有生命危险的危急情况。

在乡下，小路上，石桥边，有撑起伞慢慢走着的人，地里还有工作的农民，披着蓑戴着笠。他们的房屋，稀稀疏疏的，在雨里静默着。

此处描绘的是春雨中的情景，景和人都平和轻柔，相应的语速也应轻缓。

在灰沉沉的天底下，忽而来一阵凉风，便息列索落地下起雨来了。

此处虽是描写了突然下雨的情况，但这雨既不大，也不急，下了一阵就停歇了，适宜使用较慢的语速朗读，体现秋雨的柔情。

2. 人物性格与年龄

人物辩论、争吵或急促的交流宜用快读，闲聊、细语时宜用慢读。年轻、机警、果断的人物，对其言语和动作的描述宜用快读；对年老、沉稳、迟缓的人物的描述则宜用慢读。

例如：

父亲说：“你们爱吃花生么？”我们争着答应：“爱！”“谁能把花生的好处说出来？”姐姐说：“花生的味儿美。”哥哥说：“花生可以榨油。”我说：“花生的价钱便宜，谁都可以买来吃，都喜欢吃。这就是它的好处。”

此处的一段对话是父亲和几个孩子讨论花生的好处，朗读时，语言表达应充满童真，节奏欢快，展现出孩子们对花生的喜爱之情。几个孩子因为性别和年龄的不同，语气也应稍有差异。

### （二）根据体裁确定语速

在普通话水平测试中，朗读篇目以记叙文为主，记叙文一般语速适中。还有部分说明文或用以说明的段落，语速比记叙文节奏要稍微快一些。例如：

普之仁领我穿着茶花走，指点着告诉我这叫大玛瑙，那叫雪狮子；这是蝶翅，那是大紫袍……名目花色多得很。

《茶花赋》是记叙文，此处记叙作者参观茶花园的场景，描述了各种茶花的名称和颜色，朗读时应语速适中，节奏明快。

而像《中国石拱桥》这类说明文，写出了赵州桥的长度和特点，朗读时就应如同给纪录片配音一样，语速舒缓，如数家珍，带有自豪之情。

#### （三）注重转换和清晰度

朗读任何一篇文章，都不能完全采用同一种速度。朗读者需注意根据作者情感的波动和事物变迁，适时调整朗读节奏，以实现朗读速度的转换。这一过程在朗读实践中具有重要意义，若要取得优异的朗读效果，把握朗读速度的变化至关重要。

在朗读过程中，当速度较快时，务必重视字音的清晰度，不可因追求速度而发音模糊，甚至出现"吞音"现象；当速度较慢时，需注重声音的明亮与实在，避免因朗读速度较慢而显得气息不足、节奏拖沓。因此，在控制朗读速度时，要力求达到快速而不混乱，缓慢而不拖沓。

### 三、重音准确

#### （一）语法重音

语法重音是按照语法结构特点确定重音。

1. 重音放在谓语上

主谓结构中重音放在句末，往往是谓语部分。例如：

东风来了，春天的脚步近了。

2. 重音放在定语和状语上

此种情况，往往是需要强调修饰语部分，在定语和状语部分做重音处理。例如：

她把墙上挂着的黑黝黝的腊肉变成亮晶晶的炒肉片，把粗硬的腊骨头炖成香浓的肉汤。

天黑时，我躺在床上，他便伶伶俐俐地从我身上跨过，从我脚边飞去了。

3. 重音放在补语上

定语和状语作为位置在前的修饰成分，需要重读。补语作为谓语后补充说明的成分，根据上下文语境，往往也需要重读。例如：

北方的秋雨，也似乎比南方的下得奇，下得有味，下得更像样。

4. 重音放在疑问词上

在问句中，不管是设问还是反问，疑问词往往都是需要重读的。例如：

在逃去如飞的日子里，在千门万户的世界里的我能做些什么呢？

### (二) 强调重音

也被称为逻辑重音、感情重音或特殊重音。不受语法制约，在句子中位置不固定，具体位置根据语境和要表达的意思与强调的重点确定。多用在表示强烈的情绪起伏以及内心活动上，使语言富有感染力。

例如：

谓语部分，强调自然景象在春季的变化：山朗润起来了，水涨起来了，太阳的脸红起来了。

定语部分，强调冷的程度："腊七腊八，冻死寒鸦"，这是一年里最冷的时候。

状语部分，强调作者的情感：我热切地望着他的手，那双手满是茧子，沾着新鲜的泥土。

## 四、停连适当

停连不仅是准确表达语段内容的语法需求，更是情感表达的必要手段。朗读过程中，既不能一字一停、断断续续，也不能字字相连、一气到底。无论是对朗读者还是对听众，停连都是至关重要的：它既是展现语法结构的必要条件，也是清晰表达和传递情感的关键要素。

### (一) 停顿方式

1. 标点符号停顿

根据不同标点符号选择停顿时长，通常句号、问号与叹号停顿时间最长，分号与冒号停顿时间次之，逗号停顿时间较短，顿号停顿最为短暂。例如：

动物们因为要商议要事，开了一个会议，鸟、鱼、兽都齐集了，单是缺了象。

这句话中，句号停顿稍长，逗号稍作停顿，顿号处则可以用气连声断的方式做"连"的处理。

2. 语法停顿

语法停顿主要是在没有标点符号的情况下，文章中的长句子可根据语法的内部关系，按照句子主语、谓语、宾语等结构进行相应停顿。例如：

主语和谓语之间：鸟的身躯/都是玲珑饱满的。

谓语和宾语之间：我曾经写过/在安然轻松之下进入老境的情调儿。

较长附加成分和中心词之间：著着很厚的青布单衣或夹袄的/都市闲人。

并列成分之间：这时，翠绿/与金黄相混，悲伤/与喜悦相杂，希望/与回忆相间。

3. 感情停顿

感情停顿没有固定的停顿规律，打破了标点和语法的限制。可按照情感、情绪和心理变化进行停顿处理，根据句子表达的具体情感需要进行停顿，并且在停顿的过程中依然有情感的酝酿或表达。例如：

"而是表示/老年的成熟/与蔼然可亲的智慧"，此处的停顿引发了听者的好奇，从而强调了对成熟与智慧的赞美。

"有的是/飞起来的时候/才闪露一下斑斓的花彩",此处的停顿强调了鸟儿展露美丽模样的瞬间,凸显出各种不同情况下鸟的形态。

### (二) 连接方式

1. 直连

连接较为自然流畅,通常在有标点符号标记的句子中使用,连接的文字前后内容联系较为紧密,多用在需要持续抒发感情的地方。例如:

城里乡下,家家户户,老老小小,也赶趟儿似的,一个个都出来了。

2. 曲连

在连接处有一定的短暂停顿间隙,但是又有紧密联系,内容情感环环相连。可用于段落或者句子之间需要连接的地方,也可用于需要区分内容但又没有标点符号的文字部分。例如:

祖父栽花,我就栽花;祖父拔草,我就拔草。当祖父下种,种小白菜的时候,我就跟在后边,把那下了种的土窝,用脚一个个地溜平。

此处虽然有标点符号,但是描述的内容紧密连接,表现了作者和祖父在园子里一起劳作的场景,不宜断开停顿,应当一气呵成,连贯朗读,在一个个平凡的动作里体现出温馨的情感,再现当时的画面。

3. 气连

在朗读过程中,有些句子虽然没有标点符号或语法停顿,但是为了表达情感或强调某一内容,可以在句子内部或结尾处采用声断气连的方式,使情感延续。

例如:

它在大笑,它又在号叫……它笑那些乌云,它因为欢乐而号叫!

这句话中,可以在"大笑"和"它"之间采用气连的方式,以凸显海燕在暴风雨之前的无畏精神,让情感更加饱满。

## 第三节　短文朗读解析

为提高朗读水平,本书选择10篇中外优美短文进行分析,对部分难点句子的重音、停顿、语速等方面进行解读,以帮助应试人更好地把握作品内涵,提升朗读技巧。

按照《汉语拼音方案》的要求,标注拼音时一般只标本调,不标变调。但是由于在朗读、说话等口语表达过程中,某些音节的声调会发生改变,如"一"和"不"。为了更好地表现音变情况,作品解析部分中标注的都是"一""不"的变调,即在作品中实际朗读的声调。其余变调情况均标注原调,朗读时要注意变调。

### 篇目一《春风》

济南与青岛是多么不相同的地方呢！一个设若比作穿肥袖马褂的老先生，那一个便应当是摩登的少女。可是这两处不无相似之点。拿气候说吧，济南的夏天可以热死人，而青岛是有名的避暑所在；冬天，济南也比青岛冷。但是，两地的春秋颇有点相同。济南的春天多风，青岛也是这样；济南的秋天是长而晴美，青岛亦然。

对于秋天，我不知应爱哪里的：济南的秋是在山上，青岛的是海边。济南是抱在小山里的；到了秋天，小山上的草色在黄绿之间，松是绿的，别的树叶差不多都是红与黄的。就是那没树木的山上，也增多了颜色——日影、草色、石层，三者能配合出种种的条纹，种种的影色。配上那光暖的蓝空，我觉到一种舒适安全，只想在山坡上似睡非睡地躺着，躺到永远。青岛的山——虽然怪秀美——不能与海相抗，秋海的波还是春样的绿，可是被清凉的蓝空给开拓出老远，平日看不见的小岛清楚地点在帆外。这远到天边的绿水使我不愿思想而不得不思想；一种无目的思虑，要思虑而心中反倒空虚了些。济南的秋给我安全之感，青岛的秋引起我甜美的悲哀。我不知应当爱哪个。

两地的春可都被风给吹毁了。所谓春风，似乎应当温柔，轻吻着柳枝，微微吹皱了水面，偷偷地传送花香，同情地轻轻掀起禽鸟的羽毛。济南与青岛的春风都太粗猛。济南的风每每在丁香海棠开花的时候把天刮黄，什么也看不见，连花都埋在黄暗中；青岛的风少一些沙土，可是狡猾，在已很暖的时节忽然来一阵或一天的冷风，把一切都送回冬天去，棉衣不敢脱，花儿不敢开，海边翻着愁浪。

——节选自老舍《春风》

**朗读指导**

《春风》为一篇描绘济南与青岛春秋之季自然风貌的散文佳作，字里行间洋溢着浓厚的情感与旺盛的生命力。作者通过对两地春风的细腻描绘，传达出对自然界的热爱，以及对故土的思念之情，同时展现了其对生命之源的敬畏之心。

在这篇散文中，老舍多处运用了拟人的修辞手法，将物人格化，生动形象，富于情韵。他形容春风“似乎应当温柔，轻吻着柳枝，微微吹皱了水面，偷偷地传送花香，同情地轻轻掀起禽鸟的羽毛”。这句话形象地描绘了春风的柔和与温暖，留给读者无限的想象。因此在朗读的时候，语调应当轻柔、明快。但下文笔调一转，“青岛的风少一些沙土，可是狡猾，在已很暖的时节忽然来一阵或一天的冷风，把一切都送回冬天去，棉衣不敢脱，花儿不敢开，海边翻着愁浪”。同样是运用了拟人的修辞手法，但这句话描绘的却是青岛的春风不送花香鸟语，反而掩埋鲜花，送来冬天，意在突出春风的粗猛。因此在朗读的时候，语调应加重，读得低沉、缓慢一些。

**词语指导**

| | | | |
|---|---|---|---|
| 设若 shèruò | 肥袖 féixiù | 马褂 mǎguà | 先生 xiānsheng |
| 摩登 módēng | 气候 qìhòu | 晴美 qíngměi | 差不多 chàbuduō |

| | | | |
|---|---|---|---|
| 日影 rìyǐng | 草色 cǎosè | 石层 shícéng | 清凉 qīngliáng |
| 开拓 kāituò | 思虑 sīlǜ | 应当 yīngdāng | 似乎 sìhū |
| 轻吻 qīngwěn | 吹皱 chuīzhòu | 传送 chuánsòng | 禽鸟 qínniǎo |
| 粗猛 cūměng | 狡猾 jiǎohuá | 愁浪 chóulàng | |

**句子解读**

(1) 一个/设若比作穿肥袖马褂的老先生，那一个/便应当是摩登的少女。

(2) 配上那光暖的蓝空，我觉到/一种舒适安全，只想在山坡上/似睡非睡地躺着，躺到永远。

(3) 这远到天边的绿水/使我不愿思想而不得不思想；一种无目的思虑，要思虑/而心中反倒空虚了些。

(4) 所谓春风，似乎应当温柔，轻吻着柳枝，微微吹皱了水面，偷偷地传送花香，同情地轻轻掀起/禽鸟的羽毛。

(5) 济南的风/每每在丁香海棠开花的时候/把天刮黄，什么也看不见，连花/都埋在黄暗中；青岛的风/少一些沙土，可是狡猾，在已很暖的时节/忽然来一阵或一天的冷风，把一切/都送回冬天去，棉衣不敢脱，花儿不敢开，海边翻着愁浪。

**篇目二《海燕》**

在苍茫的大海上，狂风卷集着乌云。在乌云和大海之间，海燕像黑色的闪电，在高傲地飞翔。

一会儿翅膀碰着波浪，一会儿箭一般地直冲向乌云，它叫喊着，——就在这鸟儿勇敢的叫喊声里，乌云听出了欢乐。

在这叫喊声里——充满着对暴风雨的渴望！在这叫喊声里，乌云听出了愤怒的力量、热情的火焰和胜利的信心。

海鸥在暴风雨来临之前呻吟着，——呻吟着，它们在大海上飞窜，想把自己对暴风雨的恐惧，掩藏到大海深处。

海鸭也在呻吟着，——它们这些海鸭啊，享受不了生活的战斗的欢乐：轰隆隆的雷声就把它们吓坏了。

蠢笨的企鹅，胆怯地把肥胖的身体躲藏到悬崖底下……只有那高傲的海燕，勇敢地，自由自在地，在泛起白沫的大海上飞翔！

乌云越来越暗，越来越低，向海面直压下来，而波浪一边歌唱，一边冲向高空，去迎接那雷声。

雷声轰响。波浪在愤怒的飞沫中呼叫，跟狂风争鸣。看吧，狂风紧紧抱起一层层巨浪，恶狠狠地把它们甩到悬崖上，把这些大块的翡翠摔成尘雾和碎末。

海燕叫喊着，飞翔着，像黑色的闪电，箭一般地穿过乌云，翅膀掠起波浪的飞沫。

看吧，它飞舞着，像个精灵，——高傲的、黑色的暴风雨的精灵，——它在大笑，

> 它又在号叫……它笑那些乌云，它因为欢乐而号叫！
>
> 这个敏感的精灵，——它从雷声的震怒里，早就听出了困乏，它深信，乌云遮不住太阳，——是的，遮不住的！
>
> 狂风吼叫……雷声轰响……
>
> 一堆堆乌云，像青色的火焰，在无底的大海上燃烧。大海抓住闪电的箭光，把它们熄灭在自己的深渊里。这些闪电的影子，活像一条条火蛇，在大海里蜿蜒游动，一晃就消失了。
>
> ——暴风雨！暴风雨就要来啦！
>
> 这是勇敢的海燕，在怒吼的大海上，在闪电中间，高傲地飞翔；这是胜利的预言家在叫喊：
>
> ——让暴风雨来得更猛烈些吧！
>
> ——选自高尔基《海燕》

**朗读指导**

《海燕》或称《海燕之歌》，是高尔基所著的一篇脍炙人口的散文诗。海燕于暴风雨降临之前，翱翔于海面之上。在文章中，作者通过对海燕在暴风雨将临之际勇敢欢快的形象的描绘，展现了自信满满、豪情万丈的战斗情怀以及激昂的革命乐观主义精神。同时，旨在激励读者借鉴“海燕”之精神，培育勇敢、坚韧、乐观、自信的品质和积极进取的人生观。

对于这篇富有象征意义又运用了多种修辞手法的散文诗，体会作者隐含在字里行间的情感递增变化，并用不同的语速和语调进行朗读是关键。如：“在苍茫的大海上，狂风卷集着乌云。在乌云和大海之间，海燕像黑色的闪电，在高傲地飞翔。”这是开头的第一个场景，用平静中稍带低沉的语调朗读，语速适中，读出当时环境的沉闷、压抑，读出暴风雨即将来临的酝酿之势。而“雷声轰响。波浪在愤怒的飞沫中呼叫，跟狂风争鸣。看吧，狂风紧紧抱起一层层巨浪，恶狠狠地把它们甩到悬崖上，把这些大块的翡翠摔成尘雾和碎末”这段话，则采用较快的语速，语调高亢有力，反映波浪与狂风的激烈搏斗，读出波浪勇敢迎战的斗争精神。

**词语指导**

| | | | |
|---|---|---|---|
| 苍茫 cāngmáng | 狂风 kuángfēng | 鸟儿 niǎo'ér | 暴风雨 bàofēngyǔ |
| 愤怒 fènnù | 力量 lìliàng | 热情 rèqíng | 胜利 shènglì |
| 信心 xìnxīn | 海鸥 hǎi'ōu | 来临 láilín | 呻吟 shēnyín |
| 飞窜 fēicuàn | 掩藏 yǎncáng | 蠢笨 chǔnbèn | 胆怯 dǎnqiè |
| 躲藏 duǒcáng | 迎接 yíngjiē | 轰响 hōngxiǎng | 争鸣 zhēngmíng |
| 翡翠 fěicuì | 尘雾 chénwù | 碎末 suìmò | 掠起 lüèqǐ |
| 精灵 jīnglíng | 号叫 háojiào | 敏感 mǐngǎn | 震怒 zhènnù |
| 深渊 shēnyuān | 影子 yǐngzi | 蜿蜒 wānyán | 猛烈 měngliè |

**句子解读**

(1) 在苍茫的大海上，狂风/卷集着乌云。在乌云和大海之间，海燕/像黑色的闪电，在高傲地飞翔。

(2) 一会儿/翅膀碰着波浪，一会儿/箭一般地直冲向乌云，它叫喊着，——就在这鸟儿勇敢的叫喊声里，乌云/听出了欢乐。

(3) 蠢笨的企鹅，胆怯地把肥胖的身体/躲藏到悬崖底下……只有那/高傲的海燕，勇敢地，自由自在地，在泛起白沫的大海上/飞翔！

(4) 乌云/越来越暗，越来越低，向海面直压下来，而波浪/一边歌唱，一边冲向高空，去迎接/那雷声。

(5) 大海/抓住闪电的箭光，把它们熄灭在自己的深渊里。这些闪电的影子，活像一条条火蛇，在大海里/蜿蜒游动，一晃/就消失了。

**篇目三《故都的秋》**

秋天，无论在什么地方的秋天，总是好的；可是啊，北国的秋，却特别地来得清，来得静，来得悲凉。我的不远千里，要从杭州赶上青岛，更要从青岛赶上北平来的理由，也不过想饱尝一尝这“秋”，这故都的秋味。

江南，秋当然也是有的，但草木凋得慢，空气来得润，天的颜色显得淡，并且又时常多雨而少风；一个人夹在苏州上海杭州，或厦门香港广州的市民中间，混混沌沌地过去，只能感到一点点清凉，秋的味，秋的色，秋的意境与姿态，总看不饱，尝不透，赏玩不到十足。秋并不是名花，也并不是美酒，那一种半开、半醉的状态，在领略秋的过程上，是不合适的。

不逢北国之秋，已将近十年了。在南方每年到了秋天，总要想起陶然亭的芦花，钓鱼台的柳影，西山的虫唱，玉泉的夜月，潭柘寺的钟声。在北平即使不出门去吧，就是在皇城人海之中，租人家一椽破屋来住着，早晨起来，泡一碗浓茶，向院子一坐，你也能看得到很高很高的碧绿的天色，听得到青天下驯鸽的飞声。从槐树叶底，朝东细数着一丝一丝漏下来的日光，或在破壁腰中，静对着像喇叭似的牵牛花（朝荣）的蓝朵，自然而然地也能够感觉到十分的秋意。说到了牵牛花，我以为以蓝色或白色者为佳，紫黑色次之，淡红色最下。最好，还要在牵牛花底，教长着几根疏疏落落的尖细且长的秋草，使作陪衬。

北国的槐树，也是一种能使人联想起秋来的点缀。像花而又不是花的那一种落蕊，早晨起来，会铺得满地。脚踏上去，声音也没有，气味也没有，只能感出一点点极微细极柔软的触觉。扫街的在树影下一阵扫后，灰土上留下来的一条条扫帚的丝纹，看起来既觉得细腻，又觉得清闲，潜意识下并且还觉得有点儿落寞，古人所说的梧桐一叶而天下知秋的遥想，大约也就在这些深沉的地方。

秋蝉的衰弱的残声，更是北国的特产；因为北平处处全长着树，屋子又低，所以

> 无论在什么地方，都听得见它们的啼唱。在南方是非要上郊外或山上去才听得到的。这嘶叫的秋蝉，在北平可和蟋蟀耗子一样，简直像是家家户户都养在家里的家虫。
>
> ——节选自郁达夫《故都的秋》

**朗读指导**

《故都的秋》是郁达夫散文集《闲书》中的一篇，以此赞美北京的秋天。这篇文章深情地描绘了故都的秋景，表达了作者对故都和祖国的深厚感情。在文中，悲秋与颂秋的融合，揭示了作者人生经历中的喜怒哀乐。所谓“故都的秋”，正是作者一直追求的“深刻厚重”的生命形态的体现，在悲凉之中富有内涵。而他将“南国之秋”与“故都之秋”进行对比，进一步凸显了北国秋天“清、静、悲凉”的特点。这篇文章处处透露出郁达夫积极与消极情绪交织斗争的痕迹。

在朗读本篇散文时要注意明确情感与语调的处理方法，不同的景色、不同的情感要用不同的语调去朗读。如“像花而又不是花的那一种落蕊，早晨起来，会铺得满地。脚踏上去，声音也没有，气味也没有，只能感出一点点极微细极柔软的触觉”，这句话描绘的是秋天北国的槐树落蕊飘落铺撒满地的情景，体现了故都的秋“清、静、悲凉”的特点，代表了作者对故都的秋的独特感受，在朗读的时候要读得缓沉、沧桑一些。

在语速和节奏方面，要富于变化，快慢结合，快而不乱，慢而不拖，给人一种节奏美感。其中一些词语和句子要注意适当放慢语速，这样能激发听者的想象，留下回味的空间。如“从槐树叶底，朝东细数着一丝一丝漏下来的日光，或在破壁腰中，静对着像喇叭似的牵牛花（朝荣）的蓝朵，自然而然地也能够感觉到十分的秋意”，这句话中可以适当将“一丝一丝”“十分的秋意”读得稍慢一些，留些想象的空间给人们。

**词语指导**

| | | |
|---|---|---|
| 悲凉 bēiliáng | 混混沌沌 hùnhùndùndùn | 清凉 qīngliáng |
| 意境 yìjìng | 领略 lǐnglüè | 陶然亭 Táorán Tíng |
| 潭柘寺 Tánzhè Sì | 一椽 yìchuán | 喇叭 lǎba |
| 疏疏落落 shūshūluòluò | 陪衬 péichèn | 联想 liánxiǎng |
| 点缀 diǎnzhuì | 落蕊 luòruǐ | 扫帚 sàozhou |
| 细腻 xìnì | 清闲 qīngxián | 潜意识 qiányì · shí① |
| 落寞 luòmò | 深沉 shēnchén | 衰弱 shuāiruò |
| 啼唱 tíchàng | 嘶叫 sījiào | 蟋蟀 xīshuài |

**句子解读**

（1）秋天，无论在什么地方的秋天，总是好的；可是啊，北国的秋，却特别地/来得清，来得静，来得悲凉。

（2）在北平/即使不出门去吧，就是在皇城人海之中，租人家/一椽破屋来住着，早晨

① 一般轻读、间或重读的字，注音上标调号，注音前再加圆点，此处“识”可一般轻读，有时也可读阳平。

起来，泡一碗浓茶，向院子一坐，你也能看得到/很高很高的碧绿的天色，听得到/青天下驯鸽的飞声。

（3）从槐树叶底，朝东/细数着一丝一丝漏下来的日光，或在破壁腰中，静对着/像喇叭似的/牵牛花（朝荣）的蓝朵，自然而然地/也能够感觉到十分的秋意。

（4）扫街的/在树影下一阵扫后，灰土上留下来的/一条条扫帚的丝纹，看起来既觉得细腻，又觉得清闲，潜意识下/并且还觉得有点儿落寞，古人所说的/梧桐一叶而天下知秋的遥想，大约/也就在这些深沉的地方。

**篇目四《鸟》**

我开始欣赏鸟，是在四川。黎明时，窗外是一片鸟啭，不是吱吱喳喳的麻雀，不是呱呱噪啼的乌鸦，那一片声音是清脆的，是嘹亮的，有的一声长叫，包括着六七个音阶；有的只是一个声音，圆润而不觉其单调；有时是独奏，有时是合唱：简直是一派和谐的交响乐。不知有多少个春天的早晨，这样的鸟声把我从梦境唤起。等到旭日高升，市声鼎沸，鸟就沉默了，不知到哪里去了。一直等到夜晚，才又听到杜鹃叫，由远叫到近，由近叫到远，一声急似一声，竟是凄绝的哀乐。客夜闻此，说不出的酸楚！

在白昼，听不到鸟鸣，但是看得见鸟的形体。世界上的生物，没有比鸟更俊俏的。多少样不知名的小鸟，在枝头跳跃，有的曳着长长的尾巴，有的翘着尖尖的长喙，有的是胸襟上带着一块照眼的颜色，有的是飞起来的时候才闪露一下斑斓的花彩。几乎没有例外的，鸟的身躯都是玲珑饱满的，细瘦而不干瘪，丰腴而不臃肿，真是减一分则太瘦，增一分则太肥，那样的秾纤合度。跳荡得那样轻灵，脚上像是有弹簧。看它高踞枝头，临风顾盼——好锐利的喜悦刺上我的心头。不知是什么东西惊动它了，它倏地振翅飞去，它不回顾，它不悲哀，它像虹似的一下就消逝了，它留下的是无限的迷惘。有时候稻田里伫立着一只白鹭，拳着一条腿，缩着颈子；有时候“一行白鹭上青天”，背后还衬着黛青的山色和釉绿的梯田。就是抓小鸡的鸢鹰，啾啾地叫着，在天空盘旋，也有令人喜悦的一种雄姿。

——节选自梁实秋《鸟》

**朗读指导**

《鸟》是中国现代著名文学家梁实秋所写的一篇散文。文章以典雅生动的语言描写了鸟的美，也记述了各种不同的鸟给自己带来的感受，字里行间蕴含着作者对自然、对人生的体味与理解。作者通过对鸟的观察和描写，表达了对自由、生命力、美丽与无助等主题的思考，以及对人与自然、人与人之间关系的反思和呼唤。透过鸟的形象，给人以启示和指引，引导人们更加关注和尊重自然，珍惜和平衡人与自然、人与人之间的关系。

作者在文中写鸟的喜、鸟的悲、鸟的生、鸟的死，这些无一不牵动着他的情思。因此，朗读时要尤其注意把握作者思想感情的变化，进而用不同的语调进行朗读。如“一直等到夜晚，才又听到杜鹃叫，由远叫到近，由近叫到远，一声急似一声，竟是凄绝的哀乐。客夜闻此，说不出的酸楚！”杜鹃鸟是凄怨哀伤的象征，它的啼叫容易触动人们的相思和乡愁。这句话作者表面上是描绘夜晚杜鹃凄绝的叫声，实则抒发自己客居四川酸楚、苦闷的心情，因此朗读时要读得深沉、舒缓一些。

再如“跳荡得那样轻灵，脚上像是有弹簧。看它高踞枝头，临风顾盼——好锐利的喜悦刺上我的心头”，这句话是作者对自由的鸟儿的姿态形象而生动的描写，这种描写完全不同于前文的对笼中观赏的鸟儿的描写，而是传递出一种发自肺腑的喜悦之情。因此，在朗读的时候要读得高昂、明快一些。

**词语指导**

| | | | |
|---|---|---|---|
| 鸟啭 niǎozhuàn | 呱呱 guāguā | 噪啼 zàotí | 清脆 qīngcuì |
| 嘹亮 liáoliàng | 独奏 dúzòu | 早晨 zǎo·chén | 梦境 mèngjìng |
| 鼎沸 dǐngfèi | 凄绝 qījué | 哀乐 āiyuè | 酸楚 suānchǔ |
| 白昼 báizhòu | 俊俏 jùnqiào | 曳着 yèzhe | 长喙 chánghuì |
| 胸襟 xiōngjīn | 闪露 shǎnlù | 斑斓 bānlán | 玲珑 línglóng |
| 干瘪 gānbiě | 丰腴 fēngyú | 臃肿 yōngzhǒng | 秾纤 nóngxiān |
| 轻灵 qīnglíng | 高踞 gāojù | 倏地 shūde | 伫立 zhùlì |
| 釉绿 yòulǜ | 鸢鹰 yuānyīng | 啾啾 jiūjiū | 盘旋 pánxuán |

**句子解读**

(1) 黎明时，窗外是一片鸟啭，不是吱吱喳喳的麻雀，不是呱呱噪啼的乌鸦，那一片声音是清脆的，是嘹亮的，有的/一声长叫，包括着六七个音阶；有的/只是一个声音，圆润而不觉其单调；有时是独奏，有时是合唱：简直是一派和谐的交响乐。

(2) 多少样不知名的小鸟，在枝头跳跃，有的/曳着长长的尾巴，有的/翘着尖尖的长喙，有的/是胸襟上带着一块照眼的颜色，有的/是飞起来的时候/才闪露一下斑斓的花彩。

(3) 几乎没有例外的，鸟的身躯/都是玲珑饱满的，细瘦而不干瘪，丰腴而不臃肿，真是/减一分则太瘦，增一分则太肥，那样的秾纤合度。

(4) 有时候/稻田里伫立着一只白鹭，拳着一条腿，缩着颈子；有时候/“一行白鹭上青天”，背后还衬着黛青的山色/和釉绿的梯田。

**篇目五《秋夜》**

在我的后园，可以看见墙外有两株树，一株是枣树，还有一株也是枣树。

这上面的夜的天空，奇怪而高，我生平没有见过这样奇怪而高的天空。他仿佛要离开人间而去，使人们仰面不再看见。然而现在却非常之蓝，闪闪地映着几十个星星的眼，冷眼。他的口角上现出微笑，似乎自以为大有深意，而将繁霜洒在我的园里的野花草上。

我不知道那些花草真叫什么名字，人们叫他们什么名字。我记得有一种开过极细小的粉红花，现在还开着，但是更极细小了，她在冷的夜气中，瑟缩地做梦，梦见春的到来，梦见秋的到来，梦见瘦的诗人将眼泪擦在她最末的花瓣上，告诉她秋虽然来，冬虽然来，而此后接着还是春，蝴蝶乱飞，蜜蜂都唱起春词来了。她于是一笑，虽然颜色冻得红惨惨地，仍然瑟缩着。

枣树，他们简直落尽了叶子。先前，还有一两个孩子来打他们别人打剩的枣子，现在是一个也不剩了，连叶子也落尽了。他知道小粉红花的梦，秋后要有春；他也知道落叶的梦，春后还是秋。他简直落尽叶子，单剩干子，然而脱了当初满树是果实和叶子时候的弧形，欠伸得很舒服。但是，有几枝还低亚着，护定他从打枣的竿梢所得的皮伤，而最直最长的几枝，却已默默地铁似的直刺着奇怪而高的天空，使天空闪闪地鬼䀹眼，直刺着天空中圆满的月亮，使月亮窘得发白。

——节选自鲁迅《秋夜》

**朗读指导**

《秋夜》是鲁迅先生创作的一篇兼具叙事与抒情的散文。在这篇文章中，作者运用象征手法，赋予秋夜后园中的各种景物以人格特质，暗喻了不同类型的社会人物。通过细腻且含蓄的描绘，鲁迅传达了他对恶势力的反抗与愤慨，对英勇抗击恶势力的革命者的敬仰与赞美，同时展现了他坚决与恶势力斗争的勇气和对革命事业的坚定信仰。

在朗读过程中可以通过声音的抑扬顿挫、语速的快慢、语调的高低等方式来表达作者对不同景物的不同情感。如“我记得有一种开过极细小的粉红花，现在还开着，但是更极细小了……她于是一笑，虽然颜色冻得红惨惨地，仍然瑟缩着”，这几句话运用了拟人的修辞手法，描绘了一种不知名的极细小的粉红花，在冷的夜气中，瑟缩地做梦，蕴含着现实环境残酷，但依旧充满希望的思想感情。因此，在朗读这句话时，语调应比较轻柔，语速比较轻快。

再如“但是，有几枝还低亚着，护定他从打枣的竿梢所得的皮伤……直刺着天空中圆满的月亮，使月亮窘得发白”，这句话同样运用了拟人的修辞手法，描绘了秋夜中的枣树受尽欺凌。可即使伤痕累累，他仍旧不屈不挠，富有战斗精神。因此，在朗读这句话时，语调可以适当增强，语气适当加重。

**词语指导**

| | | | |
|---|---|---|---|
| 一株 yìzhū | 生平 shēngpíng | 仿佛 fǎngfú | 仰面 yǎngmiàn |
| 䀹着 shǎnzhe | 繁霜 fánshuāng | 什么 shénme | 瑟缩 sèsuō |
| 仍然 réngrán | 简直 jiǎnzhí | 干子 gànzi | 弧形 húxíng |
| 舒服 shūfu | 低亚 dīyā | 竿梢 gānshāo | |

**句子解读**

(1) 他的口角上现出微笑，似乎自以为大有深意，而将繁霜/洒在我的园里的野花草上。

(2) 我记得/有一种开过极细小的粉红花，现在还开着，但是/更极细小了，她在冷的夜气中，瑟缩地做梦，梦见春的到来，梦见秋的到来，梦见瘦的诗人/将眼泪擦在她最末的花瓣上，告诉她/秋虽然来，冬虽然来，而此后接着还是春，蝴蝶乱飞，蜜蜂/都唱起春词来了。

（3）但是，有几枝还低亚着，护定他从打枣的竿梢所得的皮伤，而最直最长的几枝，却已默默地/铁似的直刺着奇怪而高的天空，使天空闪闪地鬼䀹眼，直刺着天空中圆满的月亮，使月亮/窘得发白。

**篇目六《茶花赋》**

久在异国他乡，有时难免要怀念祖国的。怀念极了，我也曾想：要能画一幅画儿，画出祖国的面貌特色，时刻挂在眼前，有多好。我把这心思去跟一位擅长丹青的同志商量，求她画。她说："这可是个难题，画什么呢？画点零山碎水，一人一物，都不行。再说，颜色也难调。你就是调尽五颜六色，又怎么画得出祖国的面貌？"我想了想，也是，就搁下这桩心思。

今年二月，我从海外回来，一脚踏进昆明，心都醉了。我是北方人，论季节，北方也许正是搅天风雪，水瘦山寒，云南的春天却脚步儿勤，来得快，到处早像催生婆似的正在催动花事。

花事最盛的去处数着西山华庭寺。不到寺门，远远就闻见一股细细的清香，直渗进人的心肺。这是梅花，有红梅、白梅、绿梅，还有朱砂梅，一树一树的，每一树梅花都是一树诗。白玉兰花略微有点儿残，娇黄的迎春却正当时，那一片春色啊，比起滇池的水来不知还要深多少倍。

究其实这还不是最深的春色。且请看那一树，齐着华庭寺的廊檐一般高，油光碧绿的树叶中间托出千百朵重瓣的大花，那样红艳，每朵花都像一团烧得正旺的火焰。这就是有名的茶花。不见茶花，你是不容易懂得"春深似海"这句诗的妙处的。

想看茶花，正是好时候。我游过华庭寺，又冒着星星点点细雨游了一次黑龙潭，这都是看茶花的名胜地方。原以为茶花一定很少见，不想在游历当中，时时望见竹篱茅屋旁边会闪出一枝猩红的花来。听朋友说："这不算稀奇。要是在大理，差不多家家户户都养茶花。花期一到，各样品种的花儿争奇斗艳，那才美呢。"

我不觉对着茶花沉吟起来。茶花是美啊。凡是生活中美的事物都是劳动创造的。是谁白天黑夜，积年累月，拿自己的汗水浇着花，像抚育自己儿女一样抚育着花秧，终于培养出这样绝色的好花？应该感谢那为我们美化生活的人。

——节选自杨朔《茶花赋》

**朗读指导**

《茶花赋》是杨朔先生所著的一篇抒情散文，以托物言志的手法，借描绘云南花事，礼赞茶花之美，传达作者深厚的爱国情怀。通过对"春深似海"的茶花的赞美，作品热情讴歌了创造祖国美丽事物的勤劳质朴的人民，并歌颂了祖国光辉的未来。

作者在文章中毫不掩饰对茶花的喜爱和赞美，在朗读短文时，要把握住这样的感情基调。如"且请看那一树，齐着华庭寺的廊檐一般高，油光碧绿的树叶中间托出千百朵重瓣的大花，那样红艳，每朵花都像一团烧得正旺的火焰。这就是有名的茶花"，这句话写出了茶花开花多、花形肥美丰硕、颜色艳丽且充满活力、处处盛开的特点，表达了作者无限的喜爱与赞美之情。因此在朗读时，语调应高亢、热烈、激昂。

**词语指导**

| | | |
|---|---|---|
| 异国他乡 yìguó-tāxiāng | 难免 nánmiǎn | 怀念 huáiniàn |
| 一幅 yìfú | 面貌 miànmào | 心思 xīnsi |
| 擅长 shàncháng | 丹青 dānqīng | 零山碎水 língshān-suìshuǐ |
| 一人一物 yìrén-yíwù | 难调 nántiáo | 搁下 gēxià |
| 摧动 cuīdòng | 去处 qùchù | 清香 qīngxiāng |
| 一树 yíshù | 略微 lüèwēi | 一片 yípiàn |
| 廊檐 lángyán | 重瓣 chóngbàn | 时候 shíhou |
| 名胜 míngshèng | 地方 dìfang | 游历 yóulì |
| 竹篱 zhúlí | 茅屋 máowū | 猩红 xīnghóng |
| 稀奇 xīqí | 差不多 chàbuduō | 争奇斗艳 zhēngqí-dòuyàn |
| 不觉 bùjué | 沉吟 chényín | 积年累月 jīnián-lěiyuè |
| 抚育 fǔyù | 花秧 huāyāng | 美化 měihuà |

**句子解读**

(1) 我是北方人，论季节，北方/也许正是搅天风雪，水瘦山寒，云南的春天/却脚步儿勤，来得快，到处早像催生婆似的/正在摧动花事。

(2) 白玉兰花/略微有点儿残，娇黄的迎春/却正当时，那一片春色啊，比起滇池的水来/不知还要深多少倍。

(3) 且请看那一树，齐着华庭寺的廊檐一般高，油光碧绿的树叶中间/托出千百朵重瓣的大花，那样红艳，每朵花都像一团烧得正旺的火焰。

(4) 是谁白天黑夜，积年累月，拿自己的汗水浇着花，像抚育自己儿女一样/抚育着花秧，终于培养出/这样绝色的好花？应该感谢/那为我们美化生活的人。

**篇目七《呼兰河传》**

呼兰河这小城里边住着我的祖父。

我生的时候，祖父已经六十多岁了，我长到四五岁，祖父就快七十了。

我家有一个大花园，这花园里蜂子、蝴蝶、蜻蜓、蚂蚱，样样都有。蝴蝶有白蝴蝶、黄蝴蝶。这种蝴蝶极小，不太好看。好看的是大红蝴蝶，满身带着金粉。

蜻蜓是金的，蚂蚱是绿的，蜂子则"嗡嗡"地飞着，满身绒毛，落到一朵花上，胖圆圆的就和一个小毛球似的不动了。

花园里边明晃晃的，红的红，绿的绿，新鲜漂亮。

据说这花园，从前是一个果园。祖母喜欢吃果子就种了果园。祖母又喜欢养羊，羊就把果树给啃了。果树于是都死了。到我有记忆的时候，园子里就只有一棵樱桃树，一棵李子树，因为樱桃和李子都不大结果子，所以觉得它们是并不存在的。小的时候，只觉得园子里边就有一棵大榆树。

这榆树，在园子的西北角上，来了风，这榆树先啸，来了雨，大榆树先就冒烟了。太阳一出来，大榆树的叶子就发光了，它们闪烁得和沙滩上的蚌壳一样了。

祖父一天都在后园里边，我也跟着祖父在后园里边。祖父戴一个大草帽，我戴一个小草帽。祖父栽花，我就栽花；祖父拔草，我就拔草。当祖父下种，种小白菜的时候，我就跟在后边，把那下了种的土窝，用脚一个一个地溜平，哪里会溜得准，东一脚的，西一脚的瞎闹。有的把菜种不单没被土盖上，反而把菜子踢飞了。

小白菜长得非常之快，没有几天就冒了芽了。一转眼就可以拔下来吃了。

祖父铲地，我也铲地。因为我太小，拿不动那锄头杆，祖父就把锄头杆拔下来，让我单拿着那个锄头的“头”来铲。其实哪里是铲，也不过爬在地上，用锄头乱勾一阵就是了。也认不得哪个是苗，哪个是草。往往把韭菜当做野草一起割掉，把狗尾草当做谷穗留着。

等祖父发现我铲的那块满留着狗尾草的一片，他就问我：“这是什么？”

我说：“谷子。”

祖父大笑起来，笑得够了，把草摘下来问我：“你每天吃的就是这个吗？”

我说：“是的。”

我看着祖父还在笑，我就说：“你不信，我到屋里拿来你看。”我跑到屋里，拿了鸟笼上的一头谷穗，远远地就抛给祖父了。说：“这不是一样的吗？”

祖父慢慢地把我叫过去，讲给我听，说谷子是有芒针的，狗尾草则没有，只是毛嘟嘟的，真像狗尾巴。

——节选自萧红《呼兰河传》

**朗读指导**

《呼兰河传》是中国作家萧红创作的长篇小说，小说以作者童年生活为线索，反映出呼兰这座小城当年的社会风貌和人情百态。本篇文本节选自全书的第三章，这是全书黯淡基调下最光彩的一章，也是凄婉氛围中最温馨的一章。本章概述了大花园中的景致，以及作者在园内劳作与嬉戏的场景，勾勒出了作者快乐、自由、幸福的童年生活画卷，展现作者对那段美好时光的怀念之情。作者以活泼灵动的笔触，呈现出一幕幕充满生活气息的祖孙共度时光的画面，尽显祖孙之间的深厚亲情。

文章开篇，作者并未直接叙述“我”与祖父的故事，而是着重描绘了生活环境，营造出一种自由轻松的生活氛围，以此为铺垫，展现祖孙间真挚的情感。如文本的第三段和第四段，这两段话写出了在花园中嬉闹的“我”是幸福的，因为有各式昆虫作为玩伴。作者用独特的语言描绘了一幅色彩明艳、动感十足的画面。因此在朗读这两句话时，语调应该轻松、明快，体现一种活泼之感。

而在本篇文本的后半部分，主要是爷孙俩的对话。在朗读不同角色之间的对话时，最重要的是要深刻领会人物形象并用不同的语速、语调进行朗读。文中“我”的人物形象是天真活泼、顽皮可爱、自由自在、快乐随意、想象力丰富的孩子，因此在朗读“我”说话的部分时，应采用活泼、俏皮、明快的语调；而文中“祖父”的人物形象是慈祥、耐心、宽厚、勤劳、宠爱孙女的老人，因此在朗读“祖父”说话的部分时，应采用舒缓、爽朗的语调。

**词语指导**

| | | |
|---|---|---|
| 呼兰河 Hūlánhé | 小城 xiǎochéng | 里边 lǐbian |
| 祖父 zǔfù | 时候 shíhou | 已经 yǐjīng |
| 蜂子 fēngzi | 蜻蜓 qīngtíng | 蚂蚱 màzha |
| 满身 mǎnshēn | 嗡嗡 wēngwēng | 绒毛 róngmáo |
| 明晃晃 mínghuǎnghuǎng | 新鲜 xīn • xiān | 漂亮 piàoliang |
| 据说 jùshuō | 果子 guǒzi | 榆树 yúshù |
| 闪烁 shǎnshuò | 蚌壳 bàngké | 草帽 cǎomào |
| 栽花 zāihuā | 拔草 bácǎo | 下种 xiàzhǒng |
| 后边 hòubian | 瞎闹 xiānào | 菜种 càizhǒng |
| 锄头杆 chútougǎn | 当做 dàngzuò | 谷穗 gǔsuì |
| 一片 yípiàn | 谷子 gǔzi | 鸟笼 niǎolóng |
| 芒针 mángzhēn | 尾巴 wěiba | |

**句子解读**

(1) 蜻蜓是金的，蚂蚱是绿的，蜂子/则“嗡嗡”地飞着，满身绒毛，落到一朵花上，胖圆圆的/就和一个小毛球似的不动了。

(2) 太阳一出来，大榆树的叶子就发光了，它们闪烁得/和沙滩上的蚌壳一样了。

(3) 当祖父下种，种小白菜的时候，我就跟在后边，把那下了种的土窝，用脚一个一个地溜平，哪里会遛得准，东一脚的，西一脚的瞎闹。

(4) 往往把韭菜/当做野草一起割掉，把狗尾草/当做谷穗留着。

(5) 祖父慢慢的把我叫过去，讲给我听，说谷子/是有芒针的，狗尾草则没有，只是毛嘟嘟的，真像狗尾巴。

**篇目八《论年老——人生自然的节奏》**

自然的节奏之中有一条规律，就是由童年、青年、老年、衰颓以至死亡，一直支配着我们的身体。在安然轻松地进入老年之时，也有一种美。我常引用的话之中，有一句我常说的，就是“秋季之歌”。

我曾经写过在安然轻松之下进入老境的情调。下面就是我对“早秋精神”说的话。

在我们的生活里，有那么一段时光，个人如此，国家亦复如此，在此段时光中，我们充满了早秋精神，翠绿与金黄相混，悲伤与喜悦相杂，希望与回忆相间。在我们的生活里，有一段时光，青春的天真成了记忆，夏日茂盛的回音在空中还隐约可闻。这时看人生，问题不是如何发展，而是如何真正生活；不是如何奋斗操劳，而是如何享受自己拥有的那宝贵的刹那；不是如何去虚掷精力，而是如何储存这股精力以备寒冬之用。这时，感觉到自己已经到达一个地点，已经安定下来，已经找到自己心中想望的东西。这时，感觉到已经有所获得，和以往的堂皇茂盛相比，是可贵而微小，虽微小而毕竟不失为自己的收获，犹如秋日的树林里，虽然没有夏日的茂盛葱茏，但是所据有的却能经时而历久。

我爱春天，但是太年轻。我爱夏天，但是太气傲。所以我最爱秋天，因为秋天的叶子颜色金黄、成熟、丰富，但是略带忧伤与死亡的预兆。其金黄色的丰富并不表示春季纯洁的无知，也不表示夏季强盛的威力，而是表示老年的成熟与蔼然可亲的智慧。生活的秋季，知道生命的极限而感到满足。因为知道生命上的极限，在丰富的经验之下，才有色调的调谐，其丰富永不可及，其绿色表示生命与力量，其橘色表示金黄的满足，其紫色表示顺天知命与死亡。月光照上秋日的林木，其容貌枯白而沉思；落日的余晖照上秋日的林木，还开怀而欢笑。清晨山间的微风扫过，使颤动的树叶轻松愉快地飘落于大地，无人确知落叶之歌，究竟是欢笑的歌声，还是离别的眼泪。因为是早秋的精神之歌，所以有宁静，有智慧，有成熟的精神，向忧愁微笑，向欢乐爽快的微风赞美。

——节选自林语堂《论年老——人生自然的节奏》

**朗读指导**

本篇短文是中国现代著名作家林语堂所著，表面上是在谈秋季，实则在谈人生，主要讲述人生的问题不是如何发展，而是如何真正地生活。文章冲淡平和的文字表达出一种从容的人生态度，体现出具有忧患意识的现代知识分子的最高人生境界。文中充满了对人生之秋的赞美，显示了作者在人生哲学上的朴素、宽容、平和而理智的品格与气度。

文章既富有文学韵味，又兼具哲学思考，生动且富有内涵。如“自然的节奏之中有一条规律，就是由童年、青年、老年、衰颓以至死亡，一直支配着我们的身体。在安然轻松地进入老年之时，也有一种美”，这句话富有哲理，深刻揭示了人生的节奏及发展规律，在朗读时语速不宜过快，应娓娓道来；语调也不宜过高，应低沉一些，留给读者回味、思考的空间。

**词语指导**

| | | |
|---|---|---|
| 节奏 jiézòu | 规律 guīlǜ | 衰颓 shuāituí |
| 情调 qíngdiào | 精神 jīngshen | 相间 xiāngjiàn |
| 隐约 yǐnyuē | 刹那 chànà | 虚掷 xūzhì |
| 精力 jīnglì | 储存 chǔcún | 堂皇 tánghuáng |
| 茂盛 màoshèng | 葱茏 cōnglóng | 经时 jīngshí |
| 预兆 yùzhào | 成熟 chéngshú | 蔼然可亲 ǎirán-kěqīn |

智慧 zhìhuì　调谐 tiáoxié　生命 shēngmìng
余晖 yúhuī　清晨 qīngchén　颤动 chàndòng
究竟 jiūjìng　宁静 níngjìng　爽快 shuǎngkuai
赞美 zànměi

**句子解读**

(1) 在我们的生活里，有一段时光，青春的天真/成了记忆，夏日茂盛的回音/在空中还隐约可闻。

(2) 这时看人生，问题不是如何发展，而是如何/真正生活；不是如何/奋斗操劳，而是如何/享受自己拥有的/那宝贵的刹那；不是如何/去虚掷精力，而是如何/储存这股精力/以备寒冬之用。

(3) 这时，感觉到已经/有所获得，和以往的堂皇茂盛相比，是可贵/而微小，虽微小/而毕竟不失为自己的收获，犹如秋日的树林里，虽然没有夏日的茂盛葱茏，但是所据有的/却能经时而历久。

(4) 其金黄色的丰富并不表示/春季纯洁的无知，也不表示/夏季强盛的威力，而是表示/老年的成熟与蔼然可亲的智慧。

(5) 清晨山间的微风扫过，使颤动的树叶/轻松愉快地飘落于大地，无人确知落叶之歌，究竟是欢笑的歌声，还是离别的眼泪。

**篇目九《散步》**

当拉比斯公司的记账员勒拉老爹从店里出来时，他的眼睛被落日余晖晃得好一会儿都睁不开——他已经在煤气灯昏黄的火光下工作了一整天。那间小屋位于店房最后面，下方的院子又深又窄，像口井。四十年来，他白天就在那里度过，屋内非常昏暗，即便在盛夏，也只有十一点到三点之间才不必点灯。

屋里总是阴冷潮湿，窗外就是陷坑般的后院，散发出的难闻气味不断涌进房间，小屋因此充满了霉味和阴沟的臭气。

四十年来，勒拉先生每天早上八点来到这座监狱，然后一直待到晚上七点钟。他蜷坐在账本上方，守着一份好职员的勤奋和自律，写着、记着。

现在，他每年挣三千法郎了，刚开始时却只有一千五百法郎。他一直是个单身汉，收入不容许他娶老婆。他从不享乐，因此也不奢求什么。然而，有时在被这种不间断的单调工作弄得厌烦之后，他也会产生一种柏拉图式的心愿："老天啊，如果我有五千法郎的年金，那就舒舒服服地花呗。"

事实上，他从没有舒舒服服地花过钱，另外，他每个月除了工资以外无钱可领。

他的生活没有变故，没有激情，也几乎没有希望。梦想的能力每个人都有，但却从未在他平淡无奇的志向中伸展过。

——节选自莫泊桑《散步》

**朗读指导**

《散步》是法国文学巨匠莫泊桑的一篇短篇小说，描绘了一位贫寒、守规矩且孤独无助的小职员勒拉，在夜间漫步后结束生命的故事。作品彰显出莫泊桑对基层人民的关爱与同情，同时也揭示了19世纪法国社会的黑暗。此段落通过简洁明了的文字以及细腻的描绘，生动地反映了勒拉的生活现状，尤其是对工作环境的描绘详尽且精细，充分展现了其生存状态的真实性。同时，将环境与人物相结合的手法，体现了作者对底层小人物的同情与怜悯，为后续情节铺垫了基础。

文章一开始就详细描绘了勒拉的工作环境，一个昏暗、狭窄、潮湿的空间，充满了霉味和阴沟的恶臭的小屋。"屋里总是阴冷潮湿，窗外就是陷坑般的后院，散发出的难闻气味不断涌进房间，小屋因此充满了霉味和阴沟的臭气。"这句话客观、真实地揭示了主角的生活境遇：生活空间受到严重挤压，生存状况遭受重大破坏，令人担忧，从而传达了作者对主角的深切同情与怜悯之情，因此在朗读时语速应放缓，语调应低沉。

**词语指导**

| | | |
|---|---|---|
| 老爹 lǎodiē | 眼睛 yǎnjing | 余晖 yúhuī |
| 一会儿 yíhuìr | 昏黄 hūnhuáng | 后面 hòumiàn |
| 即便 jíbiàn | 阴冷 yīnlěng | 潮湿 cháoshī |
| 陷坑 xiànkēng | 阴沟 yīngōu | 蜷坐 quánzuò |
| 勤奋 qínfèn | 自律 zìlǜ | 容许 róngxǔ |
| 享乐 xiǎnglè | 奢求 shēqiú | 间断 jiànduàn |
| 单调 dāndiào | 厌烦 yànfán | 柏拉图 Bólātú |
| 舒舒服服 shūshūfúfú | 变故 biàngù | 激情 jīqíng |
| 能力 nénglì | 平淡无奇 píngdàn-wúqí | 伸展 shēnzhǎn |

**句子解读**

(1) 当拉比斯公司的记账员/勒拉老爹从店里出来时，他的眼睛/被落日余晖晃得好一会儿/都睁不开——他已经在煤气灯/昏黄的火光下/工作了一整天。

(2) 然而，有时在被这种/不间断的单调工作弄得厌烦之后，他也会产生一种柏拉图式的心愿："老天啊，如果我有五千法郎的年金，那就舒舒服服地花呗。"

(3) 事实上，他从没有舒舒服服地花过钱，另外，他每个月除了工资以外/无钱可领。

**篇目十《外婆的手》**

外婆睡着了，病痛的折磨让她瘦脱了相，原本红润饱满的脸庞凹陷进去，苍白瘦弱的样子令人无比心疼。我坐在病床右侧，用左手虎口托起她的右手，一阵细微的温热在掌心间弥漫开。我第一次觉得外婆的手这么软，又这么轻，无力地搭在我的手间。

这是怎样一只枯瘦的右手啊，长着老年斑的发黄手背，起皱的指节，不规则的指甲。食指的指甲内陷，我以为是住院这一个月以来戴监护指甲套的缘故，妈妈却告诉我，这是外婆剥豆子剥到指甲发黑发痛的结果。辛劳的外婆，辛劳的双手啊，我的泪珠顺着脸颊淌下。

外婆年幼丧父，一双手早早地触到人世的悲凉。她养大了四个子女，也抚养了孙辈。27 年前，我在黔江城里出生，在乡下的外婆得知后，赶忙提着猪油、鸡蛋来城里探望。我 7 岁那年，外婆牵着我们姐妹俩去镇上拍照，把照片寄给远方的妈妈。外婆每隔半个月就去我们家，收拾屋子，给我们姐妹俩洗澡，还反复叮嘱我们要爱干净。

外婆的手一年四季从未停歇过，在这片土地上变出不同的魔法。她把一个个苞谷球埋在地里，不久后绿油油的苞谷苗在风中摇曳。她在晨间露水中穿梭，摘回嫩绿的豇豆、四季豆，又把吃不完的蔬菜用水煮后晾晒成干菜。她把墙上挂着的黑黝黝的腊肉变成亮晶晶的炒肉片，把粗硬的腊骨头炖成香浓的肉汤。秋天风起，她提着篮子颤颤巍巍地走向白果树，弯腰拾起白果，为子女孙辈做美味的腊肉白果。

我在自己年轻饱满的世界里快活地成长着，从未凝视过她的双手。这几年，或许我长大了些，懂得了世事艰辛，体会到了外婆这样的乡间妇女有多么坚强隐忍、不辞辛劳，开始凝望这双苍老的手。外婆的指尖布满许多黑色的小细纹，长的短的，像黑色的小河流，摸起来粗粝，有点砂纸般的触感。她的指甲不规则，嵌着一些黄黑色的油渍。

——节选自宋雨霜《外婆的手》

**朗读指导**

这篇短文通过对外婆手的描绘，表达了作者对外婆辛勤劳动和坚韧不拔精神的敬佩和感激。在朗读时，整体的语气平缓，语速适中。“这是怎样一只枯瘦的右手啊，长着老年斑的发黄手背……这是外婆剥豆子剥到指甲发黑发痛的结果。”这些表述表现出作者对外婆的心疼，语速可适当放缓，语气低沉。

“她把一个个苞谷球埋在地里，不久后绿油油的苞谷苗在风中摇曳。她在晨间露水中穿梭，摘回嫩绿的豇豆、四季豆，又把吃不完的蔬菜用水煮后晾晒成干菜。她把墙上挂着的黑黝黝的腊肉变成亮晶晶的炒肉片，把粗硬的腊骨头炖成香浓的肉汤。”这三个排比句，道出了外婆的勤劳，又带有一些作者儿时的回忆，因此语调舒缓，不需要像普通的排比那样层层递进。

**词语指导**

| | | |
|---|---|---|
| 睡着 shuìzháo | 病痛 bìngtòng | 折磨 zhé · mó |
| 红润 hóngrùn | 饱满 bǎomǎn | 脸庞 liǎnpáng |
| 凹陷 āoxiàn | 苍白 cāngbái | 瘦弱 shòuruò |
| 心疼 xīnténg | 细微 xìwēi | 弥漫 mímàn |
| 枯瘦 kūshòu | 规则 guīzé | 指甲 zhǐjia |

缘故 yuángù
辛劳 xīnláo
脸颊 liǎnjiá
淌下 tǎngxià
悲凉 bēiliáng
抚养 fǔyǎng
探望 tànwàng
叮嘱 dīngzhǔ
停歇 tíngxiē
魔法 mófǎ
摇曳 yáoyè
穿梭 chuānsuō
嫩绿 nènlǜ
豇豆 jiāngdòu
晾晒 liàngshài
黑黝黝 hēiyǒuyǒu
亮晶晶 liàngjīngjīng
骨头 gǔtou
篮子 lánzi
颤颤巍巍 chànchànwēiwēi
年轻 niánqīng
快活 kuàihuo
凝视 níngshì
艰辛 jiānxīn
坚强 jiānqiáng
隐忍 yǐnrěn
凝望 níngwàng
粗粝 cūlì
触感 chùgǎn
嵌着 qiànzhe
油渍 yóuzì

**句子解读**

(1) 外婆睡着了，病痛的折磨/让她瘦脱了相，原本红润饱满的脸庞凹陷进去，苍白瘦弱的样子/令人无比心疼。

(2) 食指的指甲内陷，我以为/是住院这一个月以来/戴监护指甲套的缘故，妈妈却告诉我，这是外婆剥豆子/剥到指甲发黑发痛的结果。

(3) 她把墙上挂着的/黑黝黝的腊肉/变成亮晶晶的炒肉片，把粗硬的腊骨头/炖成香浓的肉汤。

(4) 秋天风起，她提着篮子/颤颤巍巍地走向白果树，弯腰拾起白果，为子女孙辈/做美味的腊肉白果。

(5) 这几年，或许我长大了些，懂得了世事艰辛，体会到了外婆这样的乡间妇女/有多么坚强隐忍、不辞辛劳，开始凝望这双苍老的手。

## 课外链接

**普通话测试朗读篇目 50 篇(均为作品节选)**

作品 1 号：老舍《北京的春节》
作品 2 号：朱自清《春》
作品 3 号：朱自清《匆匆》
作品 4 号：华罗庚《聪明在于学习，天才在于积累》
作品 5 号：单霁翔《大匠无名》
作品 6 号：竺可桢《大自然的语言》
作品 7 号：王雄《当今“千里眼”》
作品 8 号：谢大光《鼎湖山听泉》
作品 9 号：谢冕《读书人是幸福人》
作品 10 号：巴金《繁星》
作品 11 号：赵宗成、朱明元《观潮》

作品 12 号：丁立梅《孩子和秋风》
作品 13 号：峻青《海滨仲夏夜》
作品 14 号：童裳亮《海洋与生命》
作品 15 号：唐晓峰《华夏文明的发展与融合》
作品 16 号：舒翼《记忆像铁轨一样长》
作品 17 号：姜桂华《将心比心》
作品 18 号：梁衡《晋祠》
作品 19 号：严春友《敬畏自然》
作品 20 号：叶君健《看戏》
作品 21 号：严文井《莲花和樱花》
作品 22 号：[俄] 屠格涅夫《麻雀》,巴金译
作品 23 号：《莫高窟》
作品 24 号：《“能吞能吐”的森林》
作品 25 号：季羡林《清塘荷韵》
作品 26 号：叶圣陶《驱遣我们的想象》
作品 27 号：吕叔湘《人类的语言》
作品 28 号：林夕《人生如下棋》
作品 29 号：刘延《十渡游趣》
作品 30 号：张宇生《世界民居奇葩》
作品 31 号：叶圣陶《苏州园林》
作品 32 号：杨朔《泰山极顶》
作品 33 号：杨利伟《天地九重》
作品 34 号：魏巍《我的老师》
作品 35 号：汪国真《我喜欢出发》
作品 36 号：陈醉云《乡下人家》
作品 37 号：巴金《鸟的天堂》
作品 38 号：《夜间飞行的秘密》
作品 39 号：滕明道《一幅名扬中外的画》
作品 40 号：刘畅《一粒种子造福世界》
作品 41 号：袁鹰《颐和园》
作品 42 号：冰心《忆读书》
作品 43 号：《阅读大地的徐霞客》
作品 44 号：《纸的发明》
作品 45 号：《中国的宝岛——台湾》
作品 46 号：小思《中国的牛》
作品 47 号：茅以升《中国石拱桥》

作品 48 号：老舍《"住"的梦》

作品 49 号：宋元明《走下领奖台，一切从零开始》

作品 50 号：林光如《最糟糕的发明》

## 思考与实训

1. 普通话测试中的短文朗读题目主要考查哪些方面的能力？请列举并简要说明。

2. 请举例说明如何在短文朗读中正确处理语调、停顿和重音，以提高朗读的效果。

3. 在普通话测试的短文朗读中，如何通过发音技巧来提高语音的准确性和表现力？

4. 通过莎士比亚的戏剧台词练习朗读技巧。

(1) 生存还是毁灭，这是个问题。

(2) 其实世事并无好坏，全看你们如何去想。

(3) 简洁是智慧的灵魂，冗长是肤浅的藻饰。

(4) 多一些事实，少一些矫饰废话。

(5) 无知乃是罪恶，知识乃是我们藉以飞向天堂的翅膀。

(6) 人生苦短，若虚度年华，则短暂的人生就太长了。

(7) 闪光的并不都是金子。

(8) 慈悲不是出于勉强。

(9) 有巨人的力量固然好，但像巨人那样滥用力量就是一种残暴行为。

(10) 默然忍受命运的暴虐的毒箭，或是挺身反抗人世的无涯的苦难，通过斗争把它们扫清，这两种行为，哪一种更高贵？

5. 通过《窈窕淑女》电影台词练习朗读技巧。可以稍微夸张一点，突出人物的性格特点，增强语言的感染力。

我曾经是多么的傻，多么的糊涂，以为你就会说天和地。

我曾经是多么的傻，多么的糊涂，曾经是那么的死脑筋！

不，爱顶嘴的朋友。你并不是世上的一切。

没有你，每年春天还会来，英格兰还会存在。

树上照样结果，海水照样拍打海岸。

没有你，点心和茶水还会存在，艺术和音乐还会兴盛。

没有你，诗人们还会生活下去，西班牙的雨照样下在平原。

没有你，它们都不会受影响，我也一样。

没有你，国家政府照样运转。

没有你，温莎堡照样矗立。

我们照样能够生活，不慌不忙。

没有你！

没有你，地球还是会旋转。

没有你，云彩还是会漂浮。

没有你，它们都不会受影响，我也一样。

没有你，我不会感到孤独。

没有你，我能够自谋生路。

你爬回乌龟壳去吧，我能自己生活。

# 第八章　普通话口语表达

## 第一节　口语表达概述

### 一、口语表达的必要性

在漫长的岁月里，人类不断演进，尤其是在蒙昧初开的时代，口口相传成为传播信息的主要途径。尽管后来科技飞速发展，传播方式不断演进，但口语传播与表达始终贯穿于人类传播形态发展的历史长河中，展现出无穷的魅力与生命力。

自古以来，人类社会的文明进步与语言沟通都紧密相连。无论是在远古传说中还是在历史王朝的兴替更迭中，口语表达都是非常重要的媒介。语言作为人类交流的基本工具，不仅在文化传承、知识传播方面发挥着重要作用，而且推动了人类社会的协同发展。随着科技的飞速发展，语言沟通的方式也在不断变革，进一步促进了人类文明的繁荣。

普通话的娴熟运用，不仅仅体现于字词发音的标准上，更体现在流畅自然的口语表达上。如果只能发出标准的语音，却在日常沟通中显得生疏，便未能达到普通话训练的真正目的。我们要追求的是字正腔圆与自然流畅的完美结合，从而展现出普通话的魅力与价值。

我们的日常生活离不开口语表达，然而，不少人面临这样的困境：即便心中已有腹稿，但面对听众，发言却显得结结巴巴，甚至无法准确传达意图。这主要是因为“思考”仅为“表达”提供了必要的条件，还需通过连贯、完整的语段来实现意思传达。语言能力较弱且未经训练的人，往往因语言感知迟钝、表达能力未形成固定模式等，会出现口头表达不畅、词不达意，甚至重复啰唆、逻辑混乱的情况。通过科学方法进行系统性训练，我们可以改善这种状况。

### 二、口语表达的要求

在实际沟通中，口语表达要求语言简练、清晰、生动。表达者应发音准确、语调得体，能用简洁的语言表达复杂的意思，不冗长啰唆，再加以适当的修辞，使语言更具表现力，从而引起听众的兴趣。

口语表达看似只与普通话语音有关，但实际上却与现代汉语的词汇和语法都有一定关系。要提高普通话的口语表达能力,除发音准确、自然之外,还需要注意词汇的运用以及汉语的语法规则,这些内容也是体现一个人口语表达能力的关键。

### (一) 语音要求

1. 发音准确

这是口语表达的基本要求,普通话的发音标准是建立在汉语拼音基础上的,掌握声调、声母、韵母的正确发音,才能保证发音准确。此外,还要注意变调、轻声、儿化等音变现象,以及语流中的重音、停顿等,才能保证语音的准确性。

2. 语调得体

口语表达中的语调在传递情感和意图方面具有举足轻重的地位。恰当的语调能够使表达变得更加丰富多彩,提升语言的表现力。在实际表达过程中,我们需要关注语调的波动、情绪的转换,以及声音的强弱等多个方面。语调的起伏能够有效地表达说话者的情感。在描述一个激动人心的故事时,语调的升高和降低能够引起听众的共鸣,使他们更加投入。反之,如果语调一直保持平稳,则可能导致表达过于平淡,无法吸引听众的注意力。语气的变化是口语表达中不可或缺的元素。通过语气的调整,我们可以传达出不同的情感。恰到好处的语气变化可以使表达更加真实自然,有助于增进双方的情感沟通。除此以外,声音的轻重也至关重要,在合适的时机降低声音,可以营造出一种神秘的氛围,引起听众的好奇心。而在重要信息处提高声音,有助于突出重点,使听众印象更深刻。

3. 语速适中

语速是影响沟通效果的一个重要因素,过快的语速会使话语难以理解,导致听众产生困惑,降低沟通的质量。过慢的语速则会让人感觉拖沓,产生不耐烦的情绪。这两种情况都会对沟通产生负面影响,因此,掌握合适的语速对提高沟通效果至关重要。

### (二) 词汇要求

1. 用词生动

丰富的词汇是语言表达的基石,它们能使我们的表达更加生动形象,增强语言的感染力。口头交流时,虽不需要使用书面语中那样多的成语和古诗词,但词汇的选择仍至关重要。平时,在阅读、视听、交流中要有心积累,关注生动形象、言简意赅的词汇或语言,不断丰富自己的词汇。表达时,可以使用一些生动的形容词、副词来丰富我们的语言,或是利用同义词、反义词的替换,避免用词单一。

2. 搭配恰当

恰当的词汇搭配对语言的表达至关重要。一个词与另一个词的搭配是否得当,直接影响到句子是否通顺、准确。如果词汇搭配不当,很可能会造成词不达意,甚至引起误解。因此,在语言使用中,我们要特别注重词汇的用法,了解每个词语的准确含义和适用场景。

3. 避免方言词

在普通话的口语表达中,一旦出现方言词汇,不管表达者的语音有多标准,都会给听众一种不地道、不规范的感觉。出现方言词,一方面是表达者对所使用的词汇不了解,误以为这种表达就是普通话允许的方式；另一方面是表达者明知是方言表述，但由于平时练习太少，用词方言化，不知道该如何使用贴切的普通话词语进行表述。

#### （三）语法要求

在使用普通话进行表述时，一定要遵守现代汉语的语法要求，避免一些方言中才能使用的表达方式，比如“我走先”，将状语放在了谓语后面，就不符合普通话语法规则。在口语表达中，可多使用短句，较少使用长句、复句等，以避免语法错误。同时，口语相较于书面语而言，不太使用比喻、象征、拟人、排比、对仗等修辞手法，而是通过重音、停连、语气、节奏等方式引起听众的注意。

## 第二节　口语表达常见问题的对策

口语表达是一种日常交流方式，既可以是双向性的，也可以是单向性的。双向性口语表达通常发生在面对面的交流场景中，双方可以根据对方的言语进行互动回应。而单向性口语表达则是指一方主动表达，另一方只需倾听，无须即时回应，例如演讲、讲座等。

然而，在普通话水平测试中的命题说话环节，应试人需要在无文字凭借的情况下进行单向输出，在规定时间内，针对给定话题进行流畅、有逻辑地阐述。这与日常生活中的口语表达有所不同，无法随时调整表达方式、内容和节奏。命题说话部分的话题具有限定性，考生需要在有限的时间内，对特定话题展开有深度、有条理的思考和表达。这要求考生具备较高的语言组织能力和思维敏捷度，以便在紧张的测试环境下取得良好成绩。由此，本节主要谈论的就是这种限定条件下的口语表达问题的对策。

### 一、语音不标准

#### （一）减少系统性失误

语音作为语言的物质外壳，是首先被感知到的。如果表达者的语音出现多次错误，肯定会给人留下语音面貌差的印象。在平时训练时，表达者要对自己的语音面貌有正确的认识，了解自身语音问题，建立起语音标准，并在正确指导下，进行反复训练，纠正错误发音。要提高语音标准度，可主要从以下三个方面进行训练。第一，重点针对最容易受方言影响的声韵调方面的读音错误与缺陷进行练习。在说话过程中，尽量避免多说此类字词，减少错误次数。第二，纠正错误发音习惯，避免吐字含混不清。第三，进行轻声、儿化、变调以及“啊”的音变等专项训练。

#### （二）避免发出噪声

一般的口语表达，是面对面进行的，但在普通话水平测试中，需要借助电脑和录音设备。有些表达者从未进行过机器训练，在测试中会出现喷麦或用手碰触收音设备的情况，导致出现噗噗声或电流声，影响语音清晰度，甚至出现因为电流声太大完全掩盖应试人声音的情况。

## 二、词汇语法不规范

口语表达需要准确选择词汇，克服方言词语的影响，正确使用成语、熟语，不出现方言语法和语法搭配不当的现象。

### （一）词汇方面

1. 避免使用方言词汇

给定一个话题进行表达时，说话人需要临场组织语言，大部分注意力都放在语音标准度上。此种情况下，容易出现习以为常的方言词。以四川方言为例，“相因、老汉儿、底脚、高头”等，都是方言词，如果用普通话表述，应该说成“便宜、爸爸/父亲、下面、上面”。而像“盐巴、海椒”这类词，在普通话中应为“盐、辣椒”。由于与普通话表达有相同的语素，大多数应试人即便说了也不自知。方言词往往在普通话中有对应表述，使用这些方言词，说明说话人日常生活中接触到的大都是方言表达，对普通话表述不够熟悉。另外，还需注意避免使用普通话词语的方言义项，比如“婆婆”，在四川方言中多是对祖母、外祖母或年老女性的尊称，与普通话中表示“丈夫的母亲”的意义大不一样。此外，方言语气词的表达也值得注意。如“我给你说嘛”“昨天撒，我和我的朋友一起出去逛街”“我们两个最好嘞”这些表达中的语气词都是方言用法，一定要注意避免。

2. 避免使用网络词汇

随着网络流行语的盛行，人们的语言中不可避免会出现新词新语，但并非每种说法都会扣分。那么，哪些网络词汇会被视为不规范，哪些又可以直接使用呢？一般来说，要从两个角度来看。一方面取决于新词是否在普通话中有意义相同的表达，若有则必须使用规范词语。另一方面看这个新词是否取得了官方认可，是否出现在官方媒体或比较正式的场合中。当然，在命题说话过程中不使用网络词汇，是避免出现此类失误的最好办法。

3. 慎用易混词

现代汉语的特点之一是同音词较多。在听话人和说话人都没有文字凭借的情况下，某些关键地方若使用了易混词，就可能会造成歧义。比如“终点”和“中点”，可将“中点”替换为“中间”。“我最喜欢的书是编程”和“我最喜欢的书是《边城》”，可将后一句话补充为“我最喜欢的小说是沈从文的《边城》”，避免产生理解偏差。

### （二）语法方面

1. 避免使用方言语法

虽然四川地区属于北方方言区，但也有不符合普通话规则的方言语法。比如“这个事情我晓不得”“我明天来不到”“妈妈把饭端起来了”，这类表达都是四川方言的说法，普通话应该表达为“这件事我不知道”“我明天来不了”“妈妈把饭端来了/妈妈端来了饭”。要避免此类情况，就一定要多使用普通话进行交流，减少方言表达。

2. 避免出现语病

口语表达过程中，有时会出现比较混乱的表述。如“我喜欢的职业是当一名老师”“今天天气晴朗、出了太阳的一天”“压岁钱的红包让小孩子们都很开心”。这些语句存在搭配不当或句式杂糅等现象，有明显的语病。还有一种情况是表述不符合逻辑。如“妈妈小时候对我很好……”“虽然我直到去世也没能见到爷爷……”“我非常特别喜欢他”。这些表述也是病句，属于语法不规范的情况。要减少这类问题的出现，一方面可以提前思考需要表达的内容，将语句组织出来，多说多练；另一方面需要尽量减少长句和书面表达的使用，多用短句和口语表达。

## 三、说话不自然流畅

### （一）不自然流畅的表现及原因

自然，是指在说话的过程中，口语表达符合普通话日常口语的语音语调，发音不造作，没有朗诵腔，不加入过多表演色彩，也不带方音特点。流畅，是指语速适中，话语连贯，娓娓道来。短文朗读中，也会有流畅度的检测。但这部分的流畅度检测是考查朗读者在有文字凭借的情况下对文本的熟悉程度，对作者情感的准确表达，在朗读过程中，甚至需要朗读者有一定的技巧，对文本进行再加工。而命题说话中的流畅度检测，则是对无文字凭借情况下表达者交流能力的考查，不追求华丽的技巧、情感的流露，只需要朴实的表达，真实的对话。

“说话”不是口头作文，也不是朗读演讲。《现代汉语词典》（第7版）将其解释为“用语言表达意思，闲谈”。在应试过程中，说话不自然流畅主要表现为以下几种情况。第一，结结巴巴，颠三倒四，重复啰唆，说话不流畅。第二，语速过快或过慢。过快容易出现表述失误，增加错误数量；过慢让人感觉话语不连贯，有些人甚至是一个词一个词地说，完全不符合聊天的特点。第三，疑似背稿。有些人提前准备了说话的内容，但在表达过程中不是以“说”的方式进行，而是“背”。能背的部分语速极快，卡壳之后就无法继续，一句也说不出来。

出现以上情况，主要是因为说话人思路不顺畅，平时使用普通话进行表达的时间较少，在设计话题内容时，容易出现中断。或者是在说话时，使用了写作的方法，喜欢使用书面语，私下表达没问题，但在考场采用生硬的方式说话，追求词句的华丽，语句的修辞性，这些做法都是错误的。口头表达与书面表达在形式、风格和思维方式上都有很大的不同，将书面语使用在说话测试中，要么容易说话断断续续，要么容易语调生硬不自然。

### （二）不自然的解决方案

口语表达时，需要把握住“聊”的语调。在提前准备的基础上，如何能表现出“聊”的轻松语气呢？可以从以下三个方面体现。

1. 多用短句

表达者需要在说话的过程中迅速组织语言，如果大量使用长句，一方面会出现断断续续的情况，另一方面也会产生语病。而多使用短句表达，可以给自己留下思考的时间，也能使语音清晰明确，语速平稳，避免语音含混不清。

2. 少用口头禅

口头禅指一个人经常挂在口头的词语或句子。有些人本身语言组织能力不强，在思维断档的过程中，为缓解思考带来的语音停顿，会不自觉地脱口而出一些无意义的词句。比如“我有一个很好的朋友，嗯，她就是我初中时的同桌，嗯。记得有一次数学考试，嗯，我忘了带铅笔……”这段话中“嗯”的出现频率过高，会给人说话啰唆不连贯的感觉。或者应试人本身在平时交流中，就带有一些习惯用语，比如在描述一件事情时，反复说“然后”“这个这个”，这样也会给人表述不流畅的感觉。

3. 避免背稿

有些人将说话题目当成作文题目写出讲稿并加以背诵，认为这是一种行之有效的方法。但此种方法费时费力，且往往以失败告终。首先，书面语和口语是不一样的，用文字写出来的稿子肯定与口语中说出来的内容有很大区别。只有抛开文字的钳制，逐渐养成口语思维习惯，才能培养口语表达的自信心。其次，50 个说话题目，说多也不多，每个题目准备的时间好像并不长。但是人的记忆是有限的，要背下 50 篇作文，且在 3 分钟之内以正常语速表达出来，绝非常人能做到之事。再加上大部分人都有考试焦虑，口试则更甚。在紧张情绪的影响下，极易出现断档。一旦记忆出现疏漏，则会更加焦虑，加重紧张感，导致更严重的失误。

背稿的语音语调与正常说话时有所不同，缺乏自然的语音效果，显得非常生硬。口语表达本身就是要求在无文字凭借的基础上进行交流，死记硬背违背了初衷，其法不可取。正确的方式应是在分析主题后进行针对性练习，可说给自己听，用手机录下来自行检测，也可说给亲朋好友们听，利用微信语音功能，每日发送一段语音给对方，既增进了感情，又锻炼了自己口语表达的能力。

## 四、语句色彩不当

### （一）多使用口头语言

口语表达并非演讲或口头作文，应该尽量使用口头语言，书面语的使用会让话题充满距离感，也容易让说话人陷入词穷的陷阱里。口头语言具有朴实无华的特点，多使用口语词，能让听说双方感觉更轻松。例如：使用“总结起来”，避免用“总而言之”；使用“闪闪发光”，避免用“熠熠生辉”；使用“就像这些”，避免用“诸如此类”。除了词语的选择需要口语化，句子的表达也尽量注意口语的运用。例如讲述“我最喜欢的季节”，如果是这样一段话：“在秋天，大自然经历了一个丰收的季节。树木的叶子逐渐变黄、变红，飘落下来，给大地披上了一层美丽的金黄色。在秋天，农田里的庄稼也成熟了，农民们忙着收割庄稼，为冬天储备粮食。在秋天，候鸟开始迁徙到温暖的地区，而小动物们则开始储存食物以备冬季之需。”这段话带有大量的书面语以及精心设计的排比句式，语调就算再想自然也自然不起来。但换成口语化表达：“我最喜欢的季节是秋天，不仅因为它有着不冷不热的天气，像火一般的红叶，还因为秋天有太多我喜欢的水果，像柚子、石榴、柿子，还有葡萄，能让我这个吃货开心不已。”这样的表达就符合说话题目的要求，也能让说话人在自然的语调中完成表述。

#### (二) 词句需要正能量

说话过程中，要避免一些负面的流行词汇和时髦用语。比如“做事一定要考虑别人的感受，千万不能让他们太开心了”“这辈子这么苦，别太拼，下辈子还会更苦的”，像这样话语，反映的思想比较负面，不建议在说话时出现。同时也要避免网络视频里的流行话语，像“人生无常，就像大肠包小肠”“完了，芭比 Q 了”等，听起来较为戏谑，给人一种调侃的感觉，在测试中使用不太恰当。

### 五、时间把控不到位

口语表达时，如果遇到有时间限定的要求，则需要注意两种情况。第一种情况是限定时间，如大多语言类比赛，往往是要求表达者不能超时，这类情况只需要提前组织好语言，将观点表达清晰，到结束部分根据剩余的时间进行调整即可。另一种情况是要求必须说满时间，若未达到要求，则会扣除相应的分数，普通话水平测试中的“命题说话”就属于这种类型。

命题说话中，部分应试人在说话时东拉西扯，或是重复相同的内容，妄图拖延到测试结束。此题要求进行时长为 3 分钟的表达，其目的既包括充分展现应试人语音面貌，同时也要求表达一定量的有效信息，以体现其交流沟通能力。对一个比较熟悉的话题，连 3 分钟都说不满，原因可能有两方面：一是准备不够充分，缺乏明确的论述思路；二是情绪紧张焦虑，导致节奏掌控不佳，语速过快，且所准备的内容较为单薄，几句话说完后，大脑一片空白，后面无话可说，导致缺时扣分。

要避免此种情况，平常练习时就需要对时间有所把控。进行模拟测试时，利用计时工具感知 3 分钟的具体时长，并预计所要说话内容的多少，使以后的训练更有针对性。准备过程中，除了思考常规情况下说的内容，还需要多准备一些素材。若出现语速过快而导致内容说完的情况，能快速调取脑海中的备用素材，避免冷场。

### 六、离题或产生无效话语

#### (一) 离题

离题的情况往往分为两种，一种是有意识的，另一种是无意识的。不管是哪种情况，都会根据离题的时间长短，扣除 4～6 分。一般的离题情况分为以下两种。

1. 万能模板

不少人在测试前，喜欢在网上搜索考试过关的“秘籍”，其中之一就是万能模板：准备一段话，不管抽到哪个题目，除了开头结尾，中间部分都直接套用。“番茄炒鸡蛋”就是一个经常被使用的万能模板。如果抽到“童年生活”，就表述为“在我的童年生活中，有一道菜让我记忆犹新，那就是番茄炒鸡蛋。这道菜往往是这样做的，先准备两个鸡蛋和一个番茄，然后将鸡蛋打好……”如果抽到“我的兴趣爱好”，则改为“我的兴趣爱好就是做饭，最拿手的一道菜就是番茄炒鸡蛋。这道菜往往是这样做的，先准备两个鸡蛋和一个番茄，然后将鸡蛋打好……”如果抽到“难忘的旅行”，同样可以将话题引到万能模板上“在我小学的时候，曾经有一次是和爸爸妈妈出去郊游。我们当时很开心，因为在路上，我吃了一道菜，叫番茄炒鸡蛋。这道菜往往是这样做的，先准备两个鸡蛋和一个番茄，然后将鸡蛋打好……”以上情况都会被判定为离题，并根据时长进行相应的扣分。

2. 改换话题

更改话题内容也是命题说话中经常会出现的一种情况。说话人或者是因为所给的两个题目自己都不喜欢，或者是只准备了 50 篇中的一篇。于是便不管不顾，直接避开两个话题，说一个自己准备好的题目，最终被判定为离题。还有一种错误也需要避免：由于粗心而看错题目。比如把“我喜欢的节日”说成了“我喜欢的节目”，把“我喜爱的季节”说成了“我喜欢的节气”。这样的离题虽然不是应试人的主观意愿，但依旧会扣除相应分数。要避免这种错误，一方面要熟悉题目，另一方面在临场应试时要细心读题。

#### （二）无效话语

有的人为了避免缺时，会使用一些缺乏表达功能的话语。表现之一为重复同一个简单无意义的语句，比如“童年生活”这一话题，应试人 3 分钟之内只反复重复“我的童年生活是美好的”这一句话，让说话内容失去了有效性。表现之二为说话人朗读准考证、电脑提示等与题目完全无关的语句，试图蒙混过关。表现之三为使用唱歌、背诵古诗等与话题内容完全没有关系、形式也不属于说话的方式，企图拖够 3 分钟。但不管哪种方式，都会计入无效话语时间，最终依据评分标准扣除相应的分数。

要避免离题及无效话语，首先要知道此类投机取巧的做法完全无用，不仅不能得分，反而会扣除更多的分数，对提高等级毫无帮助。其次应熟悉并认真分析每一话题，将部分有联系的题目进行归类，做到有话可说，避免临时拼凑话语。

## 第三节 口语表达对策与技巧

### 一、分析题目，找到联系

《普通话水平测试实施纲要》中列出了 50 个说话题目，在练习之前，可以将其按照文体分为记叙描写、议论评述、说明介绍等类型，也可按照内容分为说人、说事、说物、说理等不同的类别。对话题进行梳理分类，能让人熟悉题目，并在生活中留心与之相关的素材，真正做到提高应试人使用普通话交流的能力。

将话题分类后，进一步确定内容，选定素材后进行说话练习。应试人可根据自己在语音上的长短处来考虑内容，并尽量避免有系统性的缺陷发音。比如“儿”字发音有缺陷的应试人，在表达“他有一个儿子”的时候，就可以换成“他有一个孩子”，再在后面的表述中说明这个孩子的性别，尽量少暴露自己的问题。

话题对表述的内容没有严格的限定，只要与之相关，都可以说。比如“我喜欢的美食”，可以介绍喜欢的某地美食，也可介绍自己爱吃的食物做法，还可以讲述自己所喜欢美食背后的故事，甚至可以将所有的内容综合起来，都是符合题目要求的。应试人尽量选用自己熟悉的素材和表达方式，避免由于表述内容过于陌生而失分。

## 二、根据内容，选定素材

命题说话虽然是对语音面貌的考查，但提前准备好用以表述的材料，能让应试人胸有成竹，减少紧张焦虑的情绪。准备材料时，可按照内容的重叠性进行组合。比如“假日生活”与“难忘的旅行”，“我的兴趣爱好”和“我喜欢的美食”“印象深刻的书籍（或报刊）”，这些题目可以使用同样的素材，“我的理想（或愿望）”和“我喜欢的职业（或专业）”，“我了解的地域文化（或风俗）”和“我喜欢的节日”这类话题也有部分内容重叠。采用此种方法，可以不必为每一个题目准备不同的事例，有联系的内容组合内可重复利用。此种方式与万能模板并不相同，在测试过程中，针对不同的题目，应试人需要从不同的角度切入，并根据具体要求改变侧重点，而不是不做修改，将一段话机械地直接套用在任何题目中。

同时，在选材时还要注意避免选择容易让人激动的内容。比如在“尊敬的人”话题中，选择刚刚过世的奶奶，说到奶奶小时候抚养自己长大的情景，哽咽着不能成语，导致缺时。或是在“童年生活”话题中，谈到自己在童年时期被同学欺负，回忆起争执的过程，义愤填膺，甚至开始骂人，导致出现无效话语。在“朋友”话题中，谈及发生在朋友身上的搞笑事，抑制不住开始笑场，导致的结果是要么缺时，要么影响语音的发挥。即便应试人没有直接在表达中出现语言问题，但因情绪不稳定，把控不住语音语调，也极易导致定性等级降低。

## 三、理清思路，言之有物

### （一）结构明晰

命题说话主要是考查说话人的语音情况，其主题立意、结构层次、条理顺序等不可能进入计分项目。但说话本身是一种篇章的交流，如若没有事先充分准备，测试过程中边说边想，势必会顾此失彼，从而影响语音规范、词汇语法及自然流畅度。有的应试人拿到话题后，不知从何说起，主题中心抓不住，更不用说进行有层次的表达了。50 个说话题目，都比较贴近生活，粗略一看好像都不难说，但若每个题目都只是泛泛而谈，缺乏深入的思考与分析，脑子里组织出来的就会只有几句话，只能翻来覆去地说，没有其他内容可输出。还有些应试人投机取巧，事先背好几篇稿子，想着随便抽到什么题目直接往上面靠。结果抽到的题目与准备的内容相差甚远，导致临场发挥时手忙脚乱，东拼西凑，表达缺乏连贯性。

要避免以上情况，就必须在确定选材之后，进一步思考说话的结构和顺序。比如“我的理想（或愿望）”就可以按时间顺序来谈，从小到大，自己的理想是什么，有没有变化，变化的原因是什么。“难忘的旅行”，可以按空间顺序来说，旅行的目的地是怎样的，印象最深刻的是什么地方，看到了什么美景，吃到了什么美食等。再如“谈社会公德（或职业道德）”这类说理的话题，可以按总分总的顺序进行论述。先是谈论社会公德的总体情况，再通过正反事例展开讨论，最后总结自己的观点。说话时结构明晰，对时间的把控比较到位，就不怕出现缺时或无效话语，才能将注意力放在语音标准度上。

### （二）故事思维

故事是人类交流的重要工具，其魅力在于它能激发人们的想象力和情感共鸣。在日常生活中，我们更喜欢通过聆听故事来获取信息和启示，而非直接接受说教。这是因为故事本身具有丰富的情节和生动的形象，使得听众能够在轻松愉快的氛围中，更容易理解和接受故事中所传达的观点和价值观。

故事之所以具有如此大的吸引力，原因在于其独特的思维方式。故事思维是一种将信息融入有趣、富有情节的情境中的表达方式，它能够让听众在享受故事的乐趣的同时，自然而然地接受故事中所包含的寓意。与说教相比，故事思维更能激发听众的兴趣，提高他们的参与度，使他们在愉悦的氛围中学习和成长。

在讲述故事的时候，一定要注意内容具体，也就是说话言之有物。所谓具体，就是讲述事件时尽量避免“有一次、有一天”，而是介绍确定的时间空间。发表议论时不要含糊其词，要表明具体的观点。说话中叙述的事情以亲身经历为最佳，其次是发生在亲朋好友身上的真实事件，最次的是在新闻媒体上阅读到的内容。经历过、看到过、听到过的事情，谈及的时候往往感触较深，才能避免无话可说的尴尬局面。

## 四、克服干扰，多说多练

### （一）创造语境

“命题说话”虽然是单向性的活动，但实际上考查的是应试人的语言交流能力，因此创造一个可供交流的语境是非常有必要的。应试人可以与身边志同道合的伙伴结对进行训练，互相纠错，共同进步，也可以利用社交软件，坚持给亲朋好友用普通话发语音，告知他们自己在进行训练，也可以直接利用说话题目进行交流。比如可以跟父母介绍自己在学校里交到的好朋友，那么就可以练习“朋友”这个题目。如果是给远方的朋友讲自己进入大学之后的新情况，就可以带入“我所在的学校（或公司、团队、其他机构）”“我的一天”。如果跟兄弟姐妹讲述自己节假日出去游玩的事情，“向往的地方”“难忘的旅行”这些题目就可以用于训练。虽然在训练中，听话者无法较为专业地指出说话过程中的语音错误，但是能让应试人习惯用普通话进行交流，尽可能减少方言思维对自己的影响。

### （二）组织语言

前面的步骤依然停留在准备阶段，还没有进入真正的训练环节。口语能力的提升，只能在不断练习、不断总结的过程中获得。如果只是在头脑中想想该如何说，而不将内容说出口，是达不到预期效果的。只有开始口头训练了，之前的准备才真正落到了实处。在学习普通话的过程中，很多人比较看重读的环节，给他一些材料，哪怕普通话发音并不标准也能念下来。但是如果离开文字材料，让他用普通话说一段话，大部分人就开始不知所措，第一反应就是“我说什么呢?”这种言语习惯是不利于普通话学习的。语言是思维的形式，如果不“说”，方言思维永远都会对交流进行干扰，只有“将嘴说顺”，才能避免在使用普通话时出现方言的情况。比如在进行事件描述时，应试人可能会重复人物对话，这时往往会出现直接将方言转化为普通话的情况，某些用方言说起来很正常的话语转化为普通话表达后就有些不伦不类，虽然听起来没有大的语法错误，但会让测试员感觉这个表述不地道，使应试人的语音面貌定档降低。

### （三）拆分训练

应试人之所以不敢或不愿意进行口语训练，也有一部分原因是对自己的语音面貌缺乏自信，越是说不好，就越是不敢说。不管是面对陌生人还是亲朋好友，甚至说给自己听都比较排斥。针对这样的情况，建议将说话的内容训练和语音训练分成两个独立的部分。第一步先尝试在规定时间内说出与话题相关的内容，只在乎素材和结构能否表现出来，不考虑语音是否标准，以“能说”为首要目的。第二步才是对所说内容的语音进行纠正，并针对语音上存在的主要问题进行针对性训练。利用自我分工的方式，将有难度的任务化整为零，各个击破，能在短时期内有效提升命题说话的水平。

## 五、克服紧张，化解焦虑

凡考试都会有焦虑，轻微的焦虑有助于考试，但过分焦虑往往会发挥失常。尤其是在口语测试中，应试人缺失文本依托，容易产生“心里没底”的感觉。有的应试人提前准备了文字稿，拿到话题之后并不积极地去思考，而是回忆文字信息，无法摆脱已经准备好的材料，当记不住的时候，就表现得分外紧张。部分应试人在测试中较为急躁，说话时额外的顾虑较多，太在意自己的表现和环境的影响，抗干扰能力差，思维不能专注在题目内容上。

要克服紧张情绪、化解考试焦虑，建议从以下方面入手。第一，避免文字信息干扰。在准备考试的过程中，肯定是需要提前对话题进行准备的。但只需要思考话题的内容、素材及顺序，不需要将话题的内容用文字呈现出来。这样能有效避免因记不住而紧张焦虑的情况。第二，将测试日常化。可以想象电脑背后有一位朋友在认真听你说话，也可以将自己想象成电台的主持人，话筒背后是你的忠实听众。这样能舒缓情绪，对自己的发挥也有很大的帮助。第三，增加“实战”经验。如果应试人是第一次参加测试，则可以在练习时借助手机录音功能，将自己的语音录制下来，把每一次录制都当成是真实的应试，这样可以锻炼自己的临场能力。另外，也可以借助一些普通话学习的应用程序，参与其模拟考试，增加应考的经验。

## 课外链接

如何把握普通话水平测试中的“黄金30秒”，提高命题说话的得分，是应试人必须思考的问题。由于已经在30秒之前选定了说话题目，所以利用这个时间打腹稿，思考大致的说话框架结构是最重要的。腹稿的思路可以围绕“是什么——为什么——怎么样”展开。30秒倒计时结束后，建议应试人以“我的说话题目是……”为开头进行作答。

现提供50个说话题目的框架结构，以帮助应试人更好地备测。

1. 我的一天

(1) 我的一天是丰富/多彩/单一/枯燥的……

(2) 平时……，放假时……/早上……，中午……，晚上……(具体事例)

(3) ……这就是我丰富/多彩/单一/枯燥的一天。

2. 老师

(1) 老师是令人尊敬的职业，我最尊敬的老师是我的小学老师/语文老师……

(2) 他(她)学识渊博、关心学生/幽默风趣，将枯燥的文言文讲得有趣极了……

(3) 记得有一次……，还有一次……(具体事例)

3. 珍贵的礼物

(1) 在我的记忆中，有一份特别珍贵的礼物，那是一支钢笔/一个笔记本/一本小说……

(2) 这钢笔/笔记本/小说……是我在小学时最好的朋友送给我的毕业礼物……(具体事例)

(3) 虽然现在我已经读大学了，但是每次看到这份礼物，都让我……

4. 假日生活

(1) 我特别喜欢看书/看电影/打游戏/逛街/旅游，在假日里基本上都是……

(2) 通常我会……，偶尔也会……，记得有一次……(具体事例)

(3) 看书/看电影/打游戏/逛街/旅游让我的假日生活非常充实/平平淡淡/非常有规律/很有意义……

5. 我喜爱的植物

(1) 我最喜爱的植物是蜡梅/菊花/牡丹……

(2) 它的香味是我最喜爱的，而且它总是在寒冬盛开……

(3) 蜡梅/菊花/牡丹给我带来的精神鼓励，或是养殖它的具体情况……(具体事例)

6. 我的理想(或愿望)

(1) 我的愿望是成为……

(2) 之所以有这样的愿望，主要是因为小时候……

(3) 小学时……，中学时……，有一次……，还有一次……，直到我上了大学……(具体事例)

7. 过去的一年

(1) 在过去的一年里,我的生活发生了很大的改变/并没有太大的改变……

(2) 发生这种改变的原因,主要是我参加了高考,并进入了大学/我还是和以前一样,读书、考试、放假……(具体事例)

(3) 过去一年中,我的生活很有规律/有意义/无聊,希望在未来的日子里,我能……

8. 朋友

(1) 每个人都有自己的朋友,我的朋友是……。他(她)是我的同学/室友/同桌……,他(她)的外貌/性格/爱好/修养……

(2) 还记得我和他(她)的第一次见面,是在……。后来我就和他(她)成为好朋友了,我们在学习上……,生活中……(具体事例)

(3) 这就是我的朋友,一个活泼开朗/乐于助人/幽默风趣/富有才华……的人。

9. 童年生活

(1) 每个人都有自己的童年,我的童年时光是快乐/温暖/难忘/孤独的……

(2) 爸爸妈妈/爷爷奶奶/童年小伙伴……

(3) 爸爸妈妈带我旅行/爷爷奶奶给我做好吃的/与小伙伴玩游戏……(具体事例)

10. 我的兴趣爱好

(1) 从小到大,我都特别喜欢……,它伴随我度过了很多个日夜……

(2) 因为喜欢……,所以我可以在烈日炎炎下,到操场/在冬天凛冽的寒风中,去室外……(具体事例)

(3) 这个兴趣爱好不仅能让我身心愉悦,还带给了我很多荣誉……,我参加了……比赛,获得了……奖项。当我拿起……奖杯的时候,觉得之前……这一切都是值得的。

11. 家乡(或熟悉的地方)

(1) 我的家乡在……,它位于……,是一座有着悠久历史文化/山清水秀/普普通通的城市。

(2) 家乡的风光很美,最出名的是……。除了自然风光,家乡还流传着这样的传说(具体事例)

(3) 家乡最让我难忘的,还是那些美食……

12. 我喜欢的季节(或天气)

(1) 我喜欢的季节是春天(夏天、秋天、冬天)/一年四季,我都挺喜欢的,我喜欢春天的……,夏天的……,秋天的……,冬天的……

(2) 春天是一个……的季节,在这个季节里,万物复苏、百花齐放……(重点谈论为什么喜爱以及这个季节的特点)

(3) 这个季节(或天气)让我想起了一件事情……(具体事例)

13. 印象深刻的书籍(或报刊)

(1) 我印象深刻的书籍/报刊是……

(2) 之所以喜爱它,是因为它里面的故事朴实无华/充满哲理/非常感人/幽默风趣……

(3) 我特别喜欢其中的……(具体内容)

14. 难忘的旅行

(1) 我特别喜欢旅行，从小到大我去过很多地方/去过的地方屈指可数，最难忘的是……

(2) 旅行的地点，一起旅行的人，看到的景物，发生的故事……(具体事例)

(3) 旅行过程中我经历/感受了……(感想以及难忘的原因)

15. 我喜欢的美食

(1) 一提到美食，大家就会想到宫保鸡丁/夫妻肺片/麻婆豆腐/火锅……，是的，我最喜欢的美食就是……

(2) 美食色香味……，烹饪方式……

(3) 由于我特别喜欢品尝美食，所以自然有很多与它相关的故事。记得有一次……(具体事例)

16. 我所在的学校(或公司、团队、其他机构)

(1) 我所在的学校/团队是……

(2) 我们学校非常美丽，记得刚刚进入学校的时候，我就被……吸引，我很开心能够在这里学习……

(3) 我在学校里的生活可谓是多姿多彩，有一次……，还有一次……(具体事例)

17. 尊敬的人

(1) 我尊敬的人是我的老师/妈妈/××明星……

(2) 他(她)和蔼可亲、关心学生/任劳任怨、对我的关心无微不至/充满正能量、对粉丝非常亲切……

(3) 记得有一次……，还有一次……(具体事例)

18. 我喜爱的动物

(1) 我最喜欢的动物是狗/熊猫/大象……

(2) 它的模样可爱，是我生活中的好朋友，给我带来了很多快乐……

(3) 与狗/熊猫/大象有关的趣事……(具体事例)

19. 我了解的地域文化(或风俗)

(1) 我知道的风俗主要有节日/婚俗/丧葬……

(2) 在古代的时候……，到了现代……，除了汉族的风俗，还有……

(3) 记得有一次，我去云南……(具体事例)

20. 体育运动的乐趣

(1) 我喜欢的体育项目是篮球/足球/乒乓球/羽毛球/游泳……

(2) 体育项目中，我经常参加的有……

(3) 小学时……，中学时……，大学时……/春天……，夏天……，秋天……，冬天……

(4) 通过篮球/足球/乒乓球/羽毛球/游泳，我不仅锻炼了自己的身体，还享受到了它们带给我的乐趣，相信未来的我还会一直坚持下去。

21. 让我快乐的事情

(1) 让我最快乐的事就是过生日/过春节/过圣诞节/打篮球/看电影了……

(2) 过生日时,总是会有很多同学和朋友……/每年过春节的时候,一家人都会团聚在一起/小时候,我最盼望的就是圣诞节了,总是期望有圣诞礼物可以收……

(3) 记得我十二岁生日那年/去年的春节,我和爸爸妈妈一起到外面旅游……(具体事例)

22. 我喜欢的节日

(1) 我喜爱的节日是春节/元宵节/劳动节/国庆节/端午节……

(2) 之所以喜欢春节/元宵节/劳动节/国庆节/端午节……,是因为在这个节日里,往往会放七天假/吃我最喜欢吃的粽子/和爸爸妈妈团聚在一起……

(3) 记得那年春节/元宵节/劳动节/国庆节/端午节……,发生了一件事……(具体事例)

23. 我欣赏的历史人物

(1) 我最欣赏的历史人物是曹操/诸葛亮/管仲/刘备/恺撒大帝……

(2) 一说起曹操,就让人想起"枭雄"这个词来,他的确是一个有勇有谋的人,同时在文学方面的造诣非常高……

(3) 这个历史人物对我产生了很大的影响,记得有一次,我在考试中……(具体事例)

24. 劳动的体会

(1) 劳动分为很多中,有体力劳动,也有脑力劳动。一般来说,体力劳动有……,脑力劳动有……

(2) 我作为一名学生,平时做得最多的还是脑力劳动,虽然看起来好像坐在那里没有动,但实际上很累。记得有一次,我刚吃完饭就开始做一套数学试卷,做完之后居然感觉到饥肠辘辘了……(具体事例)

(3) 除了完成脑力劳动,我也会做一些轻量级的体力劳动,比如帮助妈妈洗碗、拖地等。这些劳动也有很多小窍门,就拿叠被子来说吧……

25. 我喜欢的职业(或专业)

(1) 我喜爱的职业/专业是……

(2) 之所以喜欢这个职业/专业,是因为……

(3) 小学时……,中学时……,有一次……,还有一次……,直到我上了大学……(具体事例)

26. 向往的地方

(1) 我向往的地方是北京/上海/香港/成都/西安/昆明……

(2) 之所以向往那里,是因为里的山美/水美/人美/厚重的历史气息/舒适的生活方式……

(3) 有一次新闻中播放了那里……/我终于去了那里……(具体事例)

27. 让我感动的事情

(1) 从小到大，让我感动的事情有很多，有可能是妈妈冒雨送来的伞，也有可能是同学在考试之前借给我的橡皮擦，还可能是老师不厌其烦地给我讲解错题/听到朋友即使面临很大的压力，也为我保守秘密/看到一段美丽的风景，例如日出或日落，让我感到宇宙的壮丽和无限/读到一本好书，其中的角色和故事让我思考人生的意义和价值……

(2) 在这些让我感动的事中，最让我感动的是……(具体事例)

(3) 除此之外，……也是让我非常感动的……(具体事例)

28. 我喜爱的艺术形式

(1) 我喜爱的艺术形式是小说/电影/电视/话剧……

(2) 每次观看小说/电影/电视/话剧时，我都忘记了周遭的一切。记得有一次……

(3) 我特别喜爱其中的人物、故事、情节……(具体事例)

29. 我了解的十二生肖

(1) 十二生肖是中国的一种传统文化，就是根据出生年份配对上十二种动物，有鼠、牛、虎、兔、龙、蛇、马、羊、猴、鸡、狗、猪。每个人都会有一个属于自己的生肖……

(2) 生肖不仅仅是十二地支的形象代表，每个生肖还都有它的象征意义。比如说，鼠代表智慧，牛代表勤劳……

(3) 因为我是属……的，那就先谈谈与……相关的故事吧……(具体故事)

30. 学习普通话(或其他语言)的体会

(1) 对于普通话/英语……，在没有深入学习之前，我一直都觉得很简单/困难……，学习之后，我的体会是方法很重要、要多听多读……

(2) 记得大一学院开设普通话/英语……课程时，我还很惊讶/开心有这门课程，因为……。在课程中，我学会了怎样区分边鼻音、平翘舌和前后鼻音/英语的语音和语法，词汇量也有了很大的增长……。在学习的过程中，我也遇到过一些困难……(具体事例)

(3) 如果现在，你还要问我学习普通话/英语的体会，我的想法是……

31. 家庭对个人成长的影响

(1) 家庭对每个人的成长都有非常重要的影响，如果生活在一个讲规矩的家庭里，孩子们往往会比较礼貌/如果父母很细心，孩子做事往往也比较有规律……/如果生活在一个轻松的家庭里，孩子们可能也会活泼可爱、无拘无束……

(2) 我从小生活的环境是比较严肃/轻松的……，我的爸爸妈妈在家里总是不苟言笑/像一对活宝……

(3) 记得有一次……，还有一次……(具体事例)

32. 生活中的诚信

(1) 诚信是每个人都必须要坚持的一种美德，在生活中，诚信处处可见。比如说，去小卖部买东西，老板多找了钱，我将钱及时退回，或是写作业时，坚持自己完成，不抄答案……

(2) 我印象最深刻的一次经历是在公交车上……(具体事例)

(3) 虽然我身边大部分人都比较诚信，但是我也遇到过不诚信的人。记得有一次……

33. 谈服饰

(1) 服饰对每个人来说都是非常重要的，衣裤/裙子/鞋帽/袜子/手套/围巾/领带/配饰……

(2) 我喜欢穿比较休闲/舒服/漂亮/正式/时髦……的服饰，因为……

(3) 虽然我比较喜欢穿休闲/舒服/漂亮/正式/时髦……的衣服，但是遇到特殊的场合还是会……，记得有一次……(具体事例)

34. 自律与我

(1) 一个人想要有所成就，就一定要有足够的自律。历史上，很多伟大的人物都因为是自律的人，才取得了成功。比如爱迪生/杰克·伦敦/特蕾莎修女……

(2) 对我而言，自律也帮助我取得了一些成果。在我小学时……，初中时……，高中时……，现在……(具体事例)

(3) 但是自律也不等于自虐，遇到应该休息的时候，我也会安排自己好好放松，因为……

35. 对终身学习的看法

(1) 随着科技的飞速发展和社会的不断进步，终身学习已成为每个人的必然选择。它不仅关系到个人的成长和成功，更关系到社会的进步和发展……

(2) 在我看来，终身学习是适应社会发展的必然要求……。另外，我觉得终身学习是提高个人素质的重要途径……

(3) 终身学习还可以帮助我们更好地实现自我价值。我的爸爸/叔叔/哥哥……，以前学的是……，由于工作的变动……，他又开始学习……(具体事例)

36. 谈谈卫生与健康

(1) 卫生与健康是紧密相关的，拥有健康身体的前提就是要讲卫生……

(2) 一个人的生活习惯、食品安全、环境卫生都会影响到他的健康……(举例子)

(3) 从个人卫生到环境卫生，从学校卫生到社会卫生……。记得有一次，因为……，所以……(具体事例)

37. 谈谈对环境保护的认识

(1) 目前，地球的生态环境正面临日益加剧的恶化，环境污染问题也越来越严重。因此，保护环境已成为全人类共同关注的重要议题……

(2) 关于环境恶化，我感受最深的是气候变暖/空气污染/工业废水/雾霾……

(3) 为了保护环境，我们可以采取以下措施：加强全民环保教育和宣传，提高公众的环保意识和责任感；从身边小事做起，如节约用水、减少垃圾、骑自行车等，养成良好的环保习惯；支持和参与各种环保活动，如植树造林、清洁河道、海滩清理等，积极投身于环保事业中；支持环保科技的研发和应用，推广可再生能源，减少对化石燃料的依赖;建立和完善环境保护法律法规体系,加大对环境污染者的处罚力度,确保环境保护的有效实施……

38. 谈社会公德(或职业道德)

(1) 社会公德(或职业道德)是非常重要的,良好的社会秩序需要每一个人营造,包括遵守公共秩序、爱护公物、保护环境、讲文明懂礼貌……

(2) 记得在这个五一节期间,网上就曝光了两名游客插队的不文明现象/各类环境污染事件/毒奶粉、地沟油、假药等食品药品安全事件……

(3) 我身边也有与社会公德相关的事件,有一次……,还有一次……(具体事例)

39. 对团队精神的理解

(1) 团队精神是一个团队成员之间相互合作、相互支持的精神风貌,对我们学生来说,团队精神往往体现在一次作业或者一次评优中……

(2) 记得上次我们小组一起完成老师布置的作业……(具体事例)

(3) 除了在学业中有团队精神的体现,在体育中也可以体现出团队精神。就拿篮球来说吧,有一次……(具体事例)

40. 谈中国传统文化

(1) 我对中国传统文化的理解,主要是悠久的历史文化,从三皇五帝到现代文明,文化的传承从未间断……

(2) 我是学汉语言文学/汉语国际教育的,对文化有着属于自己专业的独特感受。记得有一次在……课上,老师让我们翻译一段文言文……(具体事例)

(3) 其实中国传统文化不仅仅在课堂上能体现出来,在我们生活的方方面面都有所体现。在春节期间,大街小巷都挂满了彩灯,漂亮非凡/端午节时,妈妈总是会挂艾草,而且还会用艾草给我熬一大锅洗澡水,说是洗完之后身上不会被蚊虫叮咬……(具体事例)

41. 科技发展与社会生活

(1) 如今的社会,科技发展迅猛,社会生活的方方面面都与科技有关,比如……

(2) 在吃的方面,如果你不想做饭,可以打开手机……在穿/住/行/用的方面让我感受最深的一次是……(具体事例)

(3) 科技发展给社会生活带来了很多便利,但是也给我们带来了一些困扰……

42. 谈个人修养

(1) 个人修养十分重要,包含一个人的言谈举止、日常行为等。

(2) 我的初中老师就是一个修养很高的人,记得有一次……,还有一次……(具体事例)

(3) 如果不注重个人修养,就会让身边的人感到不舒服。前不久在网上看到这样一则新闻……

43. 对幸福的理解

(1) 说到幸福,就让我想起了小时候妈妈的温暖怀抱……

(2) 中学时,好朋友分享给我的那杯奶茶……,大学时,我开始尝试各种新鲜的事物……

(3) 当然,我的生活并不是一帆风顺的,我也会遇到挫折……。现在,我更加坚信,幸福就在我们的心中……(具体事例)

44. 如何保持良好的心态

(1) 保持良好的心态是我们在生活中所需要的重要素质之一。无论遇到什么困难或挑战,保持积极的心态能够帮助我们更好地应对它们。

(2) 保持积极的心态,勇于挑战……,这些都可以帮助我们保持良好的心态……

(3) 生活往往不是一帆风顺的,就算遇到了一些困惑,我们也可以苦中作乐,让自己活得更开心。记得刚到学校的第二天,我就不小心弄丢了手机……,刚刚认识的同学陪着我一直不停地回忆……,当我看到手机的那一瞬间,开心得又叫又跳……(具体事例)

45. 对垃圾分类的认识

(1) 垃圾分类是一个日益受到关注的环境问题。随着人们对环保意识的提高,越来越多的人开始关注如何更有效地处理垃圾,以减少对环境的影响。

(2) 最开始垃圾分类的时候,我对这种行为有些不理解,觉得非常的麻烦。举个例子吧,我非常喜欢喝奶茶,但是如果按照垃圾分类的标准,要扔掉奶茶杯的话,就需要……(具体事例)

(3) 但是后来有一次,我看到一个关于垃圾的纪录片,叫作《垃圾围城》,我真的被里面的画面吓到了……

46. 网络时代的生活

(1) 我们这一代,是与网络紧紧相连的一代,我们的生活与数字技术紧密相连,无论是手机、电脑还是平板,都是生活中不可或缺的伙伴。

(2) 当渴望与亲朋好友保持联系时,我总会不假思索地拿出手机,熟练地打开微信或 QQ……。当学习时,我可以打开电脑和平板……,网络还可以给我们提供娱乐……。当我需要购物时,我可以在淘宝、京东等电商平台上浏览各种商品……

(3) 我们在享受网络带来的便利时,也要注意保护个人隐私和账户安全……

47. 对美的看法

(1) 说到美,我首先想到的是我的好朋友××,她长得特别漂亮……,但她的美,不仅仅在外表……

(2) 她是个非常善良的女孩,在别人需要帮助的时候……

(3) 记得有一次,我和她一起去逛街……(具体事例)

(4) 所以,我认为美是从内到外的……

48. 谈传统美德

(1) 一提到传统美德,我首先想到的就是诚实守信……,比如经商之人,不做欺骗客户的事情……

(2) 除了诚实守信,还要尊重他人,尤其是地位不如自己的人。比如……

(3) 当然，勤俭节约也是我们应该坚持的美德。虽然现在物资条件已经很丰富了，但还是要注重节约，不随意浪费。前段时间，我和室友出去聚餐……(具体事例)

49. 对亲情(或友情、爱情)的理解

(1) 亲情是这个世界上最珍贵的情感之一，它像是一根无形的纽带，将我们与家人紧密地连接在一起。

(2) 记得我小时候，有一次生病，烧得厉害，家里的大人忙得团团转……。现在我读大学了，更是感觉到亲情的可贵。有一次，我因为学习上的问题而倍感压力。电话那头，妈妈的安慰和鼓励让我瞬间泪目……(具体事例)

(3) 让我们珍惜与家人的每一刻时光，让我们用心去感受亲情的温暖和力量……

50. 小家、大家与国家

(1) 小家，就是我们自己的家庭。小家里的都是我们最亲密的人……

(2) 大家，可以是我们所在的寝室、班级或者学校。我们在这里生活、学习和娱乐。大家是一个让我们融入社会、与他人建立联系的地方……

(3) 国家，是我们生活的土地和家园……，为我们提供了一个稳定、安全和繁荣的环境……

(4) 小家、大家和国家是我们生活中不可或缺的三个重要组成部分，它们相互关联、相互影响……

## 思考与实训

1. 普通话口语表达中，如何运用恰当的词汇和语法来提高表达的准确性和自然度？

2. 请举例说明普通话口语表达中的一些常见语病和表达误区，并谈谈如何避免这些问题？

3. 普通话口语表达中，如何运用恰当的修辞手法和逻辑结构来提高语言的生动性和说服力？

4. 请分享一些提高普通话口语表达能力的方法和技巧，包括如何进行有效的口语练习和模拟实际场景的训练。

5. 利用手机聊天软件或录音软件，像写日记一样，口述记录自己每天的学习和生活情况，时间不超过 3 分钟。

6. 从以下题目中选择一个进行口语表达训练。

(1) 人工智能对社会的影响。

(2) 推广普通话和保护方言的关系。

(3) 汉字所承载的文化传承。

(4) 没有手机的一天将如何度过。

(5) 网络流行语对社会的冲击。

# 第九章　普通话水平测试技巧

## 第一节　普通话水平测试概述

推广普通话是一项长期的、循序渐进的工作。我国始终坚定推广普通话的信心和决心，并以文件的形式提出了推广普通话的政策。1992年，《中华人民共和国宪法》规定“国家推广全国通用的普通话”。1994年，国家语言文字工作委员会(简称“国家语委”)、国家教育委员会、广播电影电视部联合发布了《关于开展普通话水平测试工作的决定》，文件规定普通话水平测试(PUTONGHUA SHUIPING CESHI，缩写为PSC)在全国范围内正式启动。1995年，我国开始对一定范围内的职业技术人员进行普通话水平测试，并逐渐推行按水平测试结果颁发普通话等级证书的机制。自此，全国推广普通话工作走向了科学化、规范化和制度化。

### 一、普通话水平测试的形成发展

普通话水平测试工作正式启动于1994年，而其萌芽则可以追溯到20世纪80年代初。普通话水平测试发展至今已有几十年的历程。总结我国普通话水平测试的发展历程，可见其在各个时期的机遇与挑战。

学界关于普通话水平测试发展历程的分期，主要有“二分法”“三分法”“四分法”“两阶段四时期”，以及“两阶段五时期”几种。测试发展分期的研究成果，各有所长，皆有依据也有不足，但都为普通话水平测试的后续研究提供了很好的基础。本书综合各家所长，并在此基础上以修正的“两阶段五时期”为依据，介绍不同时期普通话水平测试的发展情况。

本书以1994年10月国家语委、国家教育委员会、广播电影电视部联合下发的《关于开展普通话水平测试工作的决定》为界限，将我国的普通话水平测试历程分为酝酿探索(1982—1994)和发展实施(1994—今)两个阶段。

#### (一) 酝酿探索阶段(1982—1994)

以1988年“普通话水平测试等级标准”课题组的成立为分界线，酝酿探索阶段又可分为萌芽(1982—1988)和研发(1988—1994)两个时期。

在酝酿探索最初阶段,我国的普通话水平测试还未成型,仍处于萌芽状态。

从实践上来看,关于普通话水平测试,国家以宏观的顶层设计为主,未出台相关的微观部署政策,但部分地区已开始自主探索。1982 年《中华人民共和国宪法》第十九条第五款新增“国家推广全国通用的普通话”的规定。我国第一次在根本大法中明确普通话“全国通用”的法律地位,推广普通话首次上升为法律层面的国家意志。20 世纪 80 年代中期,云南、湖北、河北等省份开始有针对性地对测试方案进行探索和实践。1992 年我国首家省级普通话水平测试机构在云南成立,该机构的成立为全国性水平测试机构的建立奠定了坚实的基础。

从理论上来看,学界关于普通话水平测试的研究讨论早已有之,但缺乏系统性。1983 年陈章太发表《略论汉语口语的规范》,提出了关于汉语口语规范的三个等级的建议,课题组以陈章太“三个等级”的设想为基础,深入探索研究,1992 年确定了《普通话水平测试等级标准》(下文简称《等级标准》),为普通话水平测试奠定了牢固的基石。1994 年 6 月《普通话水平测试大纲》(下文简称《大纲》)定稿,标志着普通话水平测试的学术理论体系已初具雏形,普通话水平测试最终“定型”。

#### (二) 实施发展阶段(1994—今)

实施发展阶段分为三大时期:初创时期(1994—2000)、规范时期(2000—2007)和拓展时期(2007—今)。初创时期,普通话水平测试实践初步开始。1994 年 10 月,《关于开展普通话水平测试工作的决定》(下文简称《决定》)出台,标志着普通话水平测试正式启动,普通话水平测试进入初创时期。

2000 年,《中华人民共和国国家通用语言文字法》出台并实施。这是我国第一部语言文字方面的专门法,标志着普通话水平测试告别初创时期,逐步走向规范。在其影响下,我国先后出台了 29 种国家级和省级地方性法规。2007 年,计算机辅助普通话水平测试开始正式试点,这是普通话水平测试发展的一个里程碑,自此,普通话水平测试走上拓展之路。2012 年 12 月,《国家中长期语言文字事业改革和发展规划纲要(2012—2020 年)》出台,这是拓展时期最重要的政策依据之一。

2021 年颁布新修订的《普通话水平测试实施纲要》,是普通话水平测试的具体依据,并从 2024 年 1 月 1 日起正式实施。新版在旧版《普通话水平测试实施纲要》的基础上进行了内容的全面修订,如:《普通话水平测试用普通话词语表》调整了部分词语的词形、读音、汉语拼音标注,增收了新字词;《普通话水平测试用朗读作品》由 60 篇改为 50 篇,其中只保留了少部分旧版作品,大部分为新增篇目;《普通话水平测试用话题》更新较多,并由 30 则增至 50 则。除此之外,表一、表二以及附表中的词语都有不同程度的修改。

## 二、普通话水平测试简介

普通话水平测试是根据国家语委、国家教育委员会、广播电影电视部联合发布的《关于开展普通话水平测试工作的决定》,由国家普通话水平测试委员会负责领导的考试。

### （一）测试的目的及方式

普通话水平测试测查应试人的普通话规范程度、熟练程度，认定其普通话水平等级，属于国家标准参照性考试。

从长远来看，普通话水平测试是为了促进国家通用语言文字的推广普及和应用，是推广普通话工作的重要组成部分，是使推广普通话工作逐步走向科学化、规范化、制度化的重要举措。

从直接目的来看，普通话水平测试的目的就是以普通话语音、词汇、语法规范为标准，通过测试评定应试人普通话水平的等级，为逐步实行持证上岗制度服务。

普通话水平测试，以口试方式进行，是目前为止国内规模最大的一项口语测试。目前测试全程在计算机上进行，共包含四项内容，前三题由机器评分，最后一题由普通话水平测试员评分。整个考试是人试和机测的结合，因此又被称为“计算机辅助测试”。

### （二）测试对象

《决定》中对需要接受测试的人做出了规定，随着工作岗位的更新迭代，时代对应接受测试的人员提出了新的要求。为适应普通话水平测试管理新形势，提高管理的科学化、规范化水平，促进测试工作持续健康发展，2022 年 1 月开始实施的《普通话水平测试管理规定》（下文简称《管理规定》）调整了“应接受测试的人员”的表述，使人员范围更为明晰。

《管理规定》第十条规定以普通话为工作语言的教师，广播电台、电视台的播音员、节目主持人，影视话剧演员，国家机关工作人员和行业主管部门规定的其他应该接受测试的人员，在取得相应职业资格或者从事相应岗位工作前，应当根据法律规定或者职业准入条件的要求接受测试。第十一条规定师范类专业、播音与主持艺术专业、影视话剧表演专业以及其他与口语表达密切相关专业的学生应当接受测试。

2000 年，《〈教师资格条例〉实施办法》指出申请认定教师资格者的普通话水平应达到国家语言文字工作委员会颁布的《普通话水平测试等级标准》二级乙等以上标准。2021 年，四川省教育厅发布的《四川省 2021 年下半年中小学教师资格认定公告》指出申请认定小学、幼儿园教师资格者的普通话水平应达到二级甲等及以上标准。2021 年，四川省语委印发《关于在全省党政机关和事业单位进一步推广使用普通话的通知》，要求各级党政机关、事业单位公务人员在公务场合，必须使用普通话，对新入职人员，原则上要求普通话水平不得低于三级甲等。普通话关系到生活中的方方面面，其重要性可见一斑。

### （三）测试的等级标准

按照《普通话水平测试等级标准》规定，普通话等级自上而下分为一级、二级、三级，每个级别内各划分甲等、乙等两个等级。全国普通话水平测试等级分为三级六等，分别是一级甲等、一级乙等、二级甲等、二级乙等、三级甲等、三级乙等。其中，一级甲等为最高等级，三级乙等为最低等级。

一级甲等：朗读和自由交谈时，语音标准，语汇、语法正确无误，语调自然，表达流畅。测试总失分率不超过 3%，测试得分为 97 分及以上。

一级乙等：朗读和自由交谈时，语音标准，语汇、语法正确无误，语调自然，表达流畅。偶然有字音、字调失误。测试总失分率不超过 8%，测试得分为 92 分及以上但不足 97 分。

二级甲等：朗读和自由交谈时，声韵调发音基本标准，语调自然，表达流畅。少数难点音(平翘舌音、前后鼻尾音、边鼻音等)有时出现失误，语汇、语法极少有误。测试总失分率不超过 13%，测试得分为 87 分及其以上但不足 92 分。

二级乙等：朗读和自由交谈时，个别调值不准，声韵母发音有不到位现象。难点音(平翘舌音、前后鼻尾音、边鼻音、fu—hu、z—zh—j、送气不送气、i—ü 不分，保留浊塞音、浊塞擦音，丢介音、复韵母单音化等)失误较多。方言语调不明显。有使用方言词、方言语法的情况。测试总失分率不超过 20%，测试得分为 80 分及其以上但不足 87 分。

三级甲等：朗读和自由交谈时，声韵母发音失误较多，难点音超出常见范围，声调调值多不准。方言语调较明显。语汇、语法有失误。测试总失分率不超过 30%，测试得分为 70 分及其以上但不足 80 分。

三级乙等：朗读和自由交谈时，声韵调发音失误多，方音特征突出。方言语调明显。语汇、语法失误较多。外地人听其谈话有听不懂的情况。测试总失分率不超过 40%，测试得分为 60 分及以上但不足 70 分。

目前大部分地区的普通话水平测试都是计算机辅助测试，由于机测对普通话二级、三级的评定精准度较高，但对一级甲等评定的精准度较低，与人工评定有较大差异。一级甲等是我国普通话水平测试中的最高等级，国家对该等级的评定非常重视，早在 1997 年，《管理规定》就明确指出一级甲等成绩必须经国家测试机构复核后方能认定，一级乙等及以下由省级测试机构认定。2003 年，教育部语言文字应用管理司发布《普通话水平测试规程》，再次强调“测试的一级甲等成绩由国家测试机构复审”。此外，为满足部分应试人报考一级甲等的需求，各地通常会组织普通话一级甲等的专场测试，符合条件的应试人方可报名参加考试。各地的条件也不一，例如北京市(2018)要求持一级乙等证书，四川省(2017)要求持一级乙等证书，且成绩达到 95 分及以上。

### (四) 测试的试题构成

普通话水平测试试卷一般包括 5 个组成部分：读单音节字词、读多音节字词、选择判断、朗读短文、命题说话。各省、自治区、直辖市语言文字工作部门可根据实际情况决定是否免测“选择判断”测试项。根据实际情况，四川省普通话水平测试试卷由 4 个部分构成，分别为读单音节字词、读多音节词语、短文朗读、命题说话，总分为 100 分(表 9－1)。

**表 9－1　普通话水平测试试卷构成表**

| 测试项目 | 测试数量及分值 | 测 试 目 的 | 测试时间 |
|---|---|---|---|
| 读单音节字词 | 100 个音节，10 分 | 考查应试人普通话声母、韵母、声调读音的标准程度 | 3.5 分钟 |
| 读多音节词语 | 100 个音节，20 分 | 增加上声变调、儿化韵和轻声的读音 | 2.5 分钟 |

续　表

| 测试项目 | 测试数量及分值 | 测 试 目 的 | 测试时间 |
|---|---|---|---|
| 短文朗读 | 400 个音节,30 分 | 重点测查连读音变、停连、语调以及流畅程度 | 4 分钟 |
| 命题说话 | 2 个话题任选其一,40 分 | 规范程度和自然流畅程度 | 3 分钟 |

## 三、计算机辅助普通话水平测试简介

### (一) 机测发展情况

计算机辅助普通话水平测试,简称“机辅测试”或“机测”。由于普通话水平测试的前三题均有文字依据,计算机可以当场计算出应试人前三项考试题目的测试成绩,而测试第四题由于没有文字依据,只能使用人工评分,由普通话测试员进行该项成绩的评定。运用计算机技术辅助普通话水平测试更新了测试手段,进一步提高了工作效率和质量。“机辅测试”始于 2004 年,回顾多年的发展历史,可将其分为课题研究、试点论证、规模推广、发展完善四个时期。

为推动普通话水平测试信息化建设,2004 年,国家语委科研办委托科大讯飞公司承担了国家语委“十五”重点科研项目——“智能语音技术在普通话辅助学习中的应用”。该项目主要成果可以减轻人工测试和培训的工作量,提高效率和公平性,促进普通话学习和测试手段的现代化,是我国推广普通话历史上一次重大的技术创新。2006 年,教育部语用司正式批准上海、安徽进行“机辅测试”试点。2007 年,天津、山西、吉林、重庆、辽宁、湖北等省市逐步进行机测试点。自此,“机辅测试”正式进入试点论证阶段。教育部分别于 2007 年 8 月和 2012 年 9 月应用“计算机辅助普通话水平测试系统”对机关公务员进行普通话水平测试, 2007 年,“国家普通话水平测试信息管理系统”正式启动。截至 2014 年,全国 31 个省市开展了“机辅测试”,其中上海、安徽、北京等 20 个省市已全面开展“机辅测试”。目前,全国各省均已开展计算机辅助普通话水平测试。

计算机辅助普通话水平测试已有近二十年的历史,普通话由最初的“人工测试”阶段,到计算机辅助的“机辅测试”阶段,不断完善。相信在未来,随着计算机技术的进一步发展,“机辅测试”系统将不断完善,普通话水平测试工作也将越来越好。

### (二) 机测流程

2023 年 4 月 1 日起,新版《普通话水平测试规程》正式施行,取消了备测室及备测时间,试卷随机抽取,测试前不再提供测试试卷,但第四题“命题说话”部分增加了 30 秒的准备时间。这意味着应试人不再有考前准备和预习环节,上机考试具体流程步骤为候测(信息采集)、试音、正式测试、结束测试四个部分。

1. 候测(信息采集)

(1) 应试人按照准考证上的要求按时到达指定地点后,向工作人员出示身份证和准考证。

(2) 工作人员依次采集应试人的照片或指纹等信息,并分配具体批次和测试室。

(3) 前一批次测试结束后,应试人根据现场工作人员的指引,进入对应的测试室内,不得走错试场,坐错位置。

2. 试音

(1) 应试人进入测试室后,需要戴上耳机,并通过鼠标点击“登录”按钮进行人脸验证。

(2) 登录成功后,系统会提示“等待试音指令”。试音中,应试人能听到系统提示音,在“嘟”声提示之后,用适中的音量朗读界面上的文字“我的名字叫×××,我的准考证号是×××××××××”。试音时,应试人应留意屏幕右侧的音量提示条,观察音量是否适中。试音结束后,系统会提示试音成功与否。试音成功后,需等待考场指令。系统会等待同一批次所有应试人都试音成功,方才一起开始正式考试。

3. 正式测试

出现试题后,应试人开始测试。在完成“读单音节字词”“读多音节字词”和“短文朗读”三道题目后,应试人无须等待,直接点击“下一题”继续测试。“命题说话”测试时,系统会显示两个话题供选择,应试人需要在10秒内用鼠标点击选中的题目。若超过10秒未进行点击,将默认选择第一个话题。选中题目后,系统开始倒计时30秒,应试人需要在这30秒里尽快思考所说话题的大致内容框架,调整状态,平复心情。命题说话计时3分钟,时间用尽后系统将自动结束测试。

4. 结束测试

测试结束之后,系统将自动提交答卷,屏幕提示“您已完成考试,请摘下耳机,安静离开”,表示测试无异常。应试人摘下麦克风,在考官同意后安静离开考场。若提示其他信息,需要及时向现场工作人员反映。

### (三) 机测注意事项

1. 候测(信息采集)阶段

在现场信息采集结束后,系统将会随机自动分配机器号,应试人需记住考试机号。

2. 试音阶段

(1) 登录系统后,屏幕上会出现应试人的个人信息,一定要认真进行核对。信息正确,则点击确认。如果信息错误,则立刻告知工作人员。

(2) 应试人应正确佩戴耳机(麦克风离嘴约2～3厘米),并且在考试过程不能随意移动耳麦。移动耳麦会导致音量忽大忽小,触碰时所引起的震动也会转化为电流噪声,影响考试成绩。

(3) 试音时,计算机会收录声音,计算机屏幕上会出现声音音量波动的动态显示条。最佳音量为绿色,出现黄色说明音量太弱,出现红色说明音量太强。

(4) 若试音成功,系统会弹出“试音成功,请等待考场指令!”的对话框。若试音失败,页面会弹出提示框，应试人需点击“确认”按钮重新试音。

3. 测试阶段

(1) 测试过程中，应试人应做到吐字清晰，语速适中，音量与试音时尽量保持一致，不要随意更改音量大小，不要说与该测试项无关的其他内容，屏幕下方有时间条，注意掌握时间。

(2) 普通话水平测试共有4个测试项，每项测试正式开始前都有语音提示，语音提示结束会发出“嘟”的提示音，应试人应在语音提示结束，听到“嘟”的一声后，再开始测试。测试过程中，如有问题，应试人可以举手示意，请工作人员予以解决，不要擅自处理。

(3) 第一题“读单音节字词”和第二题“读多音节字词”，为方便应试人识别，试题以蓝色字体和黑色字体隔行的形式显示，奇数行为蓝色，偶数行为黑色。应试人不能按颜色朗读，应按横向从左到右逐字逐行进行朗读，防止漏字、漏行。这两个题都可以回读一遍，且只能回读一遍，不能读第三遍、第四遍。有回读的字词，评定的是第二遍读音。第三题“朗读短文”，应试人应注意语音清晰、语义有逻辑性，避免添字、漏字、漏行。第四题“命题说话”，该项测试与前三项不同，无文字依凭。测试开始后，应试人先说出选择的题目，题目只能从给出的两个话题中选择一个，不能自行选择其他题目，也不能在中途更换题目。

(4) 每结束一项测试，应试人可及时单击屏幕右下方“下一题”按钮，进入下一项测试，以免录入太多空白语音影响成绩。如某项测试规定的时间用完，系统会自动进入下一试题。

# 第二节 “读单音节字词”测试技巧

## 一、测试目的及评分标准

### (一) 测试目的

“读单音节字词”主要考查应试人声母、韵母、声调发音的标准程度，考查目的较为单纯。该测试的重难点在于难字、易错字的认读，声母、韵母、声调的标准发音。

### (二) 评分细则

此项测试成绩占总分的10%，即该题共10分。以下为评分标准细则。

1. 语音错误

读错一个字的声母、韵母或声调扣0.1分。

2. 语音缺陷

读音有缺陷，每个音节扣0.05分。

3. 超时

本项测试限时3.5分钟，超时扣分。超时1分钟以内，扣0.5分；超时1分钟以上(含1分钟)，扣1分。

**（三）标准解读**

按照评分细则，下面从语音错误、语音缺陷两方面来解读普通话水平测试的标准。

1. 语音错误

语音错误是指在普通话语音（音位）系统中，把一个音（音位）误读作另一个音（音位），即把“此”读作“彼”，把“甲”读作“乙”。测试中将声母、韵母、声调三者之一读错，即可认定为一个音节的语音错误。评分中，语音错误，每个音节扣 0.1 分。

四川方言区容易混淆声母“n、l”“c、ch”“s、sh”“z、zh”及韵母“en、eng”“in、ing”的发音。如，将声母读错，“内”读作“lèi”（应为“nèi”）、“长”读作“cáng”（应为“cháng”）、“傻”读作“sǎ”（应为 shǎ）；将韵母读错：“诚”读作“chén”（应为“chéng”）；将声调读错，“灸”读作“jiū”（应为“jiǔ”）。以上三种情况，以及不认识字形造成的不读、跳读等情况都算作语音错误。

2. 语音缺陷

语音缺陷概括地说是指发音没有完全达到标准程度的情况。这种情况，从语音的物理属性层面来分析，标准度存在明显的偏差，但是它一般不会在交际中造成困难或误解，不影响日常交际。如产生语音缺陷，每个音节扣 0.05 分，具体表现为以下几种形式。

（1）声母缺陷。

具体表现为发音时所使用的发音部位不够准确而造成语音有轻微偏差的情况，但不是把普通话里的某一类声母读成另一类声母。如虽然没有把声母“zh、ch、sh”直接读作“z、c、s”，但发音上容易出现两种偏误。一种是翘舌不足，发音时舌尖在硬腭前部，发音接近于“z、c、s”。另一种是翘舌太过，发音时舌尖在硬腭和软腭之间。此外，还有把普通话里的某一类声母的正确发音部位用较接近的部位代替的情况，比如把舌面前音“j、q、x”读成舌叶音。

（2）韵母缺陷。

具体表现在四个方面。第一，开口呼韵母开口度明显不够，听感性质明显不符，如发韵母 ao、ai、a 等时，对韵腹的处理不标准。第二，合口呼、撮口呼韵母圆唇度明显不够，语感差，如发韵母 u、ua 等时，对韵头、韵腹的处理不标准。第三，复韵母舌位动程不够，如发韵母 uai、uei 等时。第四，鼻音尾韵母收音明显不够，鼻音尾不明显等，如发韵母 an、en、in 时在字尾归音不完全准确。以上关于韵头、韵腹、韵尾的具体练习方式可参见本书第二章第三节中“吐字归音”部分。

（3）声调缺陷。

具体表现为发音时声调调型基本正确，如发阴平的调型还是平调，阳平的调型是升调（从低到高），上声的调型是曲折调（先降后升），去声的调型是降调（从高到低），但是调值明显偏低或偏高。我们可以用音乐中的音阶来理解调型，如从“do”（哆）到“re”（来）就类似于升调。测试时，如果是阴平的音高不够，阳平拐弯，上声只发一半或没有扬上去，以及去声没有降到最低位，都会扣分。其中，特别需要注意上声的音调，它是先下降再上升，从起始点下降的值不准确，或是从最低点往上升的值不准确都会造成缺陷扣分。去声的相对高点或低点明显有偏差的，会被判为声调读音缺陷，这类缺陷一般是成系统的。

## 二、常见问题及策略

### （一）答题规范

1. 回读

在读单音节字词和多音节词的时候，如果发现有读错的情况，可以进行纠正，但是一个字词只允许回读一次，按第二次读音进行评判。此种方法仅限于未间隔其他字词的情况下使用。在测试过程中，若发生读漏一行的情况，只能继续往后读，不可回读。

2. 朗读速度

测试期间需要控制朗读速度，尽量避免过快或过慢的情况。速度过快会增加错读、漏读的概率，错读或漏读又会影响应试人的心态，加重紧张情绪，不利于后面的测试。根据答题规范，若出现漏读修改的情况，则会影响语音流畅度的得分。一般来说，每个音节发音大致在 0.8 秒左右，音节与音节之间的停顿约为 1 秒，尤其注意音节本身不能拉长，避免造成语音缺陷。

### （二）多音字的处理

测试中遇到多音字，由于没有词语语境，读该字的任何一种读音都可以，建议读常见读音，或者是自己不易出错的读音。比如翘舌音发音不标准的应试人，在读"差"字时，就可以选择读作"cī"。"读单音节字词"题目中，每个音节都读本调，不读变调，也没有轻声及儿化等音变。如读"戚"时，只能读作"qī"，不能读作"qi"。下面列举一些常见多音节字词以供练习。

累 lèi、lěi、léi
难 nán、nàn
浆 jiāng、jiàng
行 háng、hàng、héng、xíng
车 jū、chē
卡 qiǎ、kǎ
降 jiàng、xiáng
嚼 jué、jiáo
膀 bǎng、páng、pāng
泊 bó、pō
仇 qiú、chóu
轧 zhá、yà、gá
掖 yè、yē
血 xuě、xiě(口语单用读 xiě)
薄 báo、bó、bò
场 chǎng、cháng
落 luò、lào
宁 níng、nìng
脉 mài、mò
晃 huǎng、huàng
圈 quān、juàn
塞 sāi、sài
臭 chòu、xiù
叉 chā、chá、chǎ、chà
朴 piáo、pǔ、pò、pō
仆 pū、pú
挟 jiā、xié
燕 yān、yàn
削 xuē、xiāo
炮 pào、páo、bāo
别 bié、biè
杈 chā、chà

| | |
|---|---|
| 冠 guān、guàn | 混 hún、hùn |
| 约 yāo、yuē | 耙 pá、bà |
| 磅 páng、bàng | 刨 páo、bào |
| 瘪 biě、biē | 囤 dùn、tún |

### （三）难字的处理

测试过程中，如果遇到生僻字，可以尝试猜测其读音，并以正常音量发出读音。切不可跳过不读，以免造成后续音节全部错位，导致更多扣分。下面列举一些较难的单音节字词以供练习。

| | | | |
|---|---|---|---|
| 鳌 áo | 坳 ào | 钡 bèi | 钵 bō |
| 埠 bù | 痹 bì | 嗤 chī | 啐 cuì |
| 锉 cuò | 挫 cuò | 皴 cūn | 舂 chōng |
| 抻 chēn | 铎 duó | 腭 è | 酚 fēn |
| 擀 gǎn | 赣 gàn | 镐 gǎo | 喙 huì |
| 蚶 hān | 壑 hè | 荚 jiá | 钾 jiǎ |
| 厩 jiù | 灸 jiǔ | 腱 jiàn | 髻 jì |
| 戟 jǐ | 麂 jǐ | 攫 jué | 疽 jū |
| 揩 kāi | 撂 liào | 绺 liǔ | 螨 mǎn |
| 卯 mǎo | 眸 móu | 氖 nǎi | 啮 niè |
| 镍 niè | 蔫 niān | 廿 niàn | 疱 pào |
| 跷 qiāo | 锹 qiāo | 畦 qí | 噙 qín |
| 磬 qìng | 扦 qiān | 舐 shì | 嗜 shì |
| 噬 shì | 螫 shì | 鳃 sāi | 绥 suí |
| 缫 sāo | 笙 shēng | 嗣 sì | 俟 sì |
| 赦 shè | 麝 shè | 瑟 sè | 卅 sà |
| 瓮 wèng | 剜 wān | 铣 xǐ | 楔 xiē |
| 胁 xié | 霰 xiàn | 腺 xiàn | 衍 yǎn |
| 膺 yīng | 噎 yē | 痈 yōng | 隅 yú |
| 铀 yóu | 秧 yāng | 酉 yǒu | 鬃 zōng |
| 炙 zhì | 铡 zhá | 拄 zhǔ | 拙 zhuō |

## 三、单音节对比训练

### （一）普通话发音与四川方言错误发音对比（前者为普通话正确发音）

| | |
|---|---|
| 啥（shá—shà） | 屑（xiè—xuè） |

坑(kēng—kēn) 蝇(yíng—yīn)
风(fēng—fōng) 梦(mèng—mòng)
孕(yùn—ruèn) 窄(zhǎi—zéi)
虎(hǔ—fǔ) 户(hù—fù)
窖(jiào—gào) 较(jiào—jiǎo)

### (二) n、l 对比

纳 nà 蜡 là 脑 nǎo 老 lǎo
难 nán 兰 lán 耐 nài 赖 lài
囊 náng 狼 láng 内 nèi 泪 lèi
能 néng 棱 léng 你 nǐ 李 lǐ
腻 nì 吏 lì 念 niàn 恋 liàn
尿 niào 瞭 liào 娘 niáng 粮 liáng
黏 nián 莲 lián 碾 niǎn 脸 liǎn
牛 niú 流 liú 拗 niù 遛 liù
您 nín 林 lín 凝 níng 铃 líng
浓 nóng 笼 lóng 孽 niè 列 liè
暖 nuǎn 卵 luǎn 挪 nuó 锣 luó
怒 nù 路 lù 女 nǚ 旅 lǚ

### (三) 声母平舌与翘舌对比

造 zào 照 zhào 杂 zá 闸 zhá
栽 zāi 摘 zhāi 赞 zàn 湛 zhàn
仄 zè 这 zhè 组 zǔ 主 zhǔ
最 zuì 坠 zhuì 尊 zūn 谆 zhūn
宗 zōng 钟 zhōng 攥 zuàn 撰 zhuàn
自 zì 治 zhì 葬 zàng 账 zhàng
增 zēng 蒸 zhēng 怎 zěn 诊 zhěn
刺 cì 翅 chì 擦 cā 插 chā
财 cái 柴 chái 餐 cān 搀 chān
苍 cāng 倡 chāng 催 cuī 吹 chuī
从 cóng 虫 chóng 存 cún 唇 chún
伞 sǎn 闪 shǎn 洒 sǎ 傻 shǎ
寺 sì 试 shì 森 sēn 深 shēn
苏 sū 书 shū 赛 sài 晒 shài
岁 suì 睡 shuì 缫 sāo 稍 shāo

| | | | |
|---|---|---|---|
| 搜 sōu | 收 shōu | 缩 suō | 说 shuō |
| 桑 sāng | 商 shāng | 笋 sǔn | 吮 shǔn |

### （四）前鼻韵与后鼻韵对比

| | | | |
|---|---|---|---|
| 音 yīn | 英 yīng | 银 yín | 赢 yíng |
| 宾 bīn | 兵 bīng | 鬓 bìn | 并 bìng |
| 贫 pín | 平 píng | 民 mín | 明 míng |
| 进 jìn | 静 jìng | 仅 jǐn | 井 jǐng |
| 侵 qīn | 轻 qīng | 心 xīn | 星 xīng |
| 您 nín | 凝 níng | 林 lín | 零 líng |
| 笨 bèn | 蹦 bèng | 盆 pén | 棚 péng |
| 门 mén | 盟 méng | 坟 fén | 冯 féng |
| 根 gēn | 耕 gēng | 痕 hén | 恒 héng |
| 审 shěn | 省 shěng | 晨 chén | 城 chéng |

### （五）in、ing 单音节字词

in：

| | | | |
|---|---|---|---|
| 宾 bīn | 品 pǐn | 闽 mǐn | 琴 qín |
| 锦 jǐn | 邻 lín | 欣 xīn | 您 nín |
| 拼 pīn | 音 yīn | 辛 xīn | 勤 qín |
| 濒 bīn | 临 lín | 亲 qīn | 信 xìn |
| 引 yǐn | 进 jìn | 鬓 bìn | 襟 jīn |
| 敏 mǐn | 鑫 xīn | 谨 jǐn | 印 yìn |
| 拎 līn | 银 yín | 浸 jìn | 瘾 yǐn |

ing：

| | | | |
|---|---|---|---|
| 冰 bīng | 瓶 píng | 鼎 dǐng | 明 míng |
| 挺 tǐng | 柠 níng | 伶 líng | 精 jīng |
| 晴 qíng | 杏 xìng | 萍 píng | 鸣 míng |
| 厅 tīng | 岭 lǐng | 咛 níng | 静 jìng |
| 命 mìng | 令 lìng | 性 xìng | 情 qíng |
| 惊 jīng | 醒 xǐng | 评 píng | 定 dìng |
| 蜻 qīng | 蜓 tíng | 经 jīng | 营 yíng |
| 秉 bǐng | 乒 pīng | 茗 míng | 艇 tǐng |
| 聆 líng | 井 jǐng | 姓 xìng | 陵 líng |
| 荆 jīng | 卿 qīng | 龄 líng | 亭 tíng |

| | | | |
|---|---|---|---|
| 罄 qìng | 膺 yīng | 禀 bǐng | 影 yǐng |

(六) en、eng 的单音节字词

en：

| | | | |
|---|---|---|---|
| 奔 bēn | 盆 pén | 门 mén | 粉 fěn |
| 嫩 nèn | 亘 gèn | 恳 kěn | 痕 hén |
| 怎 zěn | 岑 cén | 森 sēn | 珍 zhēn |
| 趁 chèn | 渗 shèn | 仁 rén | 文 wén |
| 愤 fèn | 恨 hèn | 沉 chén | 闷 mèn |
| 认 rèn | 真 zhēn | 根 gēn | 本 běn |

eng：

| | | | |
|---|---|---|---|
| 崩 bēng | 彭 péng | 萌 méng | 凤 fèng |
| 凳 dèng | 疼 téng | 能 néng | 冷 lěng |
| 耕 gēng | 坑 kēng | 恒 héng | 捧 pěng |
| 赠 zèng | 层 céng | 僧 sēng | 整 zhěng |
| 惩 chéng | 笙 shēng | 猛 měng | 耿 gěng |
| 灯 dēng | 扔 rēng | 丰 fēng | 泵 bèng |
| 蹭 cèng | 憎 zēng | 烹 pēng | 愣 lèng |
| 骋 chěng | 铮 zhēng | 剩 shèng | 讽 fěng |
| 承 chéng | 蒙 méng | 声 shēng | 称 chēng |
| 更 gēng | 正 zhèng | 抨 pēng | 政 zhèng |

# 第三节 “读多音节词语”测试技巧

## 一、测试目的及评分标准

### (一) 测试目的

普通话水平测试不仅考查单个字词的静态发音，同时也考察字词在语流中的动态变化，尤其是变调、轻声、儿化等音变方面的情况。“读多音节词语”以词为单位朗读，需注意词内部的连续性，避免为了发音标准而将词割裂为字来读。

### (二) 评分细则

此项测试成绩占比 20%，即该题共 20 分。扣分原则如下。

1. 语音错误

读音错误，每个音节扣 0.2 分。

2. 语音缺陷

读音缺陷，每个音节扣 0.1 分。

3. 超时

本项测试限时 2.5 分钟，超时扣分。超时 1 分钟以内，扣 0.5 分；超时 1 分钟以上（含 1 分钟），扣 1 分。

### （三）标准解读

本节读音错误与读音缺陷的概念在上一节有详细说明，此处不再赘述，仅就本项测试的常见扣分点作解读。

1. 语音错误

（1）读错一个音节的声母、韵母或声调扣 0.2 分，评判标准与“读单音节字词”的语音错误评判标准相同。如“老鹰”，本该读作“lǎoyīng”，却读成了“lǎoyīn”，计错误，扣除一个音节的分数，计 0.2 分，如果读成了“nǎoyīn”，则扣除两个音节的分数，共计 0.4 分。

（2）该读成轻声的读成了非轻声，或该读成非轻声的读成了轻声，都计为错误。普通话里的轻声音节分为必读和两可轻声音节两类。必读轻声音节意味着该音节只能读轻声，如“白净”应读作“báijing”，如果读成了“báijìng”，则扣除 0.2 分。而不该读作轻声的音节误读为轻声，如“本身”应读作“běnshēn”，如果读成了“běnshen”，也会扣除 0.2 分。两可轻声音节读轻声或非轻声皆可，可任选一种。如“包涵”，可读作“bāohán”，也可读作“bāohan”，两种读音不会扣分。

（3）儿化词语没有带上卷舌音色，或者将儿字单独读作音节“ér”，都计为错误。如“主角儿”应读作“zhǔjuér”，却读成了“zhǔjué”或“zhǔjué'ér”，都会扣除 0.2 分。

（4）“一”“不”以及上声未变调或者变调错误，计读音错误。如“一向”应读作“yíxiàng”，却读成了“yīxiàng”或“yìxiàng”；“不论”应读作“búlùn”，却读成了“bùlùn”；“奖品”的调值应为“21＋214”，却误读成了“214＋214”或其他调值。

（5）有限定音的异读字读音不正确，计错误。如“臭”字，在“遗臭万年”中读“chòu”，在“乳臭未干”中读“xiù”；一些特定的人名地名，如“鸭绿江”读作“yālùjiāng”，若读为了一般读音，都会扣除 0.2 分。

2. 语音缺陷

（1）多音节词语中音节的声母、韵母或声调的读音缺陷评判标准与“读单音节字词”的读音缺陷评判标准相同。

（2）儿化韵读音明显不符合要求的，计缺陷。如“号码儿”应读作“hàomǎr”，却读成了“hàoměr”。

（3）“一”“不”或者上声的变调没有完全到位、不够自然，计缺陷。需要注意的是，上声的调值本来是 214，但在语流中，后字读成 213 或 212，并不算作缺陷。

（4）该读轻声的音节，音高音强把握不当，与标准读音有较大差异。如“亲戚”中“戚”

的调值为 1，但应试人发音过重，听感上像音长较短的 51。

(5) 轻重音格式有明显错误。如“压迫”为中重格，但应试人将其误读为重中格。

## 二、常见问题及其对策

普通话水平测试不仅是语音测试，还是对应试人综合运用普通话能力的测试。虽然语音因素是等级的主要评判标准，但也不能忽视非语音因素的影响。下面将从语音和非语音两方面来探讨影响普通话水平测试中“读多音节词语”失分的因素及对策。

### (一) 语音因素

语音因素指的是现代汉语音节中声母、韵母、声调、音变等语音本身的特点。非汉语专业人士由于未深入了解语音知识，可能出现变调不当，轻声重读，儿化误读的情况。比如“花生”一词，在四川方言中往往发作“花生儿”，而在普通话中却是不进行儿化音变的。“读多音节词语”中出现的扣分点，与相关的语音知识联系紧密，因此，了解相关的语音知识是非常有必要的。

掌握基础理论后，还需要训练听辨能力，这是提高普通话水平的重要途径。训练时可将自己的发音与专业的音视频进行对比，辨析其中的不同之处，再进行模仿。对标准读音的逐词模仿是提高普通话水平的有效手段，在模仿的过程中还要注意声调的区分度、发音的完整度等细节问题。比如轻声，在跟读时能明显感觉到，前一音节的读音稍长稍重。如果将其看作唱歌的拍子，前一音节占了一拍半，后面的轻声只有半拍，这样就更容易读出正确的轻声来。通过以上举措的实施与训练，多揣摩、多体会，才能提高词语的发音标准度。

### (二) 非语音因素

普通话测试作为口语测试，具有一定的临场随机性。应试人当天的嗓音状态、心理情况、应试环境、考场同伴等都有可能影响测试的最终结果。据评分细则中的主要扣分点，可将普通话水平测试中的非语音失分因素总结如下。

1. 语速不当

在普通话水平测试中，第二项“读多音节字词”限时 2 分 30 秒，超时 1 分钟以内扣 0.5 分，超时 1 分钟以上(含 1 分钟)扣 1 分。一般来说，只要熟悉测试流程，按照顺序以正常速度逐词朗读并不会超时。

部分应试人担心时间不够，为节约时间，朗读时刻意加快速度，导致发音不够清晰，未体现出音节之间的区分度，比如“西红柿”，读快了会变成“xiōngshì”。更甚者可能会有漏读、读错的情况，影响考试成绩，得不偿失。

还有一种情况与之相反，朗读时过于谨慎，害怕读错，每读一个词就要花大量时间思考，导致时间不够用。测试时，计算机屏幕下方有时间条提示，应试人可根据进度条进行朗读时间的安排。部分应试人为了读准每个音节，在读词语时，将每个字割裂开来，一个一个字地读，这样的读音极为生硬，与标准语音匹配度较小，会导致严重失分。词是最小的能够独立运用的语言单位，内部结构非常紧密，逐字读会破坏其内部结构。测试时要注意词语内部的连续，不要破坏其整体性。

“读多音节词语”的要求和“读单音节字词”有部分差别。读单音节字词时要求发音饱满，调值要完整体现，读多音节词语则需要考虑语流音变。比如上声的变调，除了词语末尾的上声依旧发本调，其他时候都要视情况进行变调，若依然按单音节的发音方式，则会判定为错误。速度过快过慢都会影响语音标准度，平时练习时，可按照测试时间要求进行模拟，严格把控，避免发生上述情况，导致失分。

2. 节奏失衡

读双音节词语时，要注意词与词之间应该有停顿，前一词的词尾与后一词的词头之间有明显间隔。读多音节词语虽然以双音节词语为主，但是少数的三音节词语也是不可忽视的。三音节词语的结合方式与双音节不同，大致可分两类。一类是平均分配型，如“真善美、假大空”。这类词语在发音时不可一字一顿地读，其节奏大概类似于“1-1-1”，最后一个音节稍微拉长一点。另一类是不平均分配型，其中又可细分为“AB+C”型和“A+BC”型。“AB+C”型中，第一个音节和第二个音节先紧密结合后再和第三个音节结合，其节奏类型大概为“1-1-2”，如“电影/院、根据/地、工艺/品”，在朗读时不能将节奏停顿读为“电/影院”“根/据地”“工/艺品”。而“A+BC”型中，第一个音节短暂停顿后，再和紧密结合的二、三音节相结合，其节奏类型大概为“2-1-1”，如“不/像话、打/交道、副/作用”，在朗读时不能将节奏停顿读为“不像/话”“打交/道”“副作/用”。而四音节词语则基本上按照“2-2”的节奏进行停顿，如“山清/水秀”，即便是从语义上讲不应该在中间断开的词语，也都进行这样的处理，如“一衣/带水、狐假/虎威”。

3. 多音字处理不当

多音字是汉语中的常见现象，在读单音节字词时，由于没有语境，任意读音都对。但多音字是受语境的限制的，在具体的语境中只有一个读音正确。如“任”字，是一个常见的多音字，它有两个读音：rén 和 rèn。当它作为一种姓氏，或在地名“任县”“任丘”中读 rén，当它组成“任性”“任意”等词时，读作 rèn。在读多音节词语时，则必须选择正确的读音。有的多音节词语有两个读音，如“生意”，可以读作本调 shēngyì，意为“富有生命力的气象”，也可以读作轻声 shēngyi，意为“商业经营”。这种情况下两种读音都是正确的，任选一种都不扣分。因此，多音字的处理需要联系词义，分辨正确的读音。

异读词的读音应以《现代汉语词典》（第 7 版）和 2016 年修订的《普通话异读词审音表（修订稿）》为准，应试人可以此为参照多加练习。平时遇到这类词时多查阅词典，弄清词义和读音，日积月累就能掌握其中的规律。下面列举部分多音字以供练习。

| 矿藏—宝藏 | 答应—答复 | 绰起—绰绰有余 | 创伤—创举 |
|---|---|---|---|
| 曝光—一曝十寒 | 处理—处长 | 荷花—负荷 | 差距—参差不齐 |

4. 轻重格式

(1) 轻重格式常见问题。

轻重格式是普通话水平测试中值得注意的一个方面，若应试人轻重格式错误，在多音节、短文朗读以及命题说话中都会有不同程度的扣分。

四川方言中词语的轻重等级主要为中音和重音，没有轻音，应试人在读普通话中的轻声词时经常出现误读的情况，如将“粮食”“萝卜”“聋子”中的后一个轻声音节错读为非轻声。

此外，把“中重格式”误读为“重中格式”是轻重格式错误中最常见的情况。这主要是受方言多音节词重中格的影响，如“操场”“学校”“机器”“电视”等词语，在普通话里是中重格式，但在四川方言里都是重中格式，前一个音节读得很重，后一个音节读得相对轻一些。出现此类问题，往往会因为后字的声调不到位而出现缺陷扣分。

多音节词语的轻与重不是绝对的，是以重音为手段，在词语内部形成相对的轻重格式。各个等级的轻重之间既要有区别，又要体现和谐。多音节词语轻重不和谐主要表现在三个方面：一是轻重音节的反差太大，二是重音节的音节读得过长，三是音节之间太生硬、不自然。

(2) 轻重格式应对措施。

普通话多音节词语的轻重格式具体的情况可以参考第六章第六节“轻重格式”。四川方言轻重格式与普通话差距大，极易出现错误，需要不断练习。

多音节词语中的重音是相对的，若刻意强调、突出重音，往往出现语调僵硬的情况。培养正确的语感是非常重要的，如“太阳”应为重中格，若练习时拿不准，可以尝试将几种轻重格式都读一遍，辨识哪一种读法更自然。语感的培养，离不开平时的积累，需要在多听正确发音的基础上进行模仿。即使声韵调发音标准，若轻重格式不协调，也容易出现方音，不可放任不管。

由此可见，语音因素和非语音因素是相互作用、相互影响的，要想读好多音节词语，不能只看某一项因素，要进行综合训练。

## 三、多音节对比训练

相比“读单音节字词”，普通话水平测试中应试人在“读多音节词语”环节失分较多。其难度不仅体现在识字识音上，还体现在要熟练掌握语流音变的规则上。要读准一个词，首先要求声、韵、调三者都读准确，其次还要顾及轻重格式、节奏等问题，稍有偏差或失误，就会被判为读音缺陷或读音错误。要想避免以上问题，只有勤加练习。

### (一) 易错词练习

1. 多音字练习

| | | | |
|---|---|---|---|
| 挨个 āigè | 挨打 áidǎ | 阿谀 ēyú | 阿罗汉 āluóhàn |
| 手臂 shǒubì | 胳臂 gēbei | 拗口 àokǒu | 执拗 zhíniù |
| 处理 chǔlǐ | 处长 chùzhǎng | 供应 gōngyìng | 供认 gòngrèn |
| 屏气 bǐngqì | 屏风 píngfēng | 骠骑 piàoqí | 黄骠马 huángbiāomǎ |

| | | | |
|---|---|---|---|
| 淡泊 dànbó | 湖泊 húpō | 剥削 bōxuē | 剥皮 bāopí |
| 颤动 chàndòng | 战栗 zhànlì | 单薄 dānbó | 薄饼 báobǐng |
| 暑假 shǔjià | 虚假 xūjiǎ | 场次 chǎngcì | 场屋 chángwū |
| 调皮 tiáopí | 调查 diàochá | 冠军 guànjūn | 桂冠 guìguān |
| 传记 zhuànjì | 传奇 chuánqí | 艾草 àicǎo | 自怨自艾 zìyuàn-zìyì |
| 偏差 piānchā | 差不多 chàbuduō | 参差 cēncī | 出差 chūchāi |
| 富强 fùqiáng | 勉强 miǎnqiǎng | 强迫 qiǎngpò | 倔强 juéjiàng |

2. 常见误读词练习

| | | | |
|---|---|---|---|
| 惩罚 chéngfá | 档案 dàng'àn | 针砭 zhēnbiān | 勒索 lèsuǒ |
| 脂肪 zhīfáng | 媲美 pìměi | 抹布 mābù | 召开 zhàokāi |
| 筵席 yánxí | 禅让 shànràng | 芭蕾 bālěi | 堤岸 dī'àn |
| 蛤蜊 gé·lí | 巷道 hàngdào | 地壳 dìqiào | 绯闻 fēiwén |

3. 声旁误读练习

| | | | |
|---|---|---|---|
| 粗犷 cūguǎng | 叱咤 chìzhà | 玷污 diànwū | 攻讦 gōngjié |
| 桎梏 zhìgù | 鸟瞰 niǎokàn | 炽热 chìrè | 脚踝 jiǎohuái |
| 奇葩 qípā | 发酵 fājiào | 砧板 zhēnbǎn | 吮吸 shǔnxī |
| 绦虫 tāochóng | 酗酒 xùjiǔ | 巨擘 jùbò | 洗涮 xǐshuàn |
| 畸形 jīxíng | 忏悔 chànhuǐ | 踟蹰 chíchú | 铁锹 tiěqiāo |

4. 人名练习

| | | | |
|---|---|---|---|
| 玄奘 Xuánzàng | 要离 Yāo Lí | 勾践 Gōu Jiàn | 皋陶 Gāo Yáo |
| 赵衰 Zhào Cuī | 可汗 Kèhán | 洗马 Xiǎnmǎ | 杨幺 Yáng Yāo |
| 区寄 Ōu Jì | 墨翟 Mò Dí | 曹参 Cáo Cān | 苻坚 Fú Jiān |
| 审食其 Shěn Yìjī | | 金兀术 Jīn Wùzhú | |
| 冒顿单于 Mòdú Chányú | | | |

5. 地名练习

| | | | |
|---|---|---|---|
| 丽水 Líshuǐ | 台州 Tāizhōu | 嵊州 Shèngzhōu | 鄞州 Yínzhōu |
| 乐清 Yuèqīng | 东阿 Dōng'ē | 郴州 Chēnzhōu | 耒阳 Lěiyáng |
| 黄陂 Huángpí | 蕲春 Qíchūn | 芷江 Zhǐjiāng | 汨罗 Mìluó |
| 秭归 Zǐguī | 监利 Jiànlì | 莒县 Jǔxiàn | 沌口 Zhuànkǒu |
| 茌平 Chípíng | 徂徕 Cúlái | 鄄城 Juànchéng | 郯城 Tánchéng |
| 单县 Shànxiàn | 淄博 Zībó | 郓城 Yùnchéng | 曲阜 Qūfù |
| 莘县 Shēnxiàn | 铅山 Yánshān | 浒湾 Hǔwān | 弋阳 Yìyáng |
| 栎阳 Yuèyáng | 洪洞 Hóngtóng | 解池 Xièchí | 临汾 Línfén |
| 荥阳 Xíngyáng | 婺源 Wùyuán | 渑池 Miǎnchí | 睢县 Suīxiàn |

| | | | |
|---|---|---|---|
| 蓟州 Jìzhōu | 莘庄 Xīnzhuāng | 蚌埠 Bèngbù | 大埔 Dàbù |
| 亳州 Bózhōu | 黟县 Yīxiàn | 砀山 Dàngshān | 番禺 Pānyú |
| 杏塘 Mèntáng | 北碚 Běibèi | 珙县 Gǒngxiàn | 郫都 Pídū |
| 犍为 Qiánwéi | 筠连 Jūnlián | 黉门 Hóngmén | 阆中 Làngzhōng |
| 綦江 Qíjiāng | 邛崃 Qiónglái | 长汀 Chángtīng | 六安 Lù'ān |
| 崆峒 Kōngtóng | 阜新 Fùxīn | 溱潼 Qíntóng | 繁峙 Fánshì |
| 硿南 Kòngnán | 宝坻 Bǎodǐ | 枹罕 Fúhǎn | 古坋 Gǔfèn |
| 秘鲁 Bìlǔ | 高丽 Gāolí | 龟兹 Qiūcí | 召陵 Shàolíng |
| 准噶尔 Zhǔngáěr | | 尖沙咀 Jiānshāzuǐ | |
| 瓦窑堡 Wǎyáobǔ | | 十里堡 Shílǐpù | |
| 古磴口 Gǔdèngkǒu | | 汀泗桥 Tīngsìqiáo | |
| 巴彦淖尔 Bāyànnàoěr | | 浒墅关 Xǔshùguān | |

**(二) 普通话与四川方言对比练习**

虽然四川方言属于北方方言,与普通话之间的差异并不大,但离标准的语音还是有较大差距。根据二者发音的不同,可以开展针对性地练习。

1. 普通话正确发音与四川方言错误发音对比(前者为普通话正确发音)

| | |
|---|---|
| 薄饼(báobǐng—bóbǐng) | 柏树(bǎishù—béishù) |
| 烘培(hōngbèi—hōngpèi) | 街道(jiēdào—gāidào) |
| 校对(jiàoduì—xiàoduì) | 麦田(màitián—méitián) |
| 项链(xiàngliàn—hàngliàn) | 淹水(yānshǔi—ānshǔi) |
| 严肃(yánsù—niánsù) | 针灸(zhēnjiǔ—zhēnjiū) |

2. 边音与鼻音对比

l:

| | | | |
|---|---|---|---|
| 来信 láixìn | 黎明 límíng | 礼仪 lǐyí | 历史 lìshǐ |
| 履行 lǚxíng | 律法 lǜfǎ | 掠夺 lüèduó | 劳力 láolì |
| 老师 lǎoshī | 蓝图 lántú | 笼罩 lǒngzhào | 冷静 lěngjìng |
| 临时 línshí | 灵感 línggǎn | 联盟 liánméng | 链接 liànjiē |
| 流传 liúchuán | 良心 liángxīn | 量子 liàngzǐ | 烈士 lièshì |
| 伦理 lúnlǐ | 论证 lùnzhèng | 孪生 luánshēng | 卵巢 luǎncháo |

n:

| | | | |
|---|---|---|---|
| 纳税 nàshuì | 脑筋 nǎojīn | 闹钟 nàozhōng | 奶瓶 nǎipíng |
| 耐心 nàixīn | 内在 nèizài | 泥泞 nínìng | 拟定 nǐdìng |
| 鸟瞰 niǎokàn | 牛犊 niúdú | 扭转 niǔzhuǎn | 女士 nǚshì |
| 虐待 nüèdài | 奴隶 núlì | 诺言 nuòyán | 南风 nánfēng |

| | | | |
|---|---|---|---|
| 念想 niànxiǎng | 嫩绿 nènlǜ | 囊括 nángkuò | 年青 niánqīng |
| 暖气 nuǎnqì | 能力 nénglì | 宁静 níngjìng | 农村 nóngcūn |

3. 声母平舌与翘舌对比

(1) z、zh 对比练习。

z：

| | | | |
|---|---|---|---|
| 杂志 zázhì | 遭遇 zāoyù | 早熟 zǎoshú | 造福 zàofú |
| 栽培 zāipéi | 在行 zàiháng | 自信 zìxìn | 责任 zérèn |
| 赞扬 zànyáng | 钻研 zuānyán | 棕榈 zōnglǘ | 增强 zēngqiáng |

zh：

| | | | |
|---|---|---|---|
| 扎营 zhāyíng | 摘除 zhāichú | 债券 zhàiquàn | 招徕 zhāolái |
| 爪牙 zhǎoyá | 照常 zhàocháng | 哲理 zhélǐ | 褶皱 zhězhòu |
| 鹧鸪 zhègū | 执政 zhízhèng | 纸张 zhǐzhāng | 桎梏 zhìgù |
| 诸位 zhūwèi | 逐步 zhúbù | 主导 zhǔdǎo | 驻军 zhùjūn |
| 追溯 zhuīsù | 粘连 zhānlián | 展开 zhǎnkāi | 站岗 zhàngǎng |
| 斟酌 zhēnzhuó | 诊断 zhěnduàn | 振作 zhènzuò | 章程 zhangchéng |
| 涨潮 zhǎngcháo | 丈量 zhàngliáng | 征途 zhēngtú | 整治 zhěngzhì |
| 正气 zhèngqì | 钟爱 zhōngài | 种类 zhǒnglèi | 中肯 zhòngkěn |

(2) c、ch 对比练习。

c：

| | | | |
|---|---|---|---|
| 擦肩 cājiān | 测量 cèliáng | 慈祥 cíxiáng | 挫败 cuòbài |
| 猜想 cāixiǎng | 材料 cáiliào | 采访 cǎifǎng | 菜谱 càipǔ |
| 操纵 cāozòng | 草木 cǎomù | 淬火 cuìhuǒ | 参观 cānguān |
| 残酷 cánkù | 灿烂 cànlàn | 苍穹 cāngqióng | 层次 céngcì |

ch：

| | | | |
|---|---|---|---|
| 差错 chācuò | 查访 cháfǎng | 刹那 chànà | 拆除 chāichú |
| 柴油 cháiyóu | 超常 chāocháng | 驰骋 chíchěng | 炽热 chìrè |
| 踌躇 chóuchú | 搀扶 chānfú | 蟾蜍 chánchú | 铲除 chǎnchú |
| 船舷 chuánxián | 沉重 chénzhòng | 趁早 chènzǎo | 昌盛 chāngshèng |
| 场地 chǎngdì | 怅惘 chàngwǎng | 充溢 chōngyì | 成材 chéngcái |

(3) s、sh、r 对比练习。

s：

| | | | |
|---|---|---|---|
| 撒播 sǎbō | 扫除 sǎochú | 缩影 suōyǐng | 所有制 suǒyǒuzhì |
| 搜集 sōují | 思潮 sīcháo | 死刑 sǐxíng | 伺机 sìjī |

俗称 súchēng　素材 sùcái　随便 suíbiàn　岁月 suìyuè
森严 sēnyán　损害 sǔnhài　桑梓 sāngzǐ　诵读 sòngdú

sh：

杉木 shāmù　霎时 shàshí　筛选 shāixuǎn　收获 shōuhuò
手术 shǒushù　奢侈 shēchǐ　诗意 shīyì　石桥 shíqiáo
侍候 shìhòu　输送 shūsòng　熟稔 shúrěn　水源 shuǐyuán
税收 shuìshōu　说服 shuōfú　山坳 shān'ào　深沉 shēnchén
神龛 shénkān　顺利 shùnlì　商榷 shāngquè　生肖 shēngxiào

r：

惹恼 rěnǎo　热爱 rè'ài　扰动 rǎodòng　柔和 róuhé
肉体 ròutǐ　日月 rìyuè　如果 rúguǒ　入迷 rùmí
燃料 ránliào　染色 rǎnsè　人才 réncái　忍耐 rěnnài
任命 rènmìng　荣誉 róngyù　冗长 rǒngcháng　仍旧 réngjiù

4. 前鼻韵母与后鼻韵母对比

（1）an、ang 对比练习。

an：

安静 ānjìng　按照 ànzhào　颁布 bānbù　板凳 bǎndèng
扮演 bànyǎn　攀登 pāndēng　胆识 dǎnshí　蛋白 dànbái
繁重 fánzhòng　反馈 fǎnkuì　范畴 fànchóu　感应 gǎnyìng
含蓄 hánxù　罕见 hǎnjiàn　汉服 hànfú　判断 pànduàn

ang：

昂扬 ángyáng　帮扶 bāngfú　榜样 bǎngyàng　依傍 yībàng
当时 dāngshí　党委 dǎngwěi　方程 fāngchéng　防御 fángyù
纲领 gānglǐng　行列 hángliè　慷慨 kāngkǎi　磅礴 pángbó

（2）en、eng 对比练习。

en：

沉着 chénzhuó　奔波 bēnbō　本分 běnfèn　笨拙 bènzhuō
分泌 fēnmì　粉末 fěnmò　愤怒 fènnù　根本 gēnběn
亘古 gèngǔ　肯定 kěndìng　门口 ménkǒu　神色 shénsè

eng：

绷带 bēngdài　迸发 bèngfā　层面 céngmiàn　成效 chéngxiào
等级 děngjí　封锁 fēngsuǒ　耕作 gēngzuò　更好 gènghǎo

| | | | |
|---|---|---|---|
| 衡量 héngliáng | 棱角 léngjiǎo | 冷却 lěngquè | 萌发 méngfā |
| 猛烈 měngliè | 能力 nénglì | 生育 shēngyù | 盛大 shèngdà |

（3）in、ing 对比练习。

in：

| | | | |
|---|---|---|---|
| 宾客 bīnkè | 今后 jīnhòu | 锦绣 jǐnxiù | 尽职 jìnzhí |
| 拼搏 pīnbó | 贫困 pínkùn | 品学 pǐnxué | 聘任 pìnrèn |
| 亲密 qīnmì | 勤劳 qínláo | 寝食 qǐnshí | 沁润 qìnrùn |
| 因果 yīnguǒ | 银行 yínháng | 引导 yǐndǎo | 印象 yìnxiàng |

ing：

| | | | |
|---|---|---|---|
| 兵力 bīnglì | 并且 bìngqiě | 丁零 dīnglíng | 顶端 dǐngduān |
| 定律 dìnglǜ | 经典 jīngdiǎn | 警惕 jǐngtì | 竞争 jìngzhēng |
| 评选 píngxuǎn | 倾听 qīngtīng | 请求 qǐngqiú | 听取 tīngqǔ |
| 停留 tíngliú | 英勇 yīngyǒng | 营业 yíngyè | 影响 yǐngxiǎng |

（4）ian、iang 对比练习。

ian：

| | | | |
|---|---|---|---|
| 边境 biānjìng | 辩护 biànhù | 典型 diǎnxíng | 电力 diànlì |
| 尖锐 jiānruì | 减轻 jiǎnqīng | 见解 jiànjiě | 偏向 piānxiàng |
| 骈文 piánwén | 片刻 piànkè | 铅笔 qiānbǐ | 前进 qiánjìn |
| 联营 liányíng | 天体 tiāntǐ | 免疫 miǎnyì | 面临 miànlín |
| 殷红 yānhóng | 言教 yánjiào | 眼睑 yǎnjiǎn | 宴请 yànqǐng |

iang：

| | | | |
|---|---|---|---|
| 将近 jiāngjìn | 讲述 jiǎngshù | 降落 jiàngluò | 强烈 qiángliè |
| 抢救 qiǎngjiù | 良好 liánghǎo | 两旁 liǎngpáng | 靓丽 liànglì |

（5）uan、uang 对比练习。

uan：

| | | | |
|---|---|---|---|
| 川剧 chuānjù | 传导 chuándǎo | 端正 duānzhèng | 短期 duǎnqī |
| 锻炼 duànliàn | 官吏 guānlì | 贯穿 guànchuān | 欢喜 huānxǐ |
| 环流 huánliú | 缓和 huǎnhé | 幻觉 huànjué | 万里 wànlǐ |

uang：

| | | | |
|---|---|---|---|
| 闯劲 chuǎngjìn | 创造 chuàngzào | 光景 guāngjǐng | 广袤 guǎngmào |
| 慌张 huāngzhāng | 黄土 huángtǔ | 矿产 kuàngchǎn | 双方 shuāngfāng |
| 爽朗 shuǎnglǎng | 装饰 zhuāngshì | 王朝 wángcháo | 旺盛 wàngshèng |

(6) uen、ong 对比练习。

uen：

| | | | |
|---|---|---|---|
| 春季 chūnjì | 纯粹 chúncuì | 村庄 cūnzhuāng | 存款 cúnkuǎn |
| 寸步 cùnbù | 顿时 dùnshí | 婚姻 hūnyīn | 浑身 húnshēn |
| 混淆 hùnxiáo | 轮船 lúnchuán | 论证 lùnzhèng | 昆虫 kūnchóng |
| 温度 wēndù | 文化 wénhuà | 稳定 wěndìng | 问世 wènshì |

ong：

| | | | |
|---|---|---|---|
| 工业 gōngyè | 巩固 gǒnggù | 贡献 gòngxiàn | 轰鸣 hōngmíng |
| 洪水 hóngshuǐ | 空虚 kōngxū | 孔雀 kǒngquè | 控制 kòngzhì |
| 充实 chōngshí | 崇高 chónggāo | 总体 zǒngtǐ | 终年 zhōngnián |

(7) ün、iong 对比练习。

ün：

| | | | |
|---|---|---|---|
| 晕厥 yūnjué | 匀称 yúnchèn | 允许 yǔnxǔ | 蕴藏 yùncáng |
| 军功 jūngōng | 群众 qúnzhòng | 寻求 xúnqiú | 训练 xùnliàn |

iong：

| | | | |
|---|---|---|---|
| 庸俗 yōngsú | 拥护 yōnghù | 勇敢 yǒnggǎn | 用处 yòngchù |
| 窘迫 jiǒngpò | 琼浆 qióngjiāng | 兄长 xiōngzhǎng | 熊猫 xióngmāo |

# 第四节 “短文朗读”测试技巧

## 一、测试内容

普通话水平测试朗读短文部分的试题内容来自《普通话水平测试用朗读作品》中的50篇作品，测试中随机抽取一篇短文，考评其中的前400个音节，应试人在测试时只需朗读到画“//”的部分即可。测试用的50篇短文体裁以记叙文为主，还有少量说明文与议论文。文章均收录名家经典作品，内容简短，行文通俗易懂。个别篇目有少量生僻字，一般不出现晦涩难懂的字词。

## 二、评分标准

“短文朗读”主要从字词语音、语调重读、停连流畅、时间限定四个方面进行评分，详细评分标准见下表9-2。

表 9-2 "短文朗读"评分标准表

| 评分项目 | 评 分 标 准 |
| --- | --- |
| 字词语音 | 每错 1 个音节,扣 0.1 分;漏读或增读都按错误计算,每个音节扣 0.1 分 |
| | 声母或韵母的系统性语音缺陷,视程度扣 0.5 分、1 分 |
| 语调偏误 | 语调偏误,视程度扣 0.5 分、1 分、2 分 |
| 停连流畅 | 停连不当,视程度扣 0.5 分、1 分、2 分 |
| | 朗读不流畅(包括回读),视程度扣 0.5 分、1 分、2 分 |
| 时间限定 | 限时 4 分钟,超时扣 1 分 |

## 三、注意事项

### (一) 错误及缺陷

短文朗读要求要忠于原文,因此不管是发音不标准而导致的错误,还是不熟悉原文而导致的漏字、添字、顺序颠倒等,都按一个音节扣除 0.1 分计算。但若是出现了发音不标准的情况,也就是前面两道题中的"缺陷",则不会直接在字音方面扣分,而是根据应试人的总体语音面貌,在"系统性缺陷"一项上进行判定。

同时需要注意的是,由于短文涉及语流音变,所以其语音标准与字词部分的要求有所不同,比如"里"在"读单音节字词"中需要发出完整的调值,但短文《春》中的"园子里,田野里",根据语流音变的规律,直接发出半上即可。

### (二) 回读

朗读短文的要求是完整准确地表达作品,当发现某个词读错时,切不可如一、二题那样重读一次进行纠正。因为在作品中任何一个地方出现不当停顿,都会在"回读"部分予以扣分。测试时若读错一个音节,只会扣除该音节的分数,即 0.1 分。但若出现回读,则"视程度扣 0.5 分、1 分、2 分",甚至还会在"停连不当"处同时扣分,这样造成的失分远远超过读错一个音节。当测试中遇到读错字词时,要迅速调整好心态,继续进行后面的测试。

## 四、标准解读

### (一) 字词语音

1. 添漏增改

如果应试人对朗读篇目不熟悉,在考试的过程中又较为紧张,就极有可能出现错字、漏字、添字的现象。一旦出现，每个音节扣 0.1 分，若是同一个音节读错两次，则扣 0.2 分，以此类推。比如"蜜蜂是渺小的，蜜蜂却又多么高尚啊"这句话中，如果将"蜂"都读成了圆唇的"fōng"，则按两个音节来扣分，共计 0.2 分。

要特别注意的是，如果出现了顺序颠倒的情况，凡是与原文不一致的地方，每个音节都要扣 0.1 分。例如将"照北京的老规矩，春节差不多在腊月的初旬就开始了"读成"照老北京的规矩，春节差不多在腊月的初旬就开始了"。对应原文，不一致的地方为"北京的老"，共计 4 个音节，扣 0.4 分。

2. 声韵缺陷

声韵母系统性缺陷视程度轻重扣 0.5 分或者 1 分，四川地区容易出现的声韵母缺陷主要有以下两种。

(1) 声母系统性缺陷。

声母中相同发音部位和发音方法相同或单独一类发音多次出现缺陷问题时，视为声母系统性缺陷。例如翘舌音 zh、ch、sh、r 整体发音都呈现出翘舌不足的情况，或单独一类发音如边音 l 多次出现鼻化的情况，都被视为声母系统性缺陷。

(2) 韵母系统性缺陷。

韵母中单韵母多次出现唇形舌位不标准，复韵母多次出现发音动程、时值、重读不标准，鼻韵母多次出现韵腹和韵尾发音不标准，均视为韵母系统性缺陷。

例如：单韵母 o、e 发音的舌位相近，都出现舌位低或者舌位近中的情况，视为韵母系统性缺陷；同类型的前响复韵母 ai、ei、ao、ou 都出现动程不足或韵尾拖音过长的情况，视为韵母系统性缺陷；鼻韵母中 an、ian 韵腹开口度过大，舌位靠前，或是 ing、eng 后鼻音韵尾发音不到位，视为韵母系统性缺陷。

### (二) 语调偏误

在朗读过程中，如果出现语调偏误，根据程度不同，扣除 0.5 分、1 分或 2 分。

1. 声调句调

声调是汉语的重要特征之一，它影响到信息的传递，声调发音不准，变调错误，都属于语调偏误。例如："春天来了，万物复苏"这句话中的"春天"二字都是高平调，如果朗读时降到了 44 调，就会出现明显的方音，影响整个句子的语调。句调也是短文朗读中非常重要的部分，能体现出说话人的情感和态度。如果朗读时没有高低起伏、抑扬顿挫，整个段落的语调机械乏味，或是将疑问句、感叹句等都读作陈述句的句调，都会视情况扣分。

2. 重音不当

普通话水平测试中，重音不当分为两种情况，一种是词的内部轻重格式处理不当，一种是语句中重音把握不准。

(1) 词的内部轻重格式处理不当。

每个词都会有轻重格式，不仅在字词测试中需要注意，在短文朗读中也要避免轻重格式颠倒带来的失分。例如："不必说碧绿的菜畦，光滑的石井栏，高大的皂荚树，紫红的桑椹"中"碧绿、光滑、高大、紫红"的格式应该为"中重"，若读成"重中"格式，语句显得不自然，带有浓重的四川方言特色。

(2) 语句中重音把握不准。

在文段中，还会有语境带来的句子重音，若是每个音节的咬字与吐字发声力度都相同，或是选择了不该重读的词语进行重读，听起来就会毫无美感，甚至会造成表达误解。例如："'雷峰夕照'的真景我也见过，并不见佳，我以为……"中，第二个"我"字就应该重读，若误读为"以为"，则会曲解原文的意思。

### (三) 停连流畅度

1. 停连不当

停连主要考查应试人是否能做到适时停顿，合理连贯。若对朗读材料不够熟悉，或对内容理解存在偏差，可能导致停连不当，从而出现停顿不当、表达不清的现象。根据实际情况，相应扣除 0.5 分、1 分或 2 分。

虽然大部分的停连都是以标点符号作为依据的，但是停连并不等于标点符号。有些长句并无标点，但需要在句内进行短暂停顿。如"但是新来的日子的影儿又开始在叹息里闪过了"，就需要在"但是"和"影儿"两个词后进行短暂停顿，让表达更清晰。一般来说，长句的停顿之处主要根据句意进行判断。

在有标点符号而内容联系比较紧密的地方，往往要做"连"的处理。比如"坐着，躺着，打两个滚，踢几脚球，赛几趟跑，捉几回迷藏"这句话中，虽然有几个逗号，但是却并不需要断开，而应顺势连带，无须换气，给人一种毫无间断的流畅感。还有一种情况，在有一连串的顿号或是排比句式中，标点符号两边既需要连接又需要有所区分。比如"嫩芽嫩芽快快长吧，开花花结出丝瓜、黄瓜、南瓜，好填满我的小嘴巴"，顿号处无须停顿，而是连环相接，整齐排列。

2. 朗读不流畅

在评估普通话水平时，除了语音和语调，朗读的流畅度也是一个重要的考量因素。如果朗读过程中出现频繁的停顿、重复或者不连贯的情况，将会影响整体的评分。评分时会根据具体情况扣 0.5 分、1 分、2 分。比如频繁出现长时间停顿，或者在一个词语或一个句子中多次停顿，这会给听者带来不流畅的感觉。比如，将"孔乙己是站着喝酒而穿长衫的唯一的人"读成"孔乙己/是站着喝酒/而穿长衫的/唯一的/人"，破坏了句子完整结构和语句意思的表达。

### (四) 时间限定

朗读时语速过快或过慢都会导致词语发音不标准，造成语音缺陷。语速过慢还会使整个朗读过程显得冗长，甚至造成超时。短文朗读测试量为 400 个音节，普通人的朗读语速在每分钟 200 个词左右，但因各种因素的影响，浮动范围大致在 120～240 个音节之间，再加上停顿、换气等环节，读完一篇短文的时间基本控制在 4 分钟以内。如果在规定时间内未能完成朗读，电脑会停止录音，直接进入下一题。因此，在测试中，应试人一定要关注屏幕下方的时间进度条，避免因超时而失分。

# 第五节 “命题说话”测试技巧

“命题说话”是普通话水平测试的最后一项测试内容，主要考查应试人普通话水平的综合素质，时间为 3 分钟。命题说话无文字凭借，极易暴露出应试人语音、词汇、语法各个方面的问题。测试过程中，电脑随机在 50 个说话题目中给出两个话题，应试人从中选择一个进行单向输出。

此题不仅测查应试人的语音标准度，还测查连续发音过程中轻声、儿化、变调的发音情况，难度较大，是整个测试中最能反映出应试人普通话水平的一项，对等级的影响也最大。四川地区“命题说话”的分值为 40 分。

## 一、测试目的及评分标准

### （一）测试目的

普通话水平测试的测试题目，从单一发音到综合变化，从基础字词到应用交流，从有文字到无文字凭借，测试难度逐步增加。命题说话既不是即兴演讲，也不是口头作文，它需要在给定话题范围内，现场组织语言，从交流的角度考查应试人的口语水平，具有极强的综合性。

人工评测此题时，若遇应试人背稿或缺时，测试员可直接干预，但在机测情况下，则无法得到相应提示。由于话题范围固定，可提前准备，个别应试人抱有侥幸心理，轻信网络上的“过级宝典”，采取背稿或万能模板等方式应试，极易出现“无效话语”或“离题雷同”现象。在遇到说话难以继续的情况下，应试人较长时间无语音输出会导致缺时扣分，增加测试中的不规范现象。

### （二）评分标准

1. 语音标准程度

共 25 分，分六档。

一档：语音标准，或极少有失误。扣 0 分、1 分、2 分。

二档：语音失误在 10 次以下，有方音但不明显。扣 3 分、4 分。

三档：语音错误在 10 次以下，但方音比较明显；或语音错误在 10～15 次之间，有方音但不明显。扣 5 分、6 分。

四档：语音错误在 10～15 次之间，方音比较明显。扣 7 分、8 分。

五档：语音错误超过 15 次，方音明显。扣 9 分、10 分、11 分。

六档：语音错误多，方音重。扣 12 分、13 分、14 分。

2. 词汇语法规范程度

共 10 分，分三档。

一档：词汇、语法规范。扣 0 分。

二档：词汇、语法偶有不规范的情况。扣 1 分、2 分。

三档：词汇、语法屡有不规范的情况。扣 3 分、4 分。

3. 自然流畅程度

共 5 分，分三档。

一档：语言自然流畅，扣 0 分。

二档：语言基本流畅，口语化较差，有背稿子的表现。扣 0.5 分、1 分。

三档：语言不连贯，语调生硬。扣 2 分、3 分。

4. 缺时

说话不足 3 分钟，酌情扣分：缺时 1 分钟以内（含 1 分钟），扣 1 分、2 分、3 分；缺时 1 分钟以上，扣 4 分、5 分、6 分；说话不满 30 秒（含 30 秒），本测试项成绩计为 0 分。

5. 离题、内容雷同

视程度扣 4 分、5 分、6 分。

6. 无效话语

累计占时酌情扣分：累计占时 1 分钟以内（含 1 分钟），扣 1 分、2 分、3 分；累计占时 1 分钟以上，扣 4 分、5 分、6 分；有效语料不满 30 秒（含 30 秒），本测试项成绩计为 0。

## 二、标准解读

命题说话的扣分项目一共六项，根据其可否避免，可以分为常规与非常规两种情况。

### （一）常规扣分项

所谓常规扣分项，是指在应试人发挥正常的情况下，能真实反映其语音面貌，且难以在短期内整改的扣分项目。

1. 语音标准度

语音标准度以定量和定性两种方式测查应试人在说话过程中的语音情况。定量方式说明测查过程中是以“次”为单位计算语音错误，定性方式要求测试员根据应试人语音面貌进行整体评价，量的积累会带来质的改变，也会影响应试人的扣分情况。

语音标准度等级中，二档与其他几档的措辞有些许不同，二档中使用的是“语音失误”，说明应试人的语音并没有系统性问题，只是在临场发挥中出现了个体性失误。三四档的语音测查非常明显地体现出了错误数量与考核分值的相应变化，五六档的测查重点则主要体现在极高的错误数量与明显的方言色彩上。应试人在了解自己语音情况的前提下，基本可以对此项扣分进行预判。

2. 词汇语法规范度

本项扣分实际上是从词汇及语法两个方面进行考量的。词汇方面主要是测查应试人是否使用了方言词语，以及不规范的网络流行语，以应试人出现错误的数量为基础。语法方面的扣分较为柔性，由于说话题目具有口语性特点，若非极明显的语法错误，一般性的失误不计扣分。词汇语法方面的具体评定也是建立在错误数量基础之上的，分三个档次，扣分最高不超过 4 分。

3. 自然流畅度

说话是一种交流方式，不需要像演讲那样抑扬顿挫、饱含情感，但也不能表达困难，断断续续、生硬结巴。自然流畅度主要以定性的方式进行测评，要求应试人在“说话”时，如平时生活中与人对话一样。按照评分标准，一档表述得体大方，没有明显停顿；二档基本流畅，但会出现语气不自然的情况，语调略显生硬；三档语言缺乏连贯性，对话题内容准备不充分，或是准备了相应材料，但临场发挥较差，说话断断续续，甚至语无伦次、颠倒重复。

### （二）非常规扣分项

1. 缺时

命题说话题目对时间有具体的要求，《大纲》最开始规定“限时 3 分钟”，是避免说话时间过长。人工评测中，当说话难以进行时，测试员可以对应试人进行干预。机辅测试中，应试人在缺乏引导的情况下，会出现说话过程中长时间沉默，或是时间未到就无话可说的现象。对应试人普通话水平的判断，需要定量与定性的双重考量，缺时会导致定量判定的偏误。因此，命题说话的时间要求从“限时 3 分钟”变成了“说满 3 分钟”。对缺时超过 15 秒的情况，按缺时长短进行相应的扣分。同时，其他扣分项都有上限，语音标准度最高 14 分，词汇语法规范程度最高 4 分，自然流畅度最高 3 分，离题最高 6 分。而缺时则给出了累计说话时间不足 30 秒，成绩处理为 0 分的极限规定。

2. 离题

命题说话并非口头作文，只要在话题范围内进行表达都不算离题。但个别应试人脱离话题本身，采用万能模板，只在开头结尾处点出话题，中间部分全部是套用，内容衔接完全错位。这种方式让命题说话徒有 3 分钟的时长和形式，失去了考查应试人语言交流能力的意义。而背诵朗读作品原文或其他名家名篇，都属于此类扣分情况。

对说话主题与说话内容的范围设定，未能紧紧抓住话题主线，缺乏一以贯之的话题线索，而徒有三分钟的时长。离题现象的发生，从根本上说，是由说话内容缺乏逻辑梳理、前言不搭后语、内容衔接发生错位等现象造成的。离题扣分起点较高，只要出现就是 4 分，“视程度”一般为离题时间长短，最高扣 6 分，可见离题的后果是很严重的。

3. 无效话语

无效说话指说话过程中，应试人采用诸如一直重复某一两句话、大段朗诵诗歌或唱歌、自言自语不知所云、读秒或数数等方式应试，旨在拖延时间，“说够”3 分钟。这样的表达缺乏应有的主题意义和话语价值，无法判定应试人语言交流水平，属于无效表达。这样的表述方式，与缺时一样，给出了无效话语大于 2 分 30 秒，此题 0 分处理的评定标准。

## 三、题目分类

命题说话一共 50 个话题，基本上都与日常生活和学习息息相关，可说性很强。应试人在测试过程中得分不高，一方面是由于自身的语音标准度不够，另一方面则是因为面对说话题目不知如何准备，缺乏行之有效的方法。如果按照不同的标准对其进行分类，理清每一种话题的思路，按类别进行话题分析与设计，自然能在此项测试中拿到较好的分数。

### （一）按文体分类

根据文体类型，可以将说话题目大致分为三种类型。记叙描写类，主要是以说人说事为主，用记叙的手法进行表达，比如“老师”“假日生活”等话题。说明介绍类，主要以说明某个事物、介绍某种现象为主，比如“我的一天”“珍贵的礼物”。议论评说类，主要以表达对某个问题或某件事情的看法为主，比如“家庭对个人成长的影响”“生活中的诚信”。应试人可以根据相应的类型进行分析，并提前准备合适的素材。

虽然在文体上可以做大致的分类，但并不意味着在说话时必须严格遵循。在准备的过程中，记叙描写类肯定需要有记叙的人或事出现，但说明介绍类的说话题目，也可以按照记叙的方式，巧妙地将要说明的内容以举例的方式进行述说，讲述一到两个小事例，避免直接说明的情况。针对议论评说类的题目，可以采取夹叙夹议的方式，议论一部分内容之后，就转为讲解故事，这样在测试中才能“有话可说”。

比如“谈谈卫生与健康”这个题目，应试人可以先总体发表几句议论，然后转换成叙述的模式，针对话题讲几个故事。可以说自己在某一次和朋友聚餐时，去了不卫生的餐厅导致生病，也可以说亲朋好友遇到的与之相关的故事，还可以讲述自己在媒体上看到的新闻故事。在选择故事素材时，按照“自己——亲朋好友——新闻”这样的顺序进行取舍，讲述自己亲身经历的故事是排在第一位的，能讲出很多细节，更为具体，也更为自然。

### （二）按素材分类

所谓按素材进行分类，是指同一个事例既可以用在甲题目中，也可以用在乙题目中，即很多话题可以使用同一个材料。为了避免在准备过程中，花费太多的精力搜寻素材，可以将几个题目整合起来使用一个事例。只是根据不同的题目，有不同的侧重而已。比如《难忘的旅行》这一题目，提到的旅行经历，完全可以使用在《假日生活》话题中，只不过在开头和结尾处，前者需要点明旅行的难忘，后者则需要说明假日生活的愉悦和丰富。采用以上的方法，应试人可以将“我了解的地域文化（或风俗）”“我喜欢的节日”组合起来，节日中少不了会讲到风俗，比如春节、端午节、中秋节等，甚至还能加入“我喜欢的美食”，将节日背后的美食作为谈论的对象。采用这样的方式，应试人可根据自己的素材情况制作一个说话题目分类表，更好地处理相关性话题。

## 四、题目示例

针对不同类型的题目，可以有不同的准备方案。在确定好话题之后，往往以“我选择的说话题目是……”为开头进行讲述。以下选取部分有代表性的题目进行分析，对应试人需要把握的要领提出建议，并附上相应的范文，以帮助应试人更有效地进行准备。

### （一）文体分类示例

1. 记叙描述类

(1) 我的理想(或愿望)。

理想或愿望是个人内心对未来的期盼和憧憬，它既可以是已经实现的，也可以是尚未实现的。每一个人都会有自己的愿望，这个愿望可能从未改变，也可能随着时间的推移发生变化。在面对这个话题时，可以这样展开思路：我的理想(愿望)是什么？小时候有过什么理想(愿望)，随着年龄的增长和环境的变化，我的理想(愿望)是否有变化？再针对某一理想(愿望)，说明为什么我会有这样的理想(愿望)？我将如何去实现它(通过怎样的努力、途径和方法)？最后说明一下现在的状况或最终的结果如何。

**【参考例文】**

我选择的说话题目是“我的理想”。对每个人来说，“理想”并不陌生。因为绝大多数人都有属于自己的理想，我也不例外。

我的理想是成为一名优秀的人民教师。相信大家都听过像“教师是太阳底下最光辉的职业”这一类话。自古以来，教师都被看作一种高尚的职业，赞美教师的句子无数。但我想要成为一名人民教师的原因，可能和其他人不太一样，我不是为了得到他人的赞扬，而是因为从小受到了老师的影响。小学时，我是一个很害羞的小女孩，老师上课提问时，我总是低着头不敢主动回答，但实际上，我很想得到老师的表扬。班主任张老师或许看穿了我的想法，总是在我躲在角落的时候让我回答一些较为简单的问题。渐渐地，我的胆子大起来了，张老师每次给我的微笑和表扬，都让我对自己的信心多了一点。终于有一天，在老师提问之后，我也举起了小手。张老师的眼睛一亮，马上请我起来回答了问题，并让同学们给我掌声鼓励。那一刻的我，内心充满了对张老师的感激，对教师这个职业的向往。

为了实现这一理想，我大学专业选择了师范方向，对我来说，这已经迈出了关键一步。进入大学之后，我刻苦学习，担任了班级学习委员等职务，还参加了团建、例会等活动，从中不断积累工作经验，吸取教训，提升自己。服务老师和同学，成为老师的小助手、同学的好伙伴，就是为实现这一理想打下基础。当第一次站上讲台，模拟上课的时候，我全身都在发抖，紧张的情绪笼罩着我。教授教学法的杨老师微笑着看着我，就像小学时的张老师一样。那一刻，我突然有了力量，大声地开始了试讲，心中只有一个想法，我要为我的理想努力，要成为和这些老师一样温暖他人的人。

我始终坚信终有一天，自己能够成为一名优秀的人民教师，投身于自己热爱的事业中，完成自己的理想！

(2) 朋友。

朋友是指与自己关系亲近、密切的人，可以是现实生活中的同学、熟人，也可以是在网络上和自己有着深度思想交流的网友或游戏中并肩作战的“战友”。每一个人都有自己的朋友，有的人朋友多，有的人朋友少。因此，应试人一开始就需要思考，在说话时，究竟要介绍几个朋友呢？如果是多个，又按什么顺序来讲述呢？确定好要介绍的对象之后，就需要选择合适的素材了。重点可以说说你们是如何成为朋友的？可以从性格特点、兴趣爱好等方面去说，也可以说说某次特殊的经历，让自己和对方成了好友。在和朋友相处的过程中，一直都很愉快吗，有没有发生过争执，如果有，最后是和好了还是留有遗憾？重点将与朋友之间发生的事情讲出来，基本上就不会出现无话可说的情况。

**【参考例文】**

我选择的说话题目是“朋友”。朋友总是在我们最需要帮助的时候出现在我们的面前，朋友总是与我们共同进退。我的好朋友小华便是如此。

在我上高中的时候，我的普通话并不是特别标准，特别是前后鼻音分不清楚。我每次上课起来回答问题时都不是特别自信。我的好朋友小华总是帮助我练习普通话。渐渐地，我变得更加自信。每次老师上完课，我有不懂的地方都会及时提出来，我的普通话水平有了提高，学习成绩也有了明显的提高。她看到我的进步，比自己获得好成绩还开心。朋友总是在我们需要帮助的时候帮助我们。

学生时代的我们特别喜欢周末一起出去玩，一起去图书馆看书，一起听音乐，一起举办“演唱会”，她来唱歌，我来跳舞……当有人和你一起疯，一起笑，一起闹的时候，你会觉得这个世界上最幸福的事也不过如此。当然，我们的友谊不是那么的一帆风顺。有一天我把喜欢的明星的海报拿出来给她看，她也把她喜欢的明星的海报拿出来给我看，我们俩都觉得对方喜欢的明星不好看，后来就争执了起来。我很生气，控制不住自己，挖苦了她喜欢的明星几句，她气得把我送给她的画一撕，撕烂了，上面的装饰都掉在了地上，她拿着她的海报就走了。几天后，我清醒了很多，知道是我做得不对，我不能因为追星而丧失一段友谊，失去一个朋友。我熬夜把两半画纸重新拼起来，还加了些漂亮的装饰上去，把画修好。我拿着画去找她，对她说：“我想清楚了，我觉得你比追星更重要，我把画重新修好了，收下吧。”她接过画收好后，对我说：“我们和好吧。”我们相视一笑，终于重归于好了。有时候朋友间也会闹矛盾，我们应该互相理解，彼此尊重。

2. 说明介绍类

(1) 网络时代的生活。

网络时代的生活肯定有很多与普通生活不一样的地方，可以从这些不同点入手去谈。说明类的话题，最好是比较全面地进行介绍，所以可以从与亲朋好友的联系、大学的学习以及娱乐休闲等方面入手进行说明。题目主要可以从以下几个方面来展开：与别人联系时、学习时、娱乐时网络分别给你提供了什么便利？你对网络的态度是怎样的？网络只有有利的一面吗？有没有在网络中遇到不利的情况？如果网络是有利有弊的，那我们应该怎么做？以上的这些方面，既可以每个都谈谈，也可以就其中一个内容进行具体的叙述，尤其是一些有趣的或能引起人共鸣的事情。一旦开始进行事例的讲述，就不会出现空洞的情感抒发，能让应试人轻松完成话题的陈述。

**【参考例文】**

我选择的说话题目是“网络时代的生活”。我们这一代，是与网络紧紧相连的一代，我们的生活与数字技术紧密相连，无论是手机、电脑还是平板，都是生活中不可或缺的伙伴。

当渴望与亲朋好友保持联系时，我总会不假思索地拿出手机，熟练地打开微信或QQ。无论与他们是每天都可以见面，还是身处异地，我们都可以即刻开启畅聊。无论是分享生活中的喜怒哀乐，还是传递有趣的图片和视频，手机这个小小的方块都成了我们与远方朋友保持紧密联系的全能信息中转站。用文字可以详细交流，语音可以亲切沟通，甚至还可以用视频直观互动，网络为彼此距离的拉近提供了可能，让我们感受到温暖和愉快。

当学习时，我可以打开电脑和平板，查找资料，制作文档，或者用平板看视频教程，提高自己的技能水平。当然，网络还可以给我们提供娱乐，让我们度过愉快的时光。在电视、电脑或平板上，我们可以观看电影、电视剧、综艺节目以及各种网络直播。与此同时，网络游戏也成为许多人放松身心的方式。在虚拟世界中，我们可以与朋友一起闯荡江湖、战胜敌人，体验到前所未有的快感。当我需要购物时，我可以在淘宝、京东等电商平台上浏览各种商品，只需点击购买，就能坐等快递送货上门。这些电商平台为我提供了无尽的选择，从日常用品到奢侈品，从国内商品到海外代购，它们都以其高效便捷的服务让我享受到了购物的乐趣。

网络时代的生活充满了便利、创新和多样性。在这个时代中，我们不仅可以轻松地获取信息、提高学习效率，还可以享受丰富多彩的娱乐活动。同时，随着网络技术的不断发展，我们在享受网络带来的便利时，也要注意保护个人隐私和账户安全，不要让它成为伤害自己的武器。

(2) 印象深刻的书籍（或报刊）。

阅读是一件非常有意义的事情，在日常生活中，人们有各种不同的阅读方式。说印象深刻的书籍（或报刊），重点要说的是印象深刻的理由。此题目包含书和刊两个方面，因此在准备时，要先想好到底选择书籍还是报刊，尽量不混合着说。如果选择书籍，尽量选择小说类，会更有故事性。可主要介绍小说讲述了什么故事，主人公是谁？你印象最深刻的是哪一个情节？哪一个人物最能引起你的共鸣？读完小说后，你有什么感想？如果是报刊，则讲述为何你喜欢这份报刊，它给你带来了什么影响？报刊中令你印象最深刻的一篇或几篇文章是什么？可以从情节的角度入手，也可以从语言、插图等角度出发进行谈论。虽然题目范围是介绍书籍（或报刊），但主要抓住书籍（或报刊）的故事内容和给你带来的感想两个方面就不会出现卡壳的情况。

**【参考例文】**

我选择的说话题目是“印象深刻的书籍”。从小到大，我看过的经典书籍有许多，许多读过就忘了，但唯有这一本书最令我印象深刻，它就是今何在的《悟空传》。它是一本网络小说，却又不像一本网络小说，它有传统文学的深刻内涵，也有现代文学的创新。在我看来，它更像是名著《西游记》的注解，将孙悟空这个形象有血有肉地展示出来。

作者说“西游”是一个很悲壮的故事，五百年，很漫长，没有记忆能穿透它，没有什么是永恒的。五百年后，戴上了金箍、忘记了自己是谁的孙悟空，按照诸天神佛的意愿，踏上了西天取经之路。还有金蝉、飞蓬、沙僧……他们都在寻找自己。《悟空传》，其实就是一群人用一生寻找答案的故事。

还记得我第一次看《悟空传》是在高一时，当时只觉得热血沸腾，孙悟空那种永不放弃、坚持与天地抗争的精神让我感动。再看时，却感到失落，我发现了书中人物的无奈与渺小，无论是悟空与紫霞、天蓬与阿月，还是唐僧与小白龙，他们没有做错任何事，面对心爱的人遭受劫难，尽管抗争过，最终也无能为力，与自己的爱人分离。他们的爱情故事令人感动，但他们没有圆满的结局，没有解开误会与隔阂，阿月日复一日地在银河边等待天蓬，悟空因为紫霞的一句“我不喜欢你”而心死，金刚不坏的身体也不复存在，我多么希望他们能够在一起幸福地生活下去，有情人能够终成眷属！可惜这不太现实。

这是一部关于少年、关于信念的故事，只要相信自己，奇迹总会发生。很喜欢孙悟空的这段话，守卫问他，大圣，此去欲何？他回答，踏南天，碎逍遥。守卫又问，若一去不回？他回答，便一去不回。他总让我想起那些孤勇者，逆行者，历史上的勇士、刺客，明知不可为而为之，明知事情可能没有结果，却依旧一往无前地向前冲。这本小说教会我了很多人生道理，到现在我的书架上也还放着它。它陪伴我走过了高中那段难熬的日子，以后依旧会陪伴我很久很久。

3. 议论评说类

(1) 对幸福的理解。

虽然这是一个评说类的题目，但是也可以通过故事来进行表述。比如说谈谈一件具体的事情，为什么这件事情让你感受到了幸福。也可以先聊聊你对幸福的看法，通过某件事情，你对幸福的看法是否有改变，是这件事情印证了你的想法，还是转变了之前的结论？也可以按照时间顺序，从小到大介绍你不同时期对幸福的感受，或者是与“对亲情（或友情、爱情）的理解”这一题目进行联动，就按照题目中提及的内容来分别论述幸福在这三个方面的表现，这个命题可以介绍一种幸福，也可以介绍不同时间的幸福，还可以介绍不同方面的幸福。在谈幸福时，也可以使用具体的事例来进行解释，这样更能有故事感。

【参考例文】

我选择的说话题目是“对幸福的理解”。说到幸福，我想起了小时候妈妈的温暖拥抱，那是一种简单而又深刻的幸福。每当我回家，妈妈总是热情地迎接我，给我一个深深的拥抱，那一刻，我感到无比的安心和幸福。这种幸福是任何事物都无法比拟的，它深深地烙印在我的心中，陪伴我成长。

中学时，好朋友分享给我的那杯奶茶让我感受到了友情的幸福。那是一种相互扶持、相互理解的美好。每当我们在一起聊天、分享彼此的喜怒哀乐时，我都能感受到那份真挚的情感和幸福。大学时，我开始尝试各种新鲜的事物，开阔自己的视野。我参加各种社团活动、志愿者服务、学术比赛，每一次的努力和付出都让我感受到了成长的幸福。那是一种不断进步、不断超越自我的感觉。每当我克服困难、取得成就时，我都能感受到那份自信和满足的幸福。

当然，我的生活并不是一帆风顺的，我也会遇到挫折，也会有失败。随着时间的推移，我渐渐发现，幸福并非只是来源于外部的成就和收获，更多的是来自内心的平静和满足。我开始学会放下那些烦琐的杂念，关注自己的内心世界。我学会用心去感受那些微小的美好瞬间，如阳光照在脸上的温暖、听到一首动听的歌曲、闻到一股清新的花香等。这些简单的美好瞬间让我感受到生命的美好和幸福。

现在，我更加坚信，幸福就在我们的心中。只要我们用心去感受生活中的美好，去珍惜身边的人和事，去追求自己的梦想和价值，我们就能感受到那份深深的幸福。无论我们身处何种环境、面临何种挑战，只要我们的内心充满阳光和希望，我们就能拥有真正的幸福。

最后，我想说的是，每个人的幸福都是独特的、不可复制的。我们应该珍惜自己的幸福，不要盲目地去追求别人的标准和期望。我们应该勇敢地追求自己的梦想和价值，用心去感受生活中的美好和幸福。让我们一起用心去感受生活中的美好和幸福吧！

(2) 学习普通话(或其他语言)的体会。

每个应试人在学习普通话(或其他语言)的时候，应该都有很多属于自己的故事。在谈论这个话题的时候，主要可以从以下几个方面入手。是否从小就生活在一个不说普通话(或其他语言)的环境中？自己对这种语言的态度是什么？大部分人在系统学习普通话(或其他语言)之前，都会有一些错误认识，要么觉得学习很容易，要么就是有畏难情绪，自己在学习的过程中，遇到了哪些困难？这种语言中的哪些语音你觉得最难学习？在学习过程中，你用了一些什么方法？如何练习的，怎样向他人学习的？有没有坚持用这种语言进行日常对话？这是第几次参加相应的考试？还可以结合自己的经历，举例说明在社会交际中学会这种语言所带来的不同效果。应试人需要注意的是，在讲述这个题目的时候，尽量不引用方言，以免引起误会。

【参考例文】

我选择的说话题目是“学习普通话的体会”。对绝大部分人来说，说普通话是比较容易的，但对我来说，这简直是一个大难题。我从小在农村长大，受爷爷奶奶以及各位长辈的影响比较大，平时说的话全是地地道道的四川话，基本和普通话不沾边儿。我还记得小学一年级的时候，新来的语文老师尝试让我们有一个良好的语言氛围，硬性规定让班上的同学在学校必须说普通话，可是这样一个规定让习惯说四川话的我们觉得很奇怪，刚开始一两天我们还很别扭地说普通话，到后来慢慢地又开始说回了四川话，老师也放弃了，不再提起这件事。后来，初中开始住校了，我以为会有一个良好的语言氛围，可以好好地学习普通话，但没想到的是，除了语文老师会用标准的普通话教学，其余的老师要么用川普，要么就一节课全是用四川话。这时候我也没有意识到说好普通话的重要性，也有一种无所谓的态度，这样的情况一直持续到了高中，直到我高考结束，选择了汉语言文学这样一个专业。

到了大学，通过老师的讲解，我才了解到说好普通话对一个文科生，特别是以后想做老师的文科生的重要性。后来我们开始接触普通话课程，我才慢慢了解到我的普通话特别不标准，距离二甲可能还有一段距离。再后来，我开始认真地练习，在和室友说话时注意发音，尽量不把四川话和普通话说混淆，也抓住各种上台展示的机会，自信且大声地用普通话表达。就这样慢慢地我的普通话有了很大的进步，不会像以前一样，出现平翘舌、前后鼻音不分等一系列常见的问题。

普通话课程期末考试前，我早早地就开始备考，那段时间我也特别忙，但是还是坚持每天至少练习半小时。考试的那个下午我紧张极了，直到考完都是迷迷糊糊的，唯一能想起来的就是中间读错了几个词。没想到的是，最后我的分数还不错，这也算是平时积累加考前努力备考的结果吧！

### （二）素材关联示例

命题说话题目除了可以按文体类型分类，还可以按照素材关联度进行分类。比如出去旅行的经历，既可以成为“难忘的旅行”话题的素材，也可以成为“假日生活”的素材。当然，如果结合合理得当的话，也可以成为“童年生活”这一说话题目的素材。现以“难忘的旅行”和“假日生活”为例，示范同一素材用在有关联度的题目中的方法。

“难忘的旅行”话题可主要从旅行的角度入手，介绍旅行的准备、经历和结束等过程，突出其中有趣或有意义的那些令自己难忘的情节。可以谈论旅行中令人感动的故事，也可以说说途中特别的见闻，甚至还可以说一些不愉快的经历，这些都是难忘的原因。

“假日生活”话题可主要突出事情发生的时间是在假日，比如双休日、寒暑假或国庆春节等国家法定节假日。一般来说，假日生活会与平时的生活不太一样，出门旅行是一个非常常见的话题。应试人在讲述在第一段时，只要强调了旅行的时间，后面完全可以套用同一次旅行中发生的精彩故事。使用这样的方法进行命题说话的准备，既符合了故事思维的原则，也与按素材分类的想法完全吻合。

**【参考例文一】**

我选择的说话题目是“难忘的旅行”。人的一生会走很多路，去很多地方，也会拥有很多难忘的记忆，让我最难忘的一段记忆是我的高中毕业旅行。高考一结束，我和我的朋友们就坐着高铁，看着沿途的风景，一起去了成都。

我们先去参观了武侯祠，武侯祠里的绿瓦红墙和竹林很有三国的感觉。我们还发现武侯祠里有一个新景点“桃园”，这里面有三座塑像，最中间的白色塑像是刘备，他左边的红色塑像是关羽，右边的黑色塑像是张飞，这三座塑像用不同颜色来表现三个人的不同性格，让我印象很深刻，一下子就想起了“桃园三结义”的故事，也想起了他们之间深厚的友谊。在参观完武侯祠之后，我们又去了杜甫草堂，里面收集了很多杜甫的诗歌，从这些诗歌中，我们了解了许多关于杜甫的故事，同时也看到了一些后世学者对他的评价。此外，还有一些珍贵的文物让我对那个时代有了更深刻的认识。我们在这里买了许多纪念品，然后去喝了下午茶，一边吃着点心，一边吹着风，看着人来人往的长廊，就这样度过了一个愉快的下午。

说到纪念品，就不得不提一下大熊猫。在成都，大熊猫纪念品随处可见，从各种小饰品到大型玩偶，无一不体现出人们对大熊猫的喜爱。离开杜甫草堂后，我们前往了成都的一大特色景点——大熊猫繁育研究基地。那里的大熊猫们生活得非常舒适，环境优美，绿树成荫。它们的模样十分可爱，黑白相间的毛皮，圆圆的眼睛，让人看了心生欢喜。基地里的大熊猫除了长相讨人喜欢，还有特殊的“职务”——作为“和平大使”被送到其他国家。每当出生在国外的大熊猫要被送回中国时，许多外国朋友都表示不舍。这足以看出，不仅中国人喜欢大熊猫，许多外国人也对它情有独钟。

之后，我们来到繁华的春熙路逛街。这里人流如织，各种商店和小吃摊琳琅满目。同行的几个女生兴高采烈地逛来逛去，最后各自买了一套汉服。她们还穿着汉服与春熙路的标志性大熊猫拍了合照，为这次旅行留下了最难忘的回忆。这些独特的纪念品和经历，无疑成了我们这次成都之行的美好回忆。

这段旅程不仅让我们品尝了成都的美食，还让我们感受到了这座城市的独特魅力。难忘的回忆，将会永远留在我们的心中。

**【参考例文二】**

我选择的说话题目是“假日生活”。假日生活，有时候可以过得很简单，有时也会丰富多彩。在紧张的学习生活中，我总是很期待放假，因为放假就意味着有机会出去玩，记得有一次暑假，我跟好朋友一起约好去成都旅游，这让我记忆犹新。

到了成都，安排好住宿之后，我们先去参观了武侯祠，武侯祠里的绿瓦红墙和竹林很有三国的感觉。我们还发现武侯祠里有一个新景点“桃园”，这里面有三座塑像，最中间的白色塑像是刘备，他左边的红色塑像是关羽，右边的黑色塑像是张飞，这三座塑像用不同颜色来表现三个人的不同性格，让我印象很深刻，一下子就想起了“桃园三结义”的故事，也想起了他们之间深厚的友谊。在参观完武侯祠之后，我们又去了杜甫草堂，里面收集了很多杜甫的诗歌，从这些诗歌中，我们了解了许多关于杜甫的故事，同时也看到了一些后世学者对他的评价。此外，还有一些珍贵的文物让我对那个时代有了更深刻的认识。我们在这里买了许多纪念品，然后去喝了下午茶，一边吃着点心，一边吹着风，看着人来人往的长廊，就这样度过了一个愉快的下午。

说到纪念品，就不得不提一下大熊猫，在成都，大熊猫纪念品随处可见。在离开杜甫草堂之后，我们就去了大熊猫繁育研究基地。我们不得不赞叹，大熊猫的居住环境真的很好，而且他们的表情也很可爱，难怪会被大家做成表情包。大熊猫除了长相讨人喜欢，它还会作为“和平大使”被送到其他国家，据说，在国外出生的大熊猫2至4岁时必须送回中国，当大熊猫要被送回中国时，很多外国朋友都表示不舍，这样看来，不仅中国人喜欢大熊猫，有许多外国人也喜欢大熊猫。后来我们又去了春熙路逛街，各自买了一套汉服，并且还穿着汉服和春熙路的标志性大熊猫拍了合照。成都真不愧为一座历史文化名城，果然没有让我们失望。

这次暑假，让我印象非常深刻，也感受到在读书学习的同时，应该多出去走走，文字告诉我们的，往往没有亲身经历过的那么深刻。走出去的同时也会让我们得到放松，劳逸结合，才能更好地学习。

## 课外链接

普通话测试属于国家级考试，在测试过程中，一定要避免违纪行为。一旦违纪，轻则取消考试资格，重则触犯法律。

**《中华人民共和国刑法》(2015年11月1日起施行)节选**

在法律规定的国家考试中，组织作弊的，处三年以下有期徒刑或者拘役，并处或者单处罚金；情节严重的，处三年以上七年以下有期徒刑，并处罚金。

为他人实施前款犯罪提供作弊器材或者其他帮助的，依照前款的规定处罚。

为实施考试作弊行为，向他人非法出售或者提供第一款规定的考试的试题、答案的，依照第一款的规定处罚。

代替他人或者让他人代替自己参加第一款规定的考试的，处拘役或者管制，并处或者单处罚金。

**《中华人民共和国教育法》(2016年6月1日起施行)节选**

考生在国家教育考试中有下列行为之一的，由组织考试的教育考试机构工作人员在考试现场采取必要措施予以制止并终止其继续参加考试；组织考试的教育考试机构可以取消其相关考试资格或者考试成绩；情节严重的，由教育行政部门责令停止参加相关国家教育考试一年以上三年以下；构成违反治安管理行为的，由公安机关依法给予治安管理处罚；构成犯罪的，依法追究刑事责任：

（一）非法获取考试试题或者答案的；

（二）携带或者使用考试作弊器材、资料的；

（三）抄袭他人答案的；

（四）让他人代替自己参加考试的；

（五）其他以不正当手段获得考试成绩的作弊行为。

在普通话测试中，如果出现违纪情况，将立即取消考试资格。情节严重的应试人将被记录在国家普通话水平测试违纪人员档案中，并通报其就读学校或所在单位。此外，严重违纪者还可能面临禁考两年的处罚。

在普通话水平测试中，使用了多种权威的防作弊手段。考试过程中，利用人脸识别等生物识别技术进行身份验证，以确保每位考生的身份真实可靠。在考试结束后，采用声纹分析等高级技术手段对考试数据进行严格的审核和比对，以杜绝任何违纪舞弊行为的发生。这些措施的实施，旨在确保考试的公正性和公平性，保障每一位考生的权益和利益。

应试人尤其要注意，下列情况都将被视作违纪：

1. 在测试过程中使用任意电子设备，包括手机、相机、耳机、智能手表等；

2. 在测试过程中拿出纸和笔做记录；

3. 在测试过程中拿出资料（不管是否与考试内容相关）；

4. 在测试过程中用手机拍摄试题，这种行为不仅本身属于严重违纪，而且如若造成泄密，应试人将会进一步被追究责任。

## 思考与实训

1. 普通话水平测试的目的有哪些？请详细说明普通话水平测试对学习者和普通话推广的重要性。

2. 普通话水平测试的四部分分别是什么？请简要描述每个题目的内容和考查目的。

3. 请举例说明如何在普通话水平测试中正确处理各个题目的时间限制和答题要求？

4. 在准备普通话水平测试时，如何针对每个题目进行有效的练习和复习？请提供一些建议。

5. 普通话水平测试对社会和文化交流有什么作用？请探讨普通话水平测试在促进语言统一和交流中的价值。

6. 读单音节字词，注意声韵调的发音。

夏 丑 仆 三 腔 推 钝 眸 厮 烜
菌 火 穹 掌 馍 癞 葛 裁 锻 舌
嗯 筏 彼 风 稀 疮 掠 雅 仄 媚
溜 赤 廷 述 窝 就 郑 林 箬 胚
冲 棍 狂 耳 谢 穗 瞟 鸣 考 帅
匾 痣 救 凿 女 犷 拨 盏 精 娶
供 热 汤 倪 猛 捐 阔 群 鸟 钻
槐 叮 娃 蕊 鬓 汹 缔 幻 貂 填
芬 傲 浮 潜 棕 澜 黑 慎 截 茨
耕 岳 须 舞 蹿 蛹 憋 喷 轰 羊

7. 读多音节词语,注意变调、轻声和儿化的发音。

阐明 行当 铭文 半道儿 坐票 共通 从众
突飞 苍蝇 虐待 日裔 单船 饭盒儿 牛仔裤
演义 雄威 运用 轻蔑 打杂儿 家眷 热闹
奥妙 观海 另外 明白 算盘 开创 转变
夸张 人影儿 其次 搜刮 悄声 迅速 说法
月份 坚决 破坏 饿殍 佛像 所有 珍贵
恰好 拖拉机 框子 测量 投票 川流不息

# 附录1 中华人民共和国国家通用语言文字法

（2000年10月31日第九届全国人民代表大会常务委员会第十八次会议通过）

## 第一章 总 则

第一条 为推动国家通用语言文字的规范化、标准化及其健康发展，使国家通用语言文字在社会生活中更好地发挥作用，促进各民族、各地区经济文化交流，根据宪法，制定本法。

第二条 本法所称的国家通用语言文字是普通话和规范汉字。

第三条 国家推广普通话，推行规范汉字。

第四条 公民有学习和使用国家通用语言文字的权利。国家为公民学习和使用国家通用语言文字提供条件。地方各级人民政府及其有关部门应当采取措施，推广普通话和推行规范汉字。

第五条 国家通用语言文字的使用应当有利于维护国家主权和民族尊严，有利于国家统一和民族团结，有利于社会主义物质文明建设和精神文明建设。

第六条 国家颁布国家通用语言文字的规范和标准，管理国家通用语言文字的社会应用，支持国家通用语言文字的教学和科学研究，促进国家通用语言文字的规范、丰富和发展。

第七条 国家奖励为国家通用语言文字事业做出突出贡献的组织和个人。

第八条 各民族都有使用和发展自己的语言文字的自由。少数民族语言文字的使用依据宪法、民族区域自治法及其他法律的有关规定。

## 第二章 国家通用语言文字的使用

第九条 国家机关以普通话和规范汉字为公务用语用字。法律另有规定的除外。

第十条 学校及其他教育机构以普通话和规范汉字为基本的教育教学用语用字。法律另有规定的除外。学校及其他教育机构通过汉语文课程教授普通话和规范汉字。使用的汉语文教材，应当符合国家通用语言文字的规范和标准。

第十一条 汉语文出版物应当符合国家通用语言文字的规范和标准。汉语文出版物中需要使用外国语言文字的，应当用国家通用语言文字作必要的注释。

第十二条 广播电台、电视台以普通话为基本的播音用语。需要使用外国语言为播音用语的，须经国务院广播电视部门批准。

第十三条 公共服务行业以规范汉字为基本的服务用字。因公共服务需要，招牌、广告、告示、标志牌等使用外国文字并同时使用中文的，应当使用规范汉字。提倡公共服务行业以普通话为服务用语。

第十四条　下列情形，应当以国家通用语言文字为基本的用语用字：

（一）广播、电影、电视用语用字；

（二）公共场所的设施用字；

（三）招牌、广告用字；

（四）企业事业组织名称；

（五）在境内销售的商品的包装、说明。

第十五条　信息处理和信息技术产品中使用的国家通用语言文字应当符合国家的规范和标准。

第十六条　本章有关规定中，有下列情形的，可以使用方言：

（一）国家机关的工作人员执行公务时确需使用的；

（二）经国务院广播电视部门或省级广播电视部门批准的播音用语；

（三）戏曲、影视等艺术形式中需要使用的；

（四）出版、教学、研究中确需使用的。

第十七条　本章有关规定中，有下列情形的，可以保留或使用繁体字、异体字：

（一）文物古迹；

（二）姓氏中的异体字；

（三）书法、篆刻等艺术作品；

（四）题词和招牌的手书字；

（五）出版、教学、研究中需要使用的；

（六）经国务院有关部门批准的特殊情况。

第十八条　国家通用语言文字以《汉语拼音方案》作为拼写和注音工具。《汉语拼音方案》是中国人名、地名和中文文献罗马字母拼写法的统一规范，并用于汉字不便或不能使用的领域。初等教育应当进行汉语拼音教学。

第十九条　凡以普通话作为工作语言的岗位，其工作人员应当具备说普通话的能力。

以普通话作为工作语言的播音员、节目主持人和影视话剧演员、教师、国家机关工作人员的普通话水平，应当分别达到国家规定的等级标准；对尚未达到国家规定的普通话等级标准的，分别情况进行培训。

第二十条　对外汉语教学应当教授普通话和规范汉字。

## 第三章　管理和监督

第二十一条　国家通用语言文字工作由国务院语言文字工作部门负责规划指导、管理监督。国务院有关部门管理本系统的国家通用语言文字的使用。

第二十二条　地方语言文字工作部门和其他有关部门，管理和监督本行政区域内的国家通用语言文字的使用。

第二十三条　县级以上各级人民政府工商行政管理部门依法对企业名称、商品名称以及广告的用语用字进行管理和监督。

第二十四条　国务院语言文字工作部门颁布普通话水平测试等级标准。

第二十五条　外国人名、地名等专有名词和科学技术术语译成国家通用语言文字，由国务院语言文字工作部门或者其他有关部门组织审定。

第二十六条　违反本法第二章有关规定，不按照国家通用语言文字的规范和标准使用语言文字的，公民可以提出批评和建议。

本法第十九条第二款规定的人员用语违反本法第二章有关规定的，有关单位应当对直接责任人员进行批评教育；拒不改正的，由有关单位作出处理。

城市公共场所的设施和招牌、广告用字违反本法第二章有关规定的，由有关行政管理部门责令改正；拒不改正的，予以警告，并督促其限期改正。

第二十七条　违反本法规定，干涉他人学习和使用国家通用语言文字的，由有关行政管理部门责令限期改正，并予以警告。

## 第四章　附　　则

第二十八条　本法自2001年1月1日起施行。

# 附录 2　普通话水平测试规程

为有效保障普通话水平测试实施，保证普通话水平测试的公正性、科学性、权威性和严肃性，依据《普通话水平测试管理规定》（教育部令第 51 号），制定本规程。

## 第一章　统 筹 管 理

第一条　国务院语言文字工作部门设立或指定的国家测试机构负责全国测试工作的组织实施和质量监管。

省级语言文字工作部门设立或指定的省级测试机构负责本行政区域内测试工作的组织实施和质量监管。

第二条　省级测试机构应于每年 10 月底前明确本行政区域内下一年度测试计划总量及实施安排。

省级测试机构应按季度或月份制订测试计划安排，并于测试开始报名前 10 个工作日向社会公布。

第三条　省级测试机构应于每年 1 月底前向国家测试机构和省级语言文字工作部门报送上一年度测试工作总结。国家测试机构应于每年 2 月底前向国务院语言文字工作部门报送全国测试工作情况。

## 第二章　测 试 站 点

第四条　省级测试机构在省级语言文字工作部门领导下负责设置测试站点。测试站点的设立要充分考虑社会需求，合理布局，满足实施测试所需人员、场地及设施设备等条件。测试站点建设要求由国家测试机构另行制定。

测试站点不得设立在社会培训机构、中介机构或其他营利性机构或组织。

第五条　省级测试机构应将测试站点设置情况报省级语言文字工作部门，并报国家测试机构备案。本规程发布后新设立或撤销的测试站点，须在设立或撤销的 1 个月内报国家测试机构备案。

第六条　在国务院语言文字工作部门的指导下，国家测试机构可根据工作需要设立测试站点。

第七条　测试站点设立和撤销信息应及时向社会公开。

## 第三章 考场设置

第八条 测试站点负责安排考场，考场应配备管理人员、测试员、技术人员以及其他考务人员。

第九条 考场应设有候测室和测试室，总体要求布局合理、整洁肃静、标识清晰，严格落实防疫、防传染病要求，做好通风消毒等预防性工作，加强考点卫生安全保障。

候测室供应试人报到、采集信息、等候测试。候测室需张贴或播放应试须知、测试流程等。

测试室每个机位应为封闭的独立空间，每次只允许 1 人应试；暂时不具备条件需利用教室或其他共用空间开展测试的，各测试机位间隔应不少于 1.8 米。

第十条 普通话水平测试采用计算机辅助测试（简称机辅测试）。用于测试的计算机应安装全国统一的测试系统，并配备话筒、耳机、摄像头等必要的设施设备。

经国家测试机构同意，特殊情况下可采用人工测试并配备相应设施设备。

## 第四章 报名办法

第十一条 参加测试的人员通过官方平台在线报名。测试站点暂时无法提供网上报名服务的，报名人员可持有效身份证件原件在测试站点现场报名。

第十二条 非首次报名参加测试人员，须在最近一次测试成绩发布之后方可再次报名。

## 第五章 测试试卷

第十三条 测试试卷由国家测试机构统一编制和提供，各级测试机构和测试站点不得擅自更改、调换试卷内容。

第十四条 测试试卷由测试系统随机分配，应避免短期内集中重复使用。

第十五条 测试试卷仅限测试时使用，属于工作秘密，测试站点须按照国家有关工作秘密相关要求做好试卷保管工作，任何人不得泄露或外传。

## 第六章 测试流程

第十六条 应试人应持准考证和有效身份证件原件按时到指定考场报到。迟到 30 分钟以上者，原则上应取消当次测试资格。

第十七条 测试站点应认真核对确认应试人报名信息。因应试人个人原因导致信息不一致的，取消当次测试资格。

第十八条 应试人报到后应服从现场考务人员安排。进入测试室时，不得携带手机等各类具有无线通讯、拍摄、录音、查询等功能的设备，不得携带任何参考资料。

第十九条 测试过程应全程录像。暂不具备条件的，应采集应试人在测试开始、测试进行、测试结束等不同时段的照片或视频，并保存不少于 3 个月。

第二十条 测试结束后，经考务人员确认无异常情况，应试人方可离开。

## 第七章　成 绩 评 定

第二十一条　测试成绩评定的基本依据是《普通话水平测试大纲》和《计算机辅助普通话水平测试评分试行办法》。

第二十二条　“读单音节字词”“读多音节词语”“朗读短文”测试项由测试系统评分。

“选择判断”和“命题说话”，由 2 位测试员评分；或报国家测试机构同意后试行测试系统加 1 位测试员评分。

测试最终成绩保留小数点后 1 位小数。

第二十三条　测试成绩由省级测试机构或国家测试机构认定发布。

测试成绩在一级乙等及以下的，由省级测试机构认定，具体实施办法由国家测试机构另行规定。

测试成绩达到一级甲等的，由省级测试机构复审后提交国家测试机构认定。

未经认定的成绩不得对外发布。

第二十四条　一级乙等及以下的成绩认定原则上在当次测试结束后 30 个工作日内完成。一级甲等的成绩认定顺延 15 个工作日。

第二十五条　应试人对测试成绩有异议的，可以在测试成绩发布后 15 个工作日内向其参加测试的站点提出复核申请。具体按照《普通话水平测试成绩申请复核暂行办法》执行。

## 第八章　等 级 证 书

第二十六条　等级证书的管理按照《普通话水平测试等级证书管理办法》执行。

第二十七条　符合更补证书条件的，按以下程序办理证书更补：

（一）应试人向其参加测试的站点提交书面申请以及本人有效身份证复印件、等级证书原件或国家政务服务平台的查询结果等相关材料。

（二）省级语言文字工作部门或省级测试机构每月底审核汇总更补申请，加盖公章后提交国家测试机构。国家测试机构自受理之日起 15 个工作日内予以更补。

（三）纸质证书更补时效为自成绩发布之日起 1 年内，逾期不予受理。

第二十八条　应试人应及时领取纸质证书。自成绩发布之日起 1 年后未领取的纸质证书，由测试机构按照内部资料予以清理销毁。

## 第九章　数 据 档 案

第二十九条　测试数据档案包括测试数据和工作档案。

第三十条　测试数据包括报名信息、成绩信息、测试录音、测试试卷、现场采集的应试人照片等电子档案。测试数据通过测试系统归档，长期保存。调取和使用已归档保存的测试数据，需经省级测试机构或国家测试机构同意。

第三十一条　数据档案管理者及使用人员应采取数据分类、重要数据备份和加密等措施，维护数据档案的完整性、保密性和可用性，防止数据档案泄露或者被盗窃、篡改。

第三十二条　测试工作档案包括测试计划和工作总结、考场现场情况记录、证书签收单据、成绩复核资料等，由各级测试机构和测试站点自行妥善保管，不得擅自公开或外传。

## 第十章　监 督 检 查

第三十三条　国家测试机构对各级测试机构和测试站点进行业务指导、监督、检查。省级测试机构对省级以下测试机构和测试站点进行管理、监督、检查。

第三十四条　监督检查的范围主要包括计划完成情况、测试实施流程、试卷管理、成绩评定、证书管理、数据档案管理等。监督检查可采用现场视导、查阅资料、测试录音复审、测试数据分析等方式。

## 第十一章　违 规 处 理

第三十五条　未按要求开展工作的测试机构和测试工作人员，按照《普通话水平测试管理规定》（教育部令第51号）有关规定处理。省级测试机构须在处理完成后10个工作日内将相关情况报省级语言文字工作部门，并报国家测试机构备案。

第三十六条　受到警告处理的测试站点，应在1个月内完成整改，经主管的语言文字工作部门验收合格后可撤销警告。再次受到警告处理的，暂停测试资格。

第三十七条　受到暂停测试资格处理的测试站点，应在3个月内完成整改，经主管的语言文字工作部门验收合格后方可重新开展测试。再次受到暂停测试资格处理的，永久取消其测试资格。

第三十八条　非不可抗拒的因素连续2年不开展测试业务的测试站点由省级测试机构予以撤销。

第三十九条　测试现场发现替考、违规携带设备、扰乱考场秩序等行为的，取消应试人当次测试资格。公布成绩后被认定为替考的，取消其当次测试成绩，已发放的证书予以作废，并记入全国普通话水平测试违纪人员档案，视情况通报应试人就读学校或所在单位。

## 第十二章　附　　则

第四十条　省级测试机构可根据实际情况在省级语言文字工作部门指导下制定实施细则，并报国家测试机构备案。

第四十一条　视障、听障人员参加测试的，按照专门办法组织实施。

第四十二条　如遇特殊情况，确有必要对常规测试流程做出适当调整的，由省级语言文字工作部门报国务院语言文字工作部门批准后实施。

第四十三条　本规程自2023年4月1日起施行。2003年印发的《普通话水平测试规程》和2008年印发的《计算机辅助普通话水平测试操作规程（试行）》同时废止。

# 附录 3　普通话异读词审音表(修订稿)

(2016 年 5 月)

## 说　　明

一、本表为《普通话异读词审音表》(1985 年)的修订版。

二、本表条目按照异读音节的音序排列。

三、审音以异读词(包括单音节词和多音节词)为对象。例如：名物义“瓦”没有异读，动作义存在 wǎ、wà 两读，本表只对动作义“瓦”的读音进行审订。“装订”有 zhuāng dīng 和 zhuāng dìng 两读，是审音对象；“订单、预订”等词没有异读，不审。

四、不审订是否轻声、是否儿化，原表涉及轻声、儿化的条目除外。

五、不审订人名、地名等专有名词的读音，原表涉及人名、地名的条目除外。

六、条目后注明“统读”的，表示涉及此字的所有词语均读此音。例如：熏 xūn(统读)，表示“熏香、烟熏、熏陶、煤气熏着了”等中的“熏”都读 xūn。

七、有些条目涉及文白异读，本表以“文”和“语”作注。前者一般用于书面语，后者一般用于口语。这种情况在必要时各举词例。例如：剥 bō(文)，bāo(语)，表示在“剥削”等书面复合词中读 bō，在“剥皮儿”等口语单用时读 bāo。

八、有些异读涉及词义区别，酌加简单说明，以便读者分辨。例如：泊(一) bó 停留、平静：停泊、泊车、淡泊、飘泊；(二) pō 湖泊义：湖泊、血泊。

九、个别条目中的“旧读”“口语也读”等括注，表示在推荐读音之外读古书或口语等特定范围内实际存在的常见读音。

十、此次修订基于以下原则：

1. 以北京语音系统为审音依据。

2. 充分考虑北京语音发展趋势，同时适当参考在官话及其他方言区中的通行程度。

3. 以往审音确定的为普通话使用者广泛接受的读音，保持稳定。

4. 尽量减少没有别义作用或语体差异的异读。

5. 在历史理据和现状调查都不足以硬性划一的情况下暂时保留异读并提出推荐读音。

注：“新审订”栏目空表示不作更改。

| 原 审 音 表 | 新 审 订 |
|---|---|
| A | |
| 阿(一) ā<br>～訇　～罗汉　～木林　～姨<br>(二) ē<br>～谀　～附　～胶　～弥陀佛 | |
| 挨(一) āi<br>～个　～近<br>(二) ái<br>～打　～说 | |
| 癌 ái(统读) | |
| 霭 ǎi(统读) | |
| 蔼 ǎi(统读) | |
| 隘 ài(统读) | |
| 谙 ān(统读) | |
| 埯 ǎn(统读) | |
| 昂 áng(统读) | |
| 凹 āo(统读) | |
| 拗(一) ào<br>～口<br>(二) niù<br>执～　脾气很～ | |
| 坳 ào(统读) | |
| B | |
| 拔 bá(统读) | |
| 把 bà<br>印～子 | |
| 白 bái(统读) | |
| | 拜 bái<br>～～(再见;分手) |
| 膀 bǎng<br>翅～ | |

续 表

| 原审音表 | 新审订 |
| --- | --- |
| 蚌(一) bàng<br>　蛤～<br>(二) bèng<br>　～埠 | |
| 傍 bàng(统读) | |
| 磅 bàng<br>　过～ | |
| 龅 bāo(统读) | |
| 胞 bāo(统读) | |
| 薄(一) báo(语)<br>　常单用,如"纸很～"。<br>(二) bó(文)<br>　多用于复音词。<br>　～弱　稀～　淡～　尖嘴～舌　单～　厚～ | 薄(一) báo(语)<br>　常单用,如"纸很～　厚～不均"。<br>(二) bó(文)<br>　多用于复音词。<br>　～弱　稀～　淡～　尖嘴～舌　单～　厚～ |
| 堡(一) bǎo<br>　碉～　～垒<br>(二) bǔ<br>　～子　吴～　瓦窑～　柴沟～<br>(三) pù<br>　十里～ | |
| 暴(一) bào<br>　～露<br>(二) pù<br>　一～(曝)十寒 | |
| 爆 bào(统读) | |
| 焙 bèi(统读) | |
| 惫 bèi(统读) | |
| 背 bèi<br>　～脊　～静 | |
| 鄙 bǐ(统读) | |
| 俾 bǐ(统读) | |
| 笔 bǐ(统读) | |
| 比 bǐ(统读) | |

续 表

| 原审音表 | 新审订 |
|---|---|
| 臂(一) bì<br>手～ ～膀<br>(二) bei<br>胳～ | |
| 庇 bì(统读) | |
| 髀 bì(统读) | |
| 避 bì(统读) | |
| 辟 bì<br>复～ | |
| 裨 bì<br>～补 ～益 | |
| 婢 bì(统读) | |
| 痹 bì(统读) | |
| 壁 bì(统读) | |
| 蝙 biān(统读) | |
| 遍 biàn(统读) | |
| 骠(一) biāo<br>黄～马<br>(二) piào<br>～骑 ～勇 | |
| 傧 bīn(统读) | |
| 缤 bīn(统读) | |
| 濒 bīn(统读) | |
| 髌 bìn(统读) | |
| 屏(一) bǐng<br>～除 ～弃 ～气 ～息<br>(二) píng<br>～藩 ～风 | |
| 柄 bǐng(统读) | |
| 波 bō(统读) | |
| 播 bō(统读) | |

续　表

<table>
<tr><th>原审音表</th><th>新审订</th></tr>
<tr><td>菠 bō(统读)</td><td></td></tr>
<tr><td>剥(一) bō(文)<br>　～削<br>(二) bāo(语)</td><td></td></tr>
<tr><td>泊(一) bó<br>　淡～　飘～<br>(二) pō<br>　湖～　血～</td><td>泊(一) bó(停留、平静)<br>　停～　～车　淡～　飘～<br>(二) pō<br>　湖～　血～</td></tr>
<tr><td>帛 bó(统读)</td><td></td></tr>
<tr><td>勃 bó(统读)</td><td></td></tr>
<tr><td>钹 bó(统读)</td><td></td></tr>
<tr><td>伯(一) bó<br>　～～(bo)　老～<br>(二) bǎi<br>　大～子(丈夫的哥哥)</td><td>伯(一) bó<br>　～～(bo)　老～<br>(二) bāi<br>　大～子(丈夫的哥哥)</td></tr>
<tr><td>箔 bó(统读)</td><td></td></tr>
<tr><td>簸(一) bǒ<br>　颠～<br>(二) bò<br>　～箕</td><td></td></tr>
<tr><td>膊 bo<br>胳～</td><td></td></tr>
<tr><td>卜 bo<br>　萝～</td><td></td></tr>
<tr><td>醭 bú(统读)</td><td></td></tr>
<tr><td>哺 bǔ(统读)</td><td></td></tr>
<tr><td>捕 bǔ(统读)</td><td></td></tr>
<tr><td>鵏 bǔ(统读)</td><td></td></tr>
<tr><td>埠 bù(统读)</td><td></td></tr>
<tr><td>C</td><td></td></tr>
<tr><td>残 cán(统读)</td><td></td></tr>
<tr><td>惭 cán(统读)</td><td></td></tr>
</table>

续表

| 原审音表 | 新审订 |
| --- | --- |
| 灿 càn(统读) | |
| 藏(一) cáng<br>矿～<br>(二) zàng<br>宝～ | 藏(一) cáng<br>矿～　库～(丰富)<br>(二) zàng<br>宝～　大～经 |
| 糙 cāo(统读) | |
| 嘈 cáo(统读) | |
| 螬 cáo(统读) | |
| 厕 cè(统读) | |
| 岑 cén(统读) | |
| 差(一) chā(文)<br>不～累黍　不～什么　偏～　色～　～别　视～　误～　电势～　一念之～　～池　～错　言～语错　一～二错　阴错阳～　～等　～额　～价　～强人意　～数　～异<br>(二) chà(语)<br>～不多　～不离　～点儿<br>(三) cī<br>参～ | 差(一) chā(文)<br>不～累黍　偏～　色～　～别　视～　误～　电势～　一念之～　～池　～错　言～语错　一～二错　阴错阳～　～等　～额　～价　～强人意　～数　～异<br>(二) chà(语)<br>不～什么　～不多　～不离　～点儿<br>(三) cī<br>参～ |
| 猹 chá(统读) | |
| 搽 chá(统读) | |
| 阐 chǎn(统读) | |
| 羼 chàn(统读) | |
| 颤(一) chàn<br>～动　发～<br>(二) zhàn<br>～栗(战栗)　打～(打战) | 颤(一) chàn(统读)<br>(战栗、打战不写作颤) |
| 韂 chàn(统读) | |
| 伥 chāng(统读) | |
| 场(一) chǎng<br>～合　～所　冷～　捧～<br>(二) cháng<br>外～　圩～　～院　一～雨<br>(三) chang<br>排～ | 场(一) chǎng<br>～合　～所　冷～　捧～外～　圩～　一～大雨<br>(二) cháng<br>～院<br>(三) chang<br>排～ |

续　表

| 原审音表 | 新审订 |
| --- | --- |
| 钞 chāo(统读) | |
| 巢 cháo(统读) | |
| 嘲 cháo<br>～讽　～骂　～笑 | |
| 耖 chào(统读) | |
| 车(一) chē<br>安步当～　杯水～薪　闭门造～　螳臂当～<br>(二) jū<br>(象棋棋子名称) | |
| 晨 chén(统读) | |
| 称 chèn<br>～心　～意　～职　对～　相～ | |
| 撑 chēng(统读) | |
| 乘(动作义,念 chéng)<br>包～制　～便　～风破浪　～客　～势<br>～兴 | 乘(一) chéng(动作义)<br>包～制　～便　～风破浪　～客　～势<br>～兴<br>(佛教术语)大～　小～　上～<br>(二) shèng(名物义)<br>千～之国 |
| 橙 chéng(统读) | |
| 惩 chéng(统读) | |
| 澄(一) chéng(文)<br>～清(如"～清混乱"、"～清问题")[①]<br>(二) dèng(语)<br>单用,如"把水～清了"。澄沙 | |
| 痴 chī(统读) | |
| 吃 chī(统读) | |
| 弛 chí(统读) | |
| 褫 chǐ(统读) | |
| 尺 chǐ<br>～寸　～头 | |
| 豉 chǐ(统读) | |

① 表中标点保留原表使用方式,不作更改。

续　表

| 原审音表 | 新审订 |
|---|---|
| 侈 chǐ(统读) | |
| 炽 chì(统读) | |
| 舂 chōng(统读) | |
| 冲 chòng<br>　～床　～模 | |
| 臭(一) chòu<br>　遗～万年<br>(二) xiù<br>　乳～　铜～ | |
| 储 chǔ(统读) | |
| 处 chǔ　(动作义)<br>　～罚　～分　～决　～理　～女　～置 | |
| 畜(一) chù(名物义)<br>　～力　家～　牲～　幼～<br>(二) xù(动作义)<br>　～产　～牧　～养 | 畜(一) chù(名物义)<br>　～力　家～　牲～　幼～　～类<br>(二) xù(动作义)<br>　～产　～牧　～养 |
| 触 chù(统读) | |
| 搐 chù(统读) | |
| 绌 chù(统读) | |
| 黜 chù(统读) | |
| 闯 chuǎng(统读) | |
| 创(一) chuàng<br>　草～　～举　首～　～造　～作<br>(二) chuāng<br>　～伤　重～ | |
| 绰(一) chuò<br>　～～有余<br>(二) chuo<br>　宽～ | |
| 疵 cī(统读) | |
| 雌 cí(统读) | |
| 赐 cì(统读) | |
| 伺 cì<br>　～候 | |

续　表

| 原审音表 | 新审订 |
|---|---|
| 枞(一) cōng<br>　～树<br>(二) zōng<br>　～阳〔地名〕 | |
| 从 cóng(统读) | |
| 丛 cóng(统读) | |
| 攒 cuán<br>　万头～动　万箭～心 | |
| 脆 cuì(统读) | |
| 撮(一) cuō<br>　～儿　一～儿盐　一～儿匪帮<br>(二) zuǒ<br>　一～儿毛 | |
| 措 cuò(统读) | |
| D | |
| 搭 dā(统读) | |
| 答(一) dá<br>　报～　～复<br>(二) dā<br>　～理　～应 | |
| 打 dá<br>苏～　一～(十二个) | |
| 大(一) dà<br>　～夫(古官名)　～王(如爆破～王、钢铁～王)<br>(二) dài<br>　～夫(医生)　～黄　～王(如山～王)<br>　～城〔地名〕 | 大(一) dà<br>　～夫(古官名)　～王(如爆破～王、钢铁～王)<br>　～黄<br>(二) dài<br>　～夫(医生)　～王(如山～王) |
| 呆 dāi(统读) | |
| 傣 dǎi(统读) | |
| 逮(一) dài(文)如“～捕”。<br>(二) dǎi(语)单用，<br>如“～蚊子”、“～特务”。 | |
| 当(一) dāng<br>　～地　～间儿　～年(指过去)　～日(指过去)<br>　～天(指过去)　～时(指过去)<br>(二) dàng<br>　一个～俩　安步～车　适～　～年(同一年)<br>　～日(同一时候)　～天(同一天) | 当(一) dāng<br>　～地　～间儿　～年(指过去)　～日(指过去)<br>　～天(指过去)　～时(指过去)<br>(二) dàng<br>　一个～俩　安步～车　适～　勾～　～年(同一年)　～日(同一时候)　～天(同一天) |

续　表

| 原审音表 | 新审订 |
|---|---|
| 档 dàng(统读) | |
| 蹈 dǎo(统读) | |
| 导 dǎo(统读) | |
| 倒(一) dǎo<br>颠～　颠～是非　颠～黑白　颠三～四<br>倾箱～箧　排山～海　～板　～嚼　～仓<br>～嗓　～戈　潦～<br>(二) dào<br>～粪(把粪弄碎) | 倒(一) dǎo<br>颠～　颠～是非　颠～黑白　颠三～四<br>倾箱～箧　排山～海　～板　～嚼　～仓<br>～嗓　～戈　潦～<br>(二) dào<br>～粪(翻动粪肥) |
| 悼 dào(统读) | |
| 纛 dào(统读) | |
| 凳 dèng(统读) | |
| 羝 dī(统读) | |
| 氐 dī〔古民族名〕 | |
| 堤 dī(统读) | |
| 提 dī<br>～防 | |
| 的 dí<br>～当　～确 | 的(一) dī<br>打～<br>(二) dí<br>～当　～确 |
| 抵 dǐ(统读) | |
| 蒂 dì(统读) | |
| 缔 dì(统读) | |
| 谛 dì(统读) | |
| 跌 diē(统读) | |
| 蝶 dié(统读) | |
| 订 dìng(统读) | |
| 都(一) dōu<br>～来了<br>(二) dū<br>～市　首～　大～(大多) | |

续 表

| 原审音表 | 新审订 |
|---|---|
| 堆 duī(统读) | |
| 吨 dūn(统读) | |
| 盾 dùn(统读) | |
| 多 duō(统读) | |
| 咄 duō(统读) | |
| 掇(一) duō(“拾取、采取”义)<br>(二) duo<br>撺～ 掂～ | |
| 裰 duō(统读) | |
| 踱 duó(统读) | |
| 度 duó<br>忖～ ～德量力 | |
| E | |
| 婀 ē(统读) | |
| F | |
| 伐 fá(统读) | |
| 阀 fá(统读) | |
| 砝 fǎ(统读) | |
| 法 fǎ(统读) | |
| 发 fà<br>理～ 脱～ 结～ | |
| 帆 fān(统读) | |
| 藩 fān(统读) | |
| 梵 fàn(统读) | |
| 坊(一) fāng<br>牌～ ～巷<br>(二) fáng<br>粉～ 磨～ 碾～ 染～ 油～ 谷～ | |
| 妨 fáng(统读) | |
| 防 fáng(统读) | |

续　表

| 原审音表 | 新审订 |
| --- | --- |
| 肪 fáng(统读) | |
| 沸 fèi(统读) | |
| 汾 fén(统读) | |
| 讽 fěng(统读) | |
| 肤 fū(统读) | |
| 敷 fū(统读) | |
| 俘 fú(统读) | |
| 浮 fú(统读) | |
| 服 fú<br>～毒　～药 | |
| 拂 fú(统读) | |
| 辐 fú(统读) | |
| 幅 fú(统读) | |
| 甫 fǔ(统读) | |
| 复 fù(统读) | |
| 缚 fù(统读) | |
| G | |
| 噶 gá(统读) | |
| 冈 gāng(统读) | |
| 刚 gāng(统读) | |
| 岗 gǎng<br>～楼　～哨　～子　门～　站～　山～子 | |
| 港 gǎng(统读) | |
| 葛(一) gé<br>～藤　～布　瓜～<br>(二) gě〔姓〕(包括单、复姓) | 葛 gě〔统读〕 |
| 隔 gé(统读) | |
| 革 gé<br>～命　～新　改～ | |

续　表

| 原审音表 | 新审订 |
| --- | --- |
| 合 gě(一升的十分之一) | |
| 给(一) gěi(语)单用。<br>(二) jǐ(文)<br>补～　供～　供～制　～予　配～　自～自足 | |
| 亘 gèn(统读) | |
| 更 gēng<br>五～　～生 | |
| 供(一) gōng<br>～给　提～　～销<br>(二) gòng<br>口～　翻～　上～ | |
| 佝 gōu(统读) | |
| 枸 gǒu<br>～杞 | |
| 勾 gòu<br>～当 | |
| 估(除"～衣"读 gù 外,都读 gū) | |
| 骨(除"～碌"、"～朵"读 gū 外,都读 gǔ) | |
| 谷 gǔ<br>～雨 | |
| 锢 gù(统读) | |
| 冠(一) guān(名物义)<br>～心病<br>(二) guàn(动作义)<br>沐猴而～　～军 | |
| 犷 guǎng(统读) | |
| 庋 guǐ(统读) | |
| | 匮 guì(同"柜")<br>石室金～　《金～要略》 |
| 桧<br>(一) guì[树名]<br>(二) huì[人名]"秦～"。 | |
| 刽 guì(统读) | |

续　表

| 原审音表 | 新审订 |
| --- | --- |
| 聒 guō(统读) | |
| 蝈 guō(统读) | |
| 过(除姓氏读 guō 外,都读 guò) | |
| H | |
| 虾 há<br>　～蟆 | |
| 哈(一) hǎ<br>　～达<br>(二) hà<br>　～什蚂 | 哈 hā(除姓氏和“哈达”的“哈”读 hǎ 外,都读 hā) |
| 汗 hán<br>　可～ | |
| 巷 hàng<br>　～道 | |
| 号 háo<br>寒～虫 | |
| 和(一) hè<br>　唱～　附～　曲高～寡<br>(二) huo<br>　搀～　搅～　暖～　热～　软～ | 和(一) hè<br>　唱～　附～　曲高～寡<br>(二) huo<br>　掺～　搅～　暖～　热～　软～ |
| 貉(一) hé(文)<br>　一丘之～<br>(二) háo(语)<br>　～绒　～子 | |
| 壑 hè(统读) | |
| 褐 hè(统读) | |
| 喝 hè<br>　～采　～道　～令　～止　呼幺～六 | |
| 鹤 hè(统读) | |
| 黑 hēi(统读) | |
| 亨 hēng(统读) | |
| 横(一) héng<br>　～肉　～行霸道<br>(二) hèng<br>　蛮～　～财 | |

续　表

| 原审音表 | 新审订 |
| --- | --- |
| 訇 hōng(统读) | |
| 虹(一) hóng(文)<br>～彩　～吸<br>(二) jiàng(语)单说。 | 虹 hóng(统读)<br>(口语单说也读 jiàng) |
| 讧 hòng(统读) | |
| 囫 hú(统读) | |
| 瑚 hú(统读) | |
| 蝴 hú(统读) | |
| 桦 huà(统读) | |
| 徊 huái(统读) | |
| 踝 huái(统读) | |
| 浣 huàn(统读) | |
| 黄 huáng(统读) | |
| 荒 huang<br>饥～(指经济困难) | |
| 诲 huì(统读) | |
| 贿 huì(统读) | |
| 会 huì<br>一～儿　多～儿　～厌(生理名词) | |
| 混 hùn<br>～合　～乱　～凝土　～淆　～血儿　～杂 | |
| 蠖 huò(统读) | |
| 霍 huò(统读) | |
| 豁 huò<br>～亮 | |
| 获 huò(统读) | |
| J | |
| 羁 jī(统读) | |
| 击 jī(统读) | |
| 奇 jī<br>～数 | |

续　表

| 原审音表 | 新审订 |
|---|---|
| 芨 jī(统读) | |
| 缉　(一) jī<br>通～　侦～<br>(二) qī<br>～鞋口 | |
| 几 jī<br>茶～　条～ | 几 jī<br>茶～　条～　～乎 |
| 圾 jī(统读) | |
| 戢 jí(统读) | |
| 疾 jí(统读) | |
| 汲 jí(统续) | |
| 棘 jí(统读) | |
| 藉 jí<br>狼～(籍) | |
| 嫉 jí(统读) | |
| 脊 jǐ(统读) | |
| 纪(一) jǐ〔姓〕<br>(二) jì | 统读 jì<br>(纪姓旧读 jǐ) |
| 偈 jì<br>～语 | |
| 绩 jì(统读) | |
| 迹 jì(统读) | |
| 寂 jì(统读) | |
| 箕 ji<br>簸～ | |
| 辑 ji<br>逻～ | |
| 茄 jiā<br>雪～ | |
| 夹 jiā<br>～带藏掖　～道儿　～攻　～棍　～生<br>～杂　～竹桃　～注 | 夹 jiā<br>(除夹层、双层义读 jiá,如"～袄　～衣",其余义读 jiā) |
| 浃 jiā(统读) | |

续　表

| 原 审 音 表 | 新 审 订 |
| --- | --- |
| 甲 jiǎ(统读) | |
| 歼 jiān(统读) | |
| 鞯 jiān(统读) | |
| 间(一) jiān<br>～不容发　中～<br>(二) jiàn<br>中～儿　～道　～谍　～断　～或　～接<br>～距　～隙　～续　～阻　～作　挑拨离～ | |
| 趼 jiǎn(统读) | |
| 俭 jiǎn(统读) | |
| 缰 jiāng(统读) | |
| 膙 jiǎng(统读) | |
| 嚼(一) jiáo(语)<br>味同～蜡　咬文～字<br>(二) jué(文)<br>咀～　过屠门而大～<br>(三) jiào<br>倒～(倒嚼) | |
| 侥 jiǎo<br>～幸 | |
| 角(一) jiǎo<br>八～(大茴香)　～落　独～戏　～膜　～度<br>～儿(犄～)　～楼　勾心斗～　号～<br>口～(嘴～)　鹿～菜　头～<br>(二) jué<br>～斗　～儿(脚色)　口～(吵嘴)　主～儿<br>配～儿　～力　捧～儿 | |
| 脚(一) jiǎo<br>根～<br>(二) jué<br>～儿(也作“角儿”,脚色) | |
| 剿(一) jiǎo<br>围～<br>(二) chāo<br>～说　～袭 | |
| 校 jiào<br>～勘　～样　～正 | |

续　表

| 原审音表 | 新审订 |
| --- | --- |
| 较 jiào(统读) | |
| 酵 jiào(统读) | |
| 嗟 jiē(统读) | |
| 疖 jiē(统读) | |
| 结(除"～了个果子"、"开花～果"、"～巴"、"～实"念 jiē 之外,其他都念 jié) | |
| 睫 jié(统读) | |
| 芥(一) jiè<br>～菜 (一般的芥菜) ～末<br>(二) gài<br>～菜 (也作"盖菜") ～蓝菜 | 芥(统读)jiè |
| 矜 jīn<br>～持　自～　～怜 | |
| 仅 jǐn<br>～～　绝无～有 | |
| 馑 jǐn(统读) | |
| 觐 jìn(统读) | |
| 浸 jìn(统读) | |
| 斤 jin<br>千～(起重的工具) | (此条删除) |
| 茎 jīng(统读) | |
| 粳 jīng(统读) | 粳 gēng(统读) |
| 鲸 jīng(统读) | |
| 颈 gěng<br>脖～子 | 颈 jǐng(统读)<br>("脖梗子"不写作"脖颈子") |
| 境 jìng(统读) | |
| 痉 jìng(统读) | |
| 劲 jìng<br>刚～ | |
| 窘 jiǒng(统读) | |
| 究 jiū(统读) | |

续　表

| 原审音表 | 新审订 |
| --- | --- |
| 纠 jiū(统读) | |
| 鞠 jū(统读) | |
| 鞫 jū(统读) | |
| 掬 jū(统读) | |
| 苴 jū(统读) | |
| 咀 jǔ<br>～嚼 | |
| 矩(一) jǔ<br>～形<br>(二) ju<br>规～ | |
| 俱 jù(统读) | |
| 龟 jūn<br>～裂(也作“皲裂”) | |
| 菌(一) jūn<br>细～　病～　杆～　霉～<br>(二) jùn<br>香～　～子 | |
| 俊 jùn(统读) | |
| K | |
| 卡(一) kǎ<br>～宾枪　～车　～介苗　～片　～通<br>(二) qiǎ<br>～子　关～ | |
| 揩 kāi(统读) | |
| 慨 kǎi(统读) | |
| 忾 kài(统读) | |
| 勘 kān(统读) | |
| 看 kān<br>～管　～护　～守 | |
| 慷 kāng(统读) | |
| 拷 kǎo(统读) | |

续　表

| 原审音表 | 新审订 |
| --- | --- |
| 坷 kē<br>～拉(垃) | |
| 疴 kē(统读) | |
| 壳(一) ké(语)<br>～儿　贝～儿　脑～　驳～枪<br>(二) qiào(文)<br>地～　甲～　躯～ | 壳 ké<br>(除"地壳、金蝉脱壳"中的"壳"读 qiào 外,其余读为 ké) |
| 可　(一) kě<br>～～儿的<br>(二) kè<br>～汗 | |
| 恪 kè(统读) | |
| 刻 kè(统读) | |
| 克 kè　～扣 | |
| 空(一) kōng<br>～心砖　～城计<br>(二) kòng<br>～心吃药 | |
| 眍 kōu(统读) | |
| 矻 kū(统读) | |
| 酷 kù(统读) | |
| 框 kuàng(统读) | |
| 矿 kuàng(统读) | |
| 傀 kuǐ(统读) | |
| 溃(一) kuì<br>～烂<br>(二) huì<br>～脓 | |
| 篑 kuì(统读) | |
| 括 kuò(统读) | |
| L | |
| 垃 lā(统读) | |
| 邋 lā(统读) | |

续 表

| 原审音表 | 新审订 |
|---|---|
| 罱 lǎn(统读) | |
| 缆 lǎn(统读) | |
| 蓝 lan 苤～ | |
| 琅 láng(统读) | |
| 捞 lāo(统读) | |
| 劳 láo(统读) | |
| 醪 láo(统读) | |
| 烙(一) lào ～印 ～铁 ～饼<br>(二) luò 炮～(古酷刑) | |
| 勒(一) lè(文) ～逼 ～令 ～派 ～索 悬崖～马<br>(二) lēi(语) 多单用。 | |
| 擂(除“～台”、“打～”读 lèi 外,都读 léi) | |
| 礌 léi(统读) | |
| 羸 léi(统读) | |
| 蕾 lěi(统读) | |
| 累(一) lèi(辛劳义,如“受～”〔受劳～〕)<br>(二) léi(如“～赘”)<br>(三) lěi(牵连义,如“带～”、“～及”、“连～”、“赔～”、“牵～”、“受～”) | 累(一) lèi(辛劳义、牵连义)<br>劳～ 受～ 带～ ～及 连～ 牵～<br>(二) léi<br>～赘<br>(三) lěi(积累义、多次义)<br>～积 ～教不改 硕果～～ 罪行～～ |
| 蠡(一) lí 管窥～测<br>(二) lǐ ～县 范～ | |
| 喱 lí(统读) | |
| 连 lián(统读) | |
| 敛 liǎn(统读) | |
| 恋 liàn(统读) | |
| 量(一) liàng ～入为出 忖～<br>(二) liang 打～ 掂～ | |
| 踉 liàng ～跄 | |
| 潦 liáo ～草 ～倒 | |

续　表

| 原审音表 | 新审订 |
|---|---|
| 劣 liè(统读) | |
| 捩 liè(统读) | |
| 趔 liè(统读) | |
| 拎 līn(统读) | |
| 遴 lín(统读) | |
| 淋(一) lín　～浴　～漓　～巴<br>(二) lìn　～硝　～盐　～病 | |
| 蛉 líng(统读) | |
| 榴 liú(统读) | |
| 馏(一) liú(文)　如"干～"、"蒸～"。<br>(二) liù(语)　如"～馒头"。 | |
| 镏 liú　～金 | |
| 碌 liù　～碡 | |
| 笼(一) lóng(名物义)　～子　牢～<br>(二) lǒng(动作义)　～络　～括　～统<br>～罩 | |
| 偻(一) lóu　佝～<br>(二) lǚ　伛～ | |
| 瞜 lou　眍～ | |
| 虏 lǔ(统读) | |
| 掳 lǔ(统读) | |
| 露(一) lù(文)　赤身～体　～天　～骨<br>～头角　藏头～尾　抛头～面　～头(矿)<br>(二) lòu(语)　～富　～苗　～光　～相<br>～马脚　～头 | |
| 榈 lú(统读) | |
| 捋(一) lǚ　～胡子<br>(二) luō　～袖子 | |
| 绿(一) lù(语)<br>(二) lù(文)　～林　鸭～江 | |
| 孪 luán(统读) | |
| 挛 luán(统读) | |

续　表

| 原审音表 | 新审订 |
| --- | --- |
| 掠 lüè(统读) | |
| 囵 lún(统读) | |
| 络 luò　～腮胡子 | |
| 落(一) luò(文)　～膘　～花生　～魄　涨～　～槽　着～<br>(二) lào(语)　～架　～色　～炕　～枕　～儿　～子(一种曲艺)<br>(三) là(语)　遗落义。丢三～四　～在后面 | |
| M | |
| 脉　(除"～～"念 mòmò 外,一律念 mài) | |
| 漫 màn(统读) | |
| 蔓(一) màn(文)<br>～延　不～不支<br>(二) wàn(语)<br>瓜～　压～ | |
| 牤 māng(统读) | |
| 氓 máng<br>流～ | |
| 芒 máng(统读) | |
| 铆 mǎo(统读) | |
| 瑁 mào(统读) | |
| 虻 méng(统读) | |
| 盟 méng(统读) | |
| 祢 mí(统读) | |
| 眯　(一) mí<br>～了眼(灰尘等入目,也作"迷")<br>(二) mī<br>～了一会儿(小睡)　～缝着眼(微微合目) | |
| 靡(一) mí<br>～费<br>(二) mǐ<br>风～　委～　披～ | 靡 mí(统读) |
| 秘(除"～鲁"读 bì 外,都读 mì) | |

续 表

| 原审音表 | 新审订 |
|---|---|
| 泌(一) mì(语)<br>分～<br>(二) bì(文)<br>～阳〔地名〕 | |
| 娩 miǎn(统读) | |
| 缈 miǎo(统读) | |
| 皿 mǐn(统读) | |
| 闽 mǐn(统读) | |
| 茗 míng(统读) | |
| 酩 mǐng(统读) | |
| 谬 miù(统读) | |
| 摸 mō(统读) | |
| 模 (一) mó<br>～范 ～式 ～型 ～糊 ～特儿 ～棱两可<br>(二) mú<br>～子 ～具 ～样 | |
| 膜 mó(统读) | |
| 摩 mó<br>按～ 抚～ | |
| 嬷 mó(统读) | |
| 墨 mò(统读) | |
| 耱 mò(统读) | |
| 沫 mò(统读) | |
| 缪 móu<br>绸～ | |
| N | |
| 难(一) nán<br>困～(或变轻声) ～兄～弟(难得的兄弟,现多用作贬义)<br>(二) nàn<br>排～解纷 发～ 刁～ 责～ ～兄～弟(共患难或同受苦难的人) | |
| 蝻 nǎn(统读) | |

续　表

| 原审音表 | 新审订 |
|---|---|
| 蛲 náo(统读) | |
| 讷 nè(统读) | |
| 馁 něi(统读) | |
| 嫩 nèn(统读) | |
| 恁 nèn(统读) | |
| 妮 nī(统读) | |
| 拈 niān(统读) | |
| 鲇 nián(统读) | |
| 酿 niàng(统读) | |
| 尿(一) niào<br>　糖～症<br>(二) suī(只用于口语名词)<br>　尿(niào)～<br>　～脬 | |
| 嗫 niè(统读) | |
| 宁　(一) níng<br>　安～<br>(二) nìng<br>　～可　无～〔姓〕 | |
| 忸 niǔ(统读) | |
| 脓 nóng(统读) | |
| 弄　(一) nòng<br>　玩～<br>(二) lòng<br>　～堂 | |
| 暖 nuǎn(统读) | |
| 衄 nǜ(统读) | |
| 疟(一) nüè(文)<br>　～疾<br>(二) yào(语)<br>　发～子 | |
| 娜(一) nuó<br>　婀～　袅～<br>(二) nà<br>　(人名) | |

**续　表**

| 原审音表 | 新审订 |
| --- | --- |
| O | |
| 殴 ōu(统读) | |
| 呕 ǒu(统读) | |
| P | |
| 杷 pá(统读) | |
| 琶 pá(统读) | |
| 牌 pái(统读) | |
| 排 pǎi<br>～子车 | |
| 迫 pǎi<br>～击炮 | |
| 湃 pài(统读) | |
| 爿 pán(统读) | |
| 胖 pán<br>心广体～(～为安舒貌) | 胖(一) pán<br>心广体～(安舒义)<br>(二) pàng<br>心宽体～(发胖义) |
| 蹒 pán(统读) | |
| 畔 pàn(统读) | |
| 乓 pāng(统读) | |
| 滂 pāng(统读) | |
| 脬 pāo(统读) | |
| 胚 pēi(统读) | |
| 喷(一) pēn<br>～嚏<br>(二) pèn<br>～香<br>(三) pen<br>嚏～ | |
| 澎 péng(统读) | |
| 坯 pī(统读) | |

续 表

| 原审音表 | 新审订 |
|---|---|
| 披 pī(统读) | |
| 匹 pǐ(统读) | |
| 僻 pì(统读) | |
| 譬 pì(统读) | |
| 片(一) piàn<br>～子 唱～ 画～ 相～ 影～ ～儿会<br>(二) piān(口语一部分词)<br>～子 ～儿 唱～儿 画～儿 相～儿<br>影～儿 | |
| 剽 piāo(统读) | 剽(一) piáo<br>～窃<br>(二) piào<br>～悍 |
| 缥 piāo<br>～缈(飘渺) | |
| 撇 piē<br>～弃 | |
| 聘 pìn(统读) | |
| 乒 pīng(统读) | |
| 颇 pō(统读) | |
| 剖 pōu(统读) | |
| 仆(一) pū<br>前～后继<br>(二) pú<br>～从 | |
| 扑 pū(统读) | |
| 朴(一) pǔ<br>俭～ ～素 ～质<br>(二) pō<br>～刀<br>(三) pò<br>～硝 厚～ | |
| 蹼 pǔ(统读) | |
| 瀑 pù<br>～布 | |

续　表

| 原审音表 | 新审订 |
| --- | --- |
| 曝(一) pù<br>　一～十寒<br>(二) bào<br>　～光(摄影术语) | |
| Q | |
| 栖 qī<br>　两～ | |
| 戚 qī(统读) | |
| 漆 qī(统读) | |
| 期 qī(统读) | |
| 蹊 qī<br>　～跷 | |
| 蛴 qí(统读) | |
| 畦 qí(统读) | |
| 萁 qí(统读) | |
| 骑 qí(统读) | |
| 企 qǐ(统读) | |
| 绮 qǐ(统读) | |
| 杞 qǐ(统读) | |
| 槭 qì(统读) | |
| 洽 qià(统读) | |
| 签 qiān(统读) | |
| 潜 qián(统读) | |
| 荨(一) qián(文)<br>　～麻<br>(二) xún(语)<br>　～麻疹 | 荨 xún(统读) |
| 嵌 qiàn(统读) | |
| 欠 qian<br>　打哈～ | |
| 戕 qiāng(统读) | |

续　表

| 原审音表 | 新审订 |
| --- | --- |
| 镪 qiāng<br>　～水 | |
| 强(一) qiáng<br>　～渡　～取豪夺　～制　博闻～识<br>(二) qiǎng<br>　勉～　牵～　～词夺理　～迫　～颜为笑<br>(三) jiàng<br>　倔～ | 强(一) qiáng<br>　～渡　～取豪夺　～制　博闻～识　～迫<br>(二) qiǎng<br>　勉～　牵～　～词夺理　～颜为笑<br>(三) jiàng<br>　倔～ |
| 襁 qiǎng(统读) | |
| 跄 qiàng(统读) | |
| 悄(一) qiāo<br>　～～儿的<br>(二) qiǎo<br>　～默声儿的 | |
| 橇 qiāo(统读) | |
| 翘(一) qiào(语)<br>　～尾巴<br>(二) qiáo(文)<br>　～首　～楚　连～ | |
| 怯 qiè(统读) | |
| 挈 qiè(统读) | |
| 趄 qie<br>　趔～ | |
| 侵 qīn(统读) | |
| 衾 qīn(统读) | |
| 噙 qín(统读) | |
| 倾 qīng(统读) | |
| 亲 qìng<br>　～家 | |
| 穹 qióng(统读) | |
| 黢 qū(统读) | |
| 曲(麯)qū<br>　大～　红～　神～ | |
| 渠 qú(统读) | |

续　表

| 原审音表 | 新审订 |
| --- | --- |
| 瞿 qú(统读) | |
| 蠷 qú(统读) | |
| 苣 qǔ<br>～荬菜 | |
| 龋 qǔ(统读) | |
| 趣 qù(统读) | |
| 雀 què<br>～斑　～盲症 | |
| R | |
| 髯 rán(统读) | |
| 攘 rǎng(统读) | |
| 桡 ráo(统读) | |
| 绕 rào(统读) | |
| 任 rén〔姓,地名〕 | |
| 妊 rèn(统读) | |
| 扔 rēng(统读) | |
| 容 róng(统读) | |
| 糅 róu(统读) | |
| 茹 rú(统读) | |
| 孺 rú(统读) | |
| 蠕 rú(统读) | |
| 辱 rǔ(统读) | |
| 挼 ruó(统读) | |
| S | |
| 靸 sǎ(统读) | |
| 噻 sāi(统读) | |
| 散　(一) sǎn<br>懒～　零零～～　～漫<br>(二) san<br>零～ | 散(一) sǎn<br>懒～　零～　零零～～　～漫<br>(二) sàn<br>～开　～落　～布　～失 |

续　表

| 原审音表 | 新审订 |
|---|---|
| 丧 sang<br>哭～着脸 | |
| 扫(一) sǎo<br>～兴<br>(二) sào<br>～帚 | |
| 埽 sào(统读) | |
| 色(一) sè(文)<br>(二) shǎi(语) | |
| 塞(一) sè(文)动作义。<br>(二) sāi(语)名物义,如:“活～”、“瓶～”;动作义,如:“把洞～住”。 | (一) sè(文)。如:<br>交通堵～;堰～湖。<br>(二) sāi(语)。如:<br>“活～”、“瓶～”;“把瓶口～上”。 |
| 森 sēn(统读) | |
| 煞(一) shā<br>～尾　收～<br>(二) shà<br>～白 | |
| 啥 shá(统读) | |
| 厦(一) shà(语)<br>(二) xià(文)<br>～门　噶～ | 厦(一) shà<br>大～<br>(二) xià<br>～门　噶～ |
| 杉(一) shān(文)<br>紫～　红～　水～<br>(二) shā(语)<br>～篙　～木 | 杉 shān(统读) |
| 衫 shān(统读) | |
| 姗 shān(统读) | |
| 苫(一) shàn(动作义,如“～布”)<br>(二) shān(名物义,如“草～子”) | 苫(一) shàn(动作义)<br>如“～布”“　把屋顶～上”<br>(二) shān(名物义)<br>如“草～子” |
| 墒 shāng(统读) | |
| 猞 shē(统读) | |
| 舍 shè<br>宿～ | |

续 表

| 原审音表 | 新审订 |
|---|---|
| 慑 shè(统读) | |
| 摄 shè(统读) | |
| 射 shè(统读) | |
| 谁 shéi,又音 shuí | |
| 娠 shēn(统读) | |
| 什(甚)shén<br>～么 | |
| 蜃 shèn(统读) | |
| 葚(一) shèn(文)<br>桑～<br>(二) rèn(语)<br>桑～儿 | 葚 shèn(统读) |
| 胜 shèng(统读) | |
| 识 shí<br>常～ ～货 ～字 | |
| 似 shì<br>～的 | |
| 室 shì(统读) | |
| 螫(一) shì(文)<br>(二) zhē(语) | 螫 shì(统读)<br>(“蜇人”不写作“螫人”) |
| 匙 shi<br>钥～ | |
| 殊 shū(统读) | |
| 蔬 shū(统读) | |
| 疏 shū(统读) | |
| 叔 shū(统读) | |
| 淑 shū(统读) | |
| 菽 shū(统读) | |
| 熟(一) shú(文)<br>(二) shóu(语) | |
| 署 shǔ(统读) | |
| 曙 shǔ(统读) | |

续 表

| 原审音表 | 新审订 |
|---|---|
| 漱 shù(统读) | |
| 戍 shù(统读) | |
| 蟀 shuài(统读) | |
| 孀 shuāng(统读) | |
| 说 shuì<br>游～ | 说(一) shuō<br>～服<br>(二) shuì<br>游～ ～客 |
| 数 shuò<br>～见不鲜 | |
| 硕 shuò(统读) | |
| 蒴 shuò(统读) | |
| 艘 sōu(统读) | |
| 嗾 sǒu(统读) | |
| 速 sù(统读) | |
| 塑 sù(统读) | |
| 虽 suī(统读) | |
| 绥 suí(统读) | |
| 髓 suǐ(统读) | |
| 遂(一) suì<br>不～ 毛～自荐<br>(二) suí<br>半身不～ | |
| 隧 suì(统读) | |
| 隼 sǔn(统读) | |
| 莎 suō<br>～草 | |
| 缩(一) suō<br>收～<br>(二) sù<br>～砂密(一种植物) | |
| 嗍 suō(统读) | |
| 索 suǒ(统读) | |

续　表

| 原审音表 | 新审订 |
|---|---|
| T | |
| 趿 tā(统读) | |
| 鳎 tǎ(统读) | |
| 獭 tǎ(统读) | |
| 沓(一) tà<br>　重～<br>(二) ta<br>　疲～<br>(三) dá<br>　一～纸 | 沓(一) tà<br>　重～　疲～<br>(二) dá<br>　一～纸 |
| 苔(一) tái(文)<br>　(二) tāi(语) | |
| 探 tàn(统读) | |
| 涛 tāo(统读) | |
| 悌 tì(统读) | |
| 佻 tiāo(统读) | |
| 调 tiáo<br>　～皮 | |
| 帖(一) tiē<br>　妥～　伏伏～～　俯首～耳<br>(二) tiě<br>　请～　字～儿<br>(三) tiè<br>　字～　碑～ | |
| 听 tīng(统读) | |
| 庭 tíng(统读) | |
| 骰 tóu(统读) | |
| 凸 tū(统读) | |
| 突 tū(统读) | |
| 颓 tuí(统读) | |
| 蜕 tuì(统读) | |
| 臀 tún(统读) | |
| 唾 tuò(统读) | |

续　表

| 原审音表 | 新审订 |
|---|---|
| W | |
| 娲 wā(统读) | |
| 挖 wā(统读) | |
| 瓦 wà<br>～刀 | |
| 喎 wāi(统读) | |
| 蜿 wān(统读) | |
| 玩 wán(统读) | |
| 惋 wǎn(统读) | |
| 脘 wǎn(统读) | |
| 往 wǎng(统读) | |
| 忘 wàng(统读) | |
| 微 wēi(统读) | |
| 巍 wēi(统读) | |
| 薇 wēi(统读) | |
| 危 wēi(统读) | |
| 韦 wéi(统读) | |
| 违 wéi(统读) | |
| 唯 wéi(统读) | |
| 圩(一) wéi<br>～子<br>(二) xū<br>～(墟)场 | |
| 纬 wěi(统读) | |
| 委 wěi<br>～靡 | |
| 伪 wěi(统读) | |
| 萎 wěi(统读) | |
| 尾(一) wěi<br>～巴<br>(二) yǐ<br>马～儿 | 尾(一) wěi(文)；<br>～巴　～部<br>(二) yǐ(语)<br>～巴　马～儿 |

续　表

| 原审音表 | 新审订 |
|---|---|
| 尉 wèi<br>～官 | |
| 文 wén(统读) | |
| 闻 wén(统读) | |
| 紊 wěn(统读) | |
| 喔 wō(统读) | |
| 蜗 wō(统读) | |
| 硪 wò(统读) | |
| 诬 wū(统读) | |
| 梧 wú(统读) | |
| 牾 wǔ(统读) | |
| 乌 wù<br>～拉(也作"靰鞡")　～拉草 | |
| 杌 wù(统读) | |
| 鹜 wù(统读) | |
| X | |
| 夕 xī(统读) | |
| 汐 xī(统读) | |
| 晰 xī(统读) | |
| 析 xī(统读) | |
| 皙 xī(统读) | |
| 昔 xī(统读) | |
| 溪 xī(统读) | |
| 悉 xī(统读) | |
| 熄 xī(统读) | |
| 蜥 xī(统读) | |
| 螅 xī(统读) | |
| 惜 xī(统读) | |

续　表

| 原审音表 | 新审订 |
| --- | --- |
| 锡 xī(统读) | |
| 樨 xī(统读) | |
| 袭 xí(统读) | |
| 檄 xí(统读) | |
| 峡 xiá(统读) | |
| 暇 xiá(统读) | |
| 吓 xià<br>杀鸡～猴 | |
| 鲜 xiān<br>屡见不～　数见不～ | 鲜(一) xiān<br>屡见不～　数见不～<br>(二) xiǎn<br>～为人知　寡廉～耻 |
| 锨 xiān(统读) | |
| 纤 xiān<br>～维 | |
| 涎 xián(统读) | |
| 弦 xián(统读) | |
| 陷 xiàn(统读) | |
| 霰 xiàn(统读) | |
| 向 xiàng(统读) | |
| 相 xiàng<br>～机行事 | |
| 淆 xiáo(统读) | |
| 哮 xiào(统读) | |
| 些 xiē(统读) | |
| 颉 xié<br>～颃 | |
| 携 xié(统读) | |
| 偕 xié(统读) | |
| 挟 xié(统读) | |

续 表

| 原审音表 | 新审订 |
|---|---|
| 械 xiè(统读) | |
| 馨 xīn(统读) | |
| 囟 xìn(统读) | |
| 行 xíng<br>操～ 德～ 发～ 品～ | |
| 省 xǐng<br>内～ 反～ ～亲 不～人事 | |
| 芎 xiōng(统读) | |
| 朽 xiǔ(统读) | |
| 宿 xiù<br>星～ 二十八～ | |
| 煦 xù(统读) | |
| 蓿 xu<br>苜～ | |
| 癣 xuǎn(统读) | |
| 削(一) xuē(文)<br>剥～ ～减 瘦～<br>(二) xiāo(语)<br>切～ ～铅笔 ～球 | |
| 穴 xué(统读) | |
| 学 xué(统读) | |
| 雪 xuě(统读) | |
| 血(一) xuè(文)用于复音词及成语,如"贫～"、"心～"、"呕心沥～"、"～泪史"、"狗～喷头"等。<br>(二) xiě(语)口语多单用,如"流了点儿～"及几个口语常用词,如:"鸡～"、"～晕"、"～块子"等。 | 血 xuè(统读)<br>(口语单用也读 xiě) |
| 谑 xuè(统读) | |
| 寻 xún(统读) | |
| 驯 xùn(统读) | |
| 逊 xùn(统读) | |

续　表

| 原审音表 | 新审订 |
|---|---|
| 熏 xùn<br>　煤气～着了 | 熏 xūn(统读) |
| 徇 xùn(统读) | |
| 殉 xùn(统读) | |
| 蕈 xùn(统读) | |
| Y | |
| 押 yā(统读) | |
| 崖 yá(统读) | |
| 哑 yǎ<br>　～然失笑 | |
| 亚 yà(统读) | |
| 殷 yān<br>　～红 | |
| 芫 yán<br>　～荽 | |
| 筵 yán(统读) | |
| 沿 yán(统读) | |
| 焰 yàn(统读) | |
| 夭 yāo(统读) | |
| 肴 yáo(统读) | |
| 杳 yǎo(统读) | |
| 舀 yǎo(统读) | |
| 钥(一) yào(语)<br>　～匙<br>(二) yuè(文)<br>　锁～ | |
| 曜 yào(统读) | |
| 耀 yào(统读) | |
| 椰 yē(统读) | |
| 噎 yē(统读) | |

续　表

| 原审音表 | 新审订 |
|---|---|
| 叶 yè<br>～公好龙 | |
| 曳 yè<br>弃甲～兵　摇～　～光弹 | |
| 屹 yì(统读) | |
| 轶 yì(统读) | |
| 谊 yì(统读) | |
| 懿 yì(统读) | |
| 诣 yì(统读) | |
| 艾 yì<br>自怨自～ | |
| 荫 yìn(统读)<br>(“树～”、“林～道”应作“树阴”、“林阴道”) | 荫(一) yīn<br>～蔽　～翳　林～道　绿树成～<br>(二) yìn<br>庇～　福～　～凉 |
| 应(一) yīng<br>～届　～名儿　～许　提出的条件他都～了　是我～下来的任务<br>(二) yìng<br>～承　～付　～声　～时　～验　～邀　～用　～运　～征　里～外合 | 应 yìng<br>(除“应该、应当”义读 yīng 外，其他读 yìng)<br>～届　～名儿　～许　～承　～付　～声　～验　～用　～运　里～外合 |
| 萦 yíng(统读) | |
| 映 yìng(统读) | |
| 佣 yōng<br>～工 | 佣 yōng<br>(除“佣人”读 yòng 外都读 yōng)<br>雇～　女～　～金 |
| 庸 yōng(统读) | |
| 臃 yōng(统读) | |
| 壅 yōng(统读) | |
| 拥 yōng(统读) | |
| 踊 yǒng(统读) | |
| 咏 yǒng(统读) | |
| 泳 yǒng(统读) | |

续　表

| 原审音表 | 新审订 |
| --- | --- |
| 莠 yǒu(统读) | |
| 愚 yú(统读) | |
| 娱 yú(统读) | |
| 愉 yú(统读) | |
| 伛 yǔ(统读) | |
| 屿 yǔ(统读) | |
| 吁 yù<br>呼～ | |
| 跃 yuè(统读) | |
| 晕(一) yūn<br>～倒　头～<br>(二) yùn<br>月～　血～　～车 | 晕(一) yūn(昏迷、发昏义)<br>～倒　头～　血～　～车<br>(二) yùn(光圈义)<br>月～　红～ |
| 酝 yùn(统读) | |
| Z | |
| 匝 zā(统读) | |
| 杂 zá(统读) | |
| 载(一) zǎi<br>登～　记～<br>(二) zài<br>搭～　怨声～道　重～　装～　～歌～舞 | 载(一) zǎi<br>登～　记～　下～<br>(二) zài<br>搭～　怨声～道　重～　装～　～歌～舞 |
| 簪 zān(统读) | |
| 咱 zán(统读) | |
| 暂 zàn(统读) | |
| 凿 záo(统读) | |
| 择(一) zé<br>选～<br>(二) zhái<br>～不开　～菜　～席 | |
| 贼 zéi(统读) | |
| 憎 zēng(统读) | |
| 甑 zèng(统读) | |

续　表

| 原审音表 | 新审订 |
|---|---|
| 喳 zhā<br>　唧唧～～ | |
| 轧(除"～钢"、"～辊"念 zhá 外,其他都念 yà) | |
| 摘 zhāi(统读) | |
| 粘 zhān<br>　～贴 | |
| 涨 zhǎng<br>　～落　高～ | |
| 着(一) zháo<br>　～慌　～急　～家　～凉　～忙　～迷<br>　～水　～雨<br>(二) zhuó<br>　～落　～手　～眼　～意　～重　不～边际<br>(三) zhāo<br>　失～ | |
| 沼 zhǎo(统读) | |
| 召 zhào(统读) | |
| 遮 zhē(统读) | |
| 蛰 zhé(统读) | |
| 辙 zhé(统读) | |
| 贞 zhēn(统读) | |
| 侦 zhēn(统读) | |
| 帧 zhēn(统读) | |
| 胗 zhēn(统读) | |
| 枕 zhěn(统读) | |
| 诊 zhěn(统读) | |
| 振 zhèn(统读) | |
| 知 zhī(统读) | |
| 织 zhī(统读) | |
| 脂 zhī(统读) | |
| 植 zhí(统读) | |

续 表

| 原审音表 | 新审订 |
| --- | --- |
| 殖(一) zhí<br>　繁～　生～　～民<br>(二) shi<br>　骨～ | 殖 zhí(统读) |
| 指 zhǐ(统读) | |
| 掷 zhì(统读) | |
| 质 zhì(统读) | |
| 蛭 zhì(统读) | |
| 秩 zhì(统读) | |
| 栉 zhì(统读) | |
| 炙 zhì(统读) | |
| 中 zhōng<br>　人～(人口上唇当中处) | |
| 种 zhòng<br>　点～(义同"点播"。动宾结构念 diǎnzhǒng,义为点播种子) | |
| 诌 zhōu(统读) | |
| 骤 zhòu(统读) | |
| 轴 zhòu<br>　大～子戏　压～子 | |
| 碡 zhou<br>　碌～ | |
| 烛 zhú(统读) | |
| 逐 zhú(统读) | |
| 属 zhǔ<br>　～望 | |
| 筑 zhù(统读) | |
| 著 zhù<br>　土～ | |
| 转 zhuǎn<br>　运～ | |
| 撞 zhuàng(统读) | |

续　表

| 原审音表 | 新审订 |
|---|---|
| 幢　(一) zhuàng<br>　一～楼房<br>(二) chuáng<br>　经～(佛教所设刻有经咒的石柱) | |
| 拙 zhuō(统读) | |
| 茁 zhuó(统读) | |
| 灼 zhuó(统读) | |
| 卓 zhuó(统读) | |
| 综 zōng<br>　～合 | |
| 纵 zòng(统读) | |
| 粽 zòng(统读) | |
| 镞 zú(统读) | |
| 组 zǔ(统读) | |
| 钻(一) zuān<br>　～探　～孔<br>(二) zuàn<br>　～床　～杆　～具 | 钻(一) zuān<br>　～孔(从孔穴中通过)　～探　～营　～研<br>(二) zuàn<br>　～床　～杆　～具　～孔(用钻头打孔)<br>　～头 |
| 佐 zuǒ(统读) | |
| 唑 zuò(统读) | |
| 柞(一) zuò<br>　～蚕　～绸<br>(二) zhà<br>　～水(在陕西) | |
| 做 zuò(统读) | |
| 作(除“～坊”读 zuō 外,其余都读 zuò) | 作(一) zuō<br>　～揖　～坊　～弄　～践　～死<br>(二) zuó<br>　～料<br>(三) zuò<br>　～孽　～祟 |

# 附录4　国家普通话水平测试模拟试题(一、二题)

## 第　一　套

一、读单音节字词(100 个音节,共 10 分,限时 3.5 分钟)

臣　掠　延　瞬　凳　睬　漂　潮　凭　怎
棒　瓷　莞　滋　蹿　秉　丢　慌　叵　蔻
绰　犷　铁　蔷　蕊　僧　授　莫　恰　汹
念　眸　固　笼　藕　您　熬　爪　恳　隧
闽　绯　理　澄　助　婪　铡　卒　堡　渝
喧　徽　婉　咳　躺　寨　铎　迅　待　跋
猎　匀　撒　掂　尔　谆　揣　涵　轨　檬
割　朽　翻　蓉　召　伐　外　牙　击　酿
需　减　惹　梯　悦　疽　翘　常　形　每
施　册　炯　误　娇　日　挖　祁　苔　券

二、读多音节词语(100 个音节,共 20 分,限时 2.5 分钟)

坚毁　脸蛋儿　柔软　奉献　汪洋　劳动力　昂贵
栅栏　把握　安静　友好　儿歌　设施　纯粹
峡谷　大伙儿　诋毁　耐心　综合　投降　敏锐
纽扣　伸手　思索　里头　曲线　小瓮儿　水渠
凯旋　英语　任意　沧桑　转悠　剥夺　催化剂
捐款　来宾　甜头　喷涌　陪伴　从容　窗框
扭转　面条儿　英勇　功率　衰败　情不自禁

## 第二套

一、读单音节字词(100个音节,共10分,限时3.5分钟)

| | | | | | | | | | |
|---|---|---|---|---|---|---|---|---|---|
| 秉 | 而 | 装 | 令 | 瞥 | 蔚 | 拨 | 瞬 | 嘲 | 虑 |
| 访 | 鑫 | 捅 | 绊 | 史 | 狭 | 购 | 惑 | 揣 | 瞭 |
| 涩 | 鼎 | 磁 | 泳 | 浸 | 鞍 | 浏 | 瓦 | 绯 | 岳 |
| 抢 | 旬 | 嘉 | 泥 | 铮 | 桂 | 外 | 协 | 爪 | 扔 |
| 糙 | 戴 | 批 | 寸 | 坎 | 焚 | 撒 | 概 | 怎 | 财 |
| 虚 | 筹 | 芸 | 庞 | 啃 | 授 | 焙 | 憎 | 呕 | 券 |
| 添 | 宅 | 恐 | 婷 | 嘱 | 嗡 | 黏 | 琼 | 挡 | 责 |
| 渠 | 舒 | 酸 | 脱 | 奉 | 磨 | 乌 | 痕 | 睿 | 稻 |
| 蜷 | 锁 | 玛 | 贯 | 恼 | 瞒 | 阁 | 滋 | 轰 | 娘 |
| 爵 | 日 | 击 | 税 | 怆 | 冬 | 逸 | 谬 | 炉 | 焰 |

二、读多音节词语(100个音节,共20分,限时2.5分钟)

| | | | | | | |
|---|---|---|---|---|---|---|
| 糟粕 | 照旧 | 音乐 | 烽火 | 领导 | 啄木鸟 | 使唤 |
| 局部 | 篱笆 | 早操 | 随性 | 肝脏 | 逗乐儿 | 妨碍 |
| 悠长 | 亲家 | 汹涌 | 军队 | 确实 | 忍受 | 加塞儿 |
| 采摘 | 暖瓶 | 深入 | 难免 | 笔杆儿 | 温暖 | 内存 |
| 挑选 | 丰盈 | 坦率 | 仓促 | 别扭 | 点拨 | 指南针 |
| 聊天 | 典雅 | 融洽 | 喷薄 | 蓓蕾 | 宿舍 | 主旨 |
| 窘迫 | 橙子 | 英雄 | 根据 | 缥缈 | 不速之客 | |

## 第 三 套

一、读单音节字词(100 个音节,共 10 分,3.5 分钟)

材　窘　抓　价　偏　帐　鳃　额　元　新
测　我　条　故　糖　晃　逃　纸　墓　雪
蒙　倾　腻　奎　义　铝　憋　影　周　池
靶　垒　购　两　内　泽　煎　梅　很　遵
控　唱　考　洪　疯　凝　丑　坡　纬　惹
而　若　挥　眠　表　眨　寻　恩　权　略
恋　拐　派　犹　下　扭　旦　洒　去　梗
蔑　臀　末　富　盘　熊　自　翘　慎　病
对　挖　债　赎　弓　爽　燕　奋　聪　蹿
缫　翁　领　鬓　卵　囊　诸　咆　润　癣

二、读多音节词语(100 个音节,共 20 分,2.5 分钟)

森林　夸张　跳舞　侵犯　篡改　话费　手绢儿
描述　下降　劈开　仿佛　交接　翱翔　馒头
功能　政治　入党　酒盅儿　风险　群体　贫穷
刀把儿　红火　金子　冷暖　理解　打算　宁肯
创作　提问　层次　大西洋　人民　油田　确实
爱国　农村　命运　电磁波　不用　一样　推测
休息　小翁儿　然而　怪异　名列前茅

## 第　四　套

一、读单音节字词(100 个音节,共 10 分,3.5 分钟)

| | | | | | | | | | |
|---|---|---|---|---|---|---|---|---|---|
| 眯 | 窘 | 纂 | 瑕 | 篇 | 奘 | 鳃 | 鄂 | 沅 | 锦 |
| 白 | 判 | 闷 | 锭 | 肥 | 赴 | 舔 | 妞 | 尼 | 否 |
| 毛 | 军 | 穷 | 吃 | 蝻 | 怠 | 溶 | 囱 | 曾 | 枕 |
| 宇 | 素 | 软 | 淌 | 横 | 雍 | 氏 | 扇 | 赐 | 薄 |
| 骗 | 能 | 栋 | 屯 | 剐 | 女 | 嗑 | 塌 | 致 | 吵 |
| 忍 | 坡 | 炳 | 脑 | 乱 | 帼 | 垮 | 嗡 | 垒 | 霖 |
| 铐 | 哗 | 拐 | 框 | 鬼 | 掠 | 悬 | 绿 | 红 | 晖 |
| 缴 | 掐 | 嗅 | 野 | 妄 | 袄 | 恻 | 扎 | 而 | 籍 |
| 肖 | 窃 | 僵 | 铸 | 伪 | 揣 | 爽 | 越 | 霞 | 舜 |
| 莘 | 襄 | 闯 | 靖 | 萨 | 却 | 熏 | 狙 | 群 | 鳃 |
| 鄱 | 券 | 似 | 长 | 邹 | 晌 | 豁 | 姝 | 牒 | 轴 |

二、读多音节词语(100 个音节,共 20 分,2.5 分钟)

| | | | | | | |
|---|---|---|---|---|---|---|
| 兴奋 | 火候 | 争论 | 拥有 | 难怪 | 被窝儿 | 恶劣 |
| 跨度 | 谬误 | 采取 | 资格 | 少女 | 规律 | 钢铁 |
| 情况 | 客气 | 军阀 | 名称 | 教师 | 缺少 | 吵嘴 |
| 好歹 | 乡村 | 佛寺 | 铁索 | 新娘 | 上层 | 跳高儿 |
| 东欧 | 撇开 | 选拔 | 篡夺 | 小熊儿 | 扎实 | 头脑 |
| 收成 | 温柔 | 诊所 | 疲倦 | 水灾 | 蒜瓣儿 | 昂然 |
| 状态 | 处理 | 临终 | 专家 | 凉快 | 魅力 | 潜移默化 |

## 第　五　套

一、读单音节字词(100 个音节,共 10 分,3.5 分钟)

泵　耍　德　娆　脂　梵　狞　虬　诞　肆

炯　促　凹　瓮　癣　尔　履　羔　筒　矛

囊　勋　辱　叠　栓　籁　鼎　敦　莽　哀

窭　裹　憋　捺　桩　群　晶　唇　靓　莞

符　肉　剃　船　溺　蓓　剖　闵　邀　邝

暖　快　玖　除　缺　匝　馊　税　脾　讽

日　贼　恐　哲　许　晨　喂　忍　舔　颇

残　涧　邛　歪　亚　捉　筹　怎　辖　冷

躬　莫　碎　绢　瓦　伙　聘　颖　条　本

敛　腔　岳　黑　俱　访　字　毁　症　浑

二、读多音节词语(100 个音节,共 20 分,2.5 分钟)

民宿　状况　舞女　侵略　创伤　化肥　没谱儿

创造　提高　成分　幼儿园　帮手　天游　缺乏

交巡　柔暖　思考　语文　接洽　肚脐儿　美好

谋略　因而　表演　谬论　写法　大娘　褴褛

拳头　财政　懊恼　火锅儿　红色　青铜　上升

抓阄儿　逃窜　合并　飞快　傻子　赛场　割让

衰落　折磨　避雷针　队伍　佛像　增产　人群

# 教学资源服务指南

扫描下方二维码，关注微信公众号“高教社极简通识”，学生可学习名校通识课，教师可学习教师培训课程、免费申请课件和样书、观看直播回放等。

## 名校通识课

点击导航栏中的“名校通识”，点击子菜单中的“课程专栏”，即可选择相应课程进行学习。

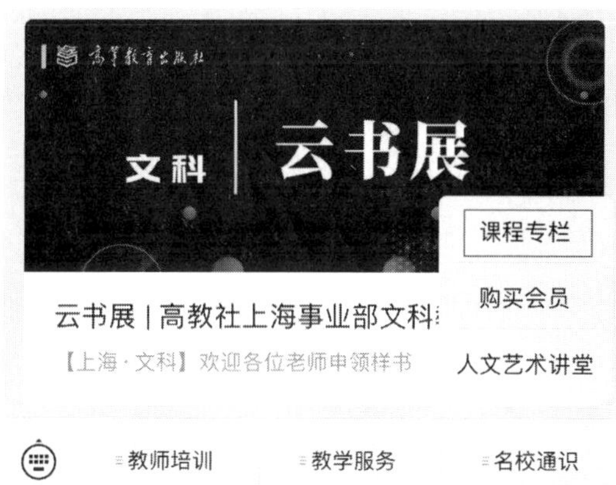


## 教师培训

点击导航栏中的“教师培训”，点击子菜单中的“培训课程”，即可选择相应课程进行学习。

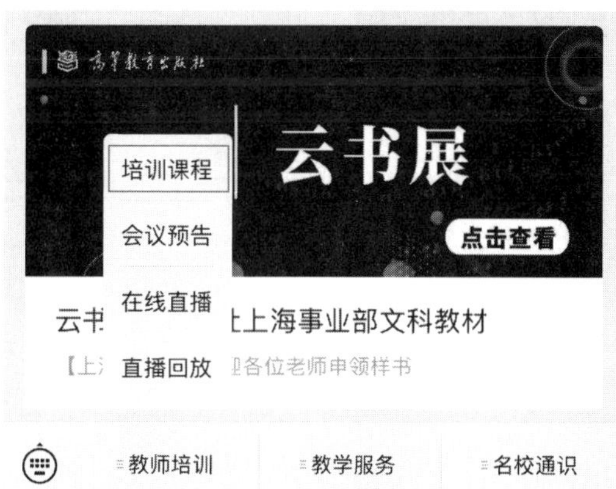

# 教学资源服务指南

## 课件申请

点击导航栏中的“教学服务”，点击子菜单中的“课件申请”，填写相关信息即可申请课件。

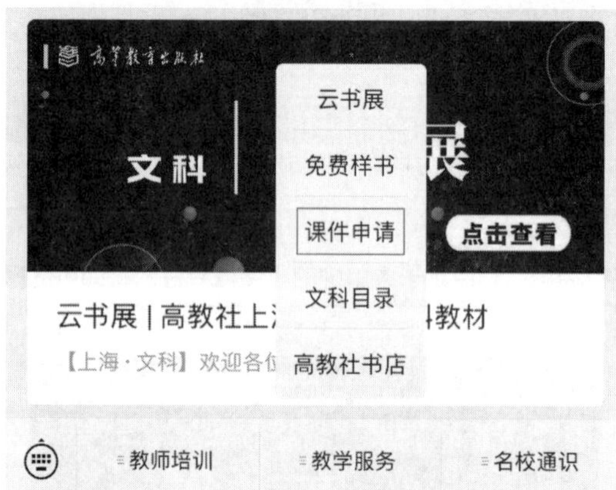


## 样书申请

点击导航栏中的“教学服务”，点击子菜单中的“免费样书”，填写相关信息即可免费申请样书。

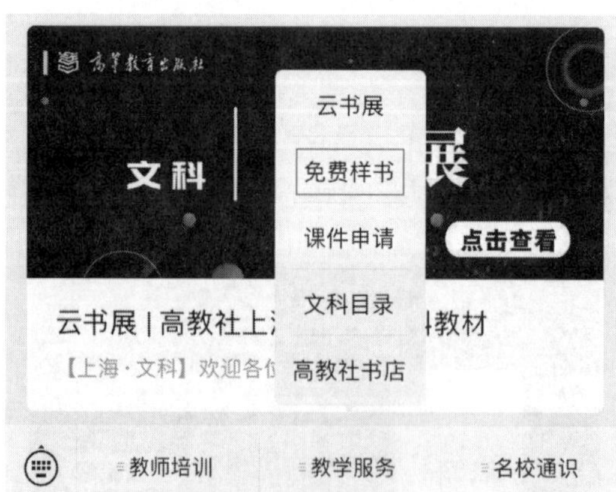